NASCIDO DO CRIME

TREVOR NOAH

NASCIDO DO CRIME

Histórias da minha infância na África do Sul

TRADUÇÃO
Fernanda de Castro Daniel

3ª edição
Rio de Janeiro-RJ / São Paulo-SP, 2025

VERUS
EDITORA

EDITORA
Raïssa Castro

COORDENADORA EDITORIAL
Ana Paula Gomes

COPIDESQUE
Lígia Alves

REVISÃO
Cleide Salme

DIAGRAMAÇÃO
Beatriz Carvalho

TÍTULO ORIGINAL
Born a Crime

ISBN 978-85-7686-824-8

Copyright © Trevor Noah, 2016

Tradução © Verus Editora, 2019
Direitos reservados em língua portuguesa, no Brasil, por Verus Editora. Nenhuma parte desta obra pode ser reproduzida ou transmitida por qualquer forma e/ou quaisquer meios (eletrônico ou mecânico, incluindo fotocópia e gravação) ou arquivada em qualquer sistema ou banco de dados sem permissão escrita da editora.

Verus Editora Ltda.
Rua Argentina, 171, São Cristóvão
Rio de Janeiro/RJ, 20921-380
www.veruseditora.com.br

CIP-BRASIL. CATALOGAÇÃO NA PUBLICAÇÃO
SINDICATO NACIONAL DOS EDITORES DE LIVROS, RJ

N662n

Noah, Trevor, 1984-
    Nascido do crime : histórias da minha infância na África do Sul / Trevor Noah ; tradução Fernanda de Castro Daniel. – 3. ed. – Rio de Janeiro [RJ] : Verus, 2025.
    320 p. ; 21 cm.

Tradução de: Born a Crime : Stories from a South-African Childhood
ISBN 978-85-7686-824-8

    1. Noah, Trevor, 1984-. 2. Comediantes – África do Sul – Biografia. I. Daniel, Fernanda de Castro. II. Título.

20-64338
    CDD: 927.9223
    CDU: 929:792.071.2.028

Meri Gleice Rodrigues de Souza – Bibliotecária – CRB-7/6439

Revisado conforme o novo acordo ortográfico.

Para minha mãe. Minha primeira fã.
Obrigado por fazer de mim um homem.

LEI DA IMORALIDADE, 1927

Proíbe a conjunção carnal ilícita entre
europeus e nativos e outros
atos relacionados.

FICA DECRETADO PELO REI, Majestade Excelentíssima, pelo Senado e pelo Parlamento da União da África do Sul, como se segue:

1. Qualquer europeu do sexo masculino que praticar conjunção carnal ilícita com um nativo do sexo feminino, e qualquer nativo do sexo masculino que praticar conjunção carnal ilícita com um europeu do sexo feminino [...] será culpado de transgressão e passível de condenação a pena de detenção por um período não superior a cinco anos.

2. Qualquer nativo do sexo feminino que permitir que um europeu do sexo masculino pratique conjunção carnal ilícita consigo, e qualquer europeu do sexo feminino que permitir que um nativo do sexo masculino tenha conjunção carnal ilícita consigo, será culpado de transgressão e passível de condenação a pena de detenção por um período não superior a quatro anos. [...]

SUMÁRIO

PARTE I

1. Corra — 15
2. Nascido do crime — 33
3. Trevor, reze — 47
4. Camaleão — 65
5. A filha do meio — 79
6. Brechas — 95
7. Fufi — 113
8. Robert — 123

PARTE II

9. A amoreira — 137

10 A longa, embaraçosa, ocasionalmente trágica e frequentemente humilhante educação amorosa de um jovem, parte 1: Dia dos Namorados — 151

11 Um estranho no ninho — 159

12 A longa, embaraçosa, ocasionalmente trágica e frequentemente humilhante educação amorosa de um jovem, parte 2: O crush — 167

13 Daltonismo — 175

14 A longa, embaraçosa, ocasionalmente trágica e frequentemente humilhante educação amorosa de um jovem, parte 3: O baile — 185

PARTE III

15 Vai, Hitler! — 209

16 Os garotos queijo — 227

17 O mundo não te ama — 253

18 A vida da minha mãe — 273

AGRADECIMENTOS — 317

PARTE I

* * *

A genialidade do apartheid foi convencer a grande maioria da população de que as pessoas eram inimigas umas das outras. "Separados pelo ódio" era a ideia por trás desse regime. Basta segregar as pessoas em grupos e fazê-las se odiar para tornar possível o controle de todos.

Na época, negros sul-africanos eram maioria em relação aos brancos, cerca de cinco para um, e mesmo assim estávamos separados em tribos distintas, com diferentes idiomas: zulu, xhosa, tswana, sotho, venda, ndebele, tsonga, pedi, entre outros. Muito antes do apartheid, essas facções tribais já viviam em estado de guerra, e o governo dos brancos se aproveitou dessa animosidade para dividir e conquistar. Todos aqueles que não eram brancos foram sistematicamente classificados em vários grupos e subgrupos, que recebiam diferentes níveis de direitos e privilégios para mantê-los em conflito.

Talvez a divisão mais evidente fosse entre os dois grupos sul-africanos dominantes: zulu e xhosa. Os nativos zulus são conhecidos por serem guerreiros orgulhosos. São lutadores destemidos. Quando os exércitos coloniais invadiram, o povo zulu lutou apenas com lanças e escudos contra armas de fogo. Milhares foram massacrados, mas o povo zulu nunca desistiu da luta. Já os nativos xhosa orgulham-se de ser pensadores. Minha mãe é xhosa. Nelson Mandela era xhosa. Eles também lutaram por muito tempo contra o homem branco, mas, ao perceberem a inutilidade de uma guerra contra um inimigo mais bem armado, muitos chefes decidiram adotar uma postura mais inteligente. "Esses brancos não vão sair daqui, não importa nossa opinião", disseram. "Vejamos então que ferramentas eles têm a oferecer que nos sejam úteis. Em vez de resistir aos ingleses, vamos aprender a língua deles. Vamos entender o que o homem branco está dizendo para que possamos forçá-lo a negociar conosco."

A nação zulu entrou em guerra com o homem branco. A nação xhosa jogou xadrez com o homem branco. Por muito tempo nenhum deles teve sucesso, e culpavam uns aos outros por um problema que não tinha sido criado por eles. O ódio proliferou. Por décadas, esse sentimento foi contido por um inimigo comum. Então veio a queda do apartheid e a libertação de Mandela, e os negros sul-africanos entraram em guerra entre si.

* * *

1
CORRA

São comuns nos filmes de Hollywood cenas de perseguição em que alguém pula ou é arremessado de um carro em movimento. A pessoa sai rolando ao atingir o chão. Depois, simplesmente se levanta limpando a poeira, como se nada tivesse acontecido. Sempre que vejo uma cena dessas, penso: *Que mentira! Ser arremessado de um carro em movimento machuca muito mais que isso.*

Eu tinha nove anos quando minha mãe me arremessou de um carro em movimento. Era domingo. Sei disso porque estávamos voltando da igreja, e na minha infância domingo era sinônimo de igreja. *Nunca* perdíamos um dia de igreja. Minha mãe era — e ainda é — muito religiosa. Cristã devota. A exemplo de outros povos nativos ao redor do mundo, os negros sul-africanos adotaram a religião de seus colonizadores. Quando digo "adotar" quero dizer que fomos obrigados. Os brancos eram severos com os nativos. "Reze para Jesus", diziam eles, "pois ele é o salvador." Ao que os nativos respondiam: "Precisamos mesmo de salvação... salvação de *vocês*, mas isso não vem ao caso. Então vamos dar uma chance a esse tal de Jesus".

Todos na minha família são religiosos, mas, enquanto minha mãe depositava toda a fé em Jesus, minha avó dividia a fé cristã com as crenças tradicionais xhosa nas quais ela foi criada, comunicando-se com os espíritos de nossos ancestrais. Por muito tempo eu não entendi por que tantos negros tinham abandonado a fé nativa pelo cristianismo. Porém, quanto mais eu ia à igreja, quanto mais tempo passava sentado ouvindo os sermões, mais aprendia sobre como o cristianismo funcionava: se um indígena norte-americano rezasse para os lobos, ele era selvagem. Se um africano rezasse para seus ancestrais, ele era primitivo. Mas, quando o branco rezava para um cara que transforma água em vinho, isso sim fazia todo sentido.

Minha infância girava em torno da igreja, ou algo relacionado à igreja, pelo menos quatro noites por semana. Nas noites de terça-feira, grupo de oração. Às quartas, estudo da Bíblia. Às quintas, culto dos jovens. Sexta e sábado eram dias de folga. (Hora de pecar!) E no domingo íamos à igreja. Três igrejas, para ser mais preciso. O motivo de irmos a três igrejas, segundo minha mãe, era o fato de cada uma delas proporcionar uma experiência diferente. A primeira oferecia um culto jubiloso ao Senhor. A segunda, uma análise mais profunda das escrituras, algo que minha mãe adorava. A terceira oferecia paixão e catarse, um lugar onde era possível realmente sentir a presença do Espírito Santo dentro de você. Por coincidência, à medida que íamos de uma igreja para outra, eu percebia que cada uma tinha um perfil racial distinto: a igreja jubilante era mista, com pessoas de diferentes raças. A igreja analítica era dos brancos. E a do culto repleto de paixão e catarse era dos negros.

A igreja mista se chamava Igreja Bíblica Rhema. Era uma daquelas megaigrejas supermodernas de classe média. O pastor, Ray McCauley, era um ex-fisiculturista com o sorriso largo e a personalidade de um apresentador de TV. Ele tinha participado do concurso Mr. Universo de 1974. Ficou em terceiro lugar. O vencedor daquele ano foi Arnold Schwarzenegger. A cada semana, Ray subia ao palco decidido a passar uma imagem descolada de Jesus. As cadeiras eram posicionadas como em uma arena, e uma banda de rock tocava os últimos sucessos da música pop contemporânea cristã. Todos cantavam juntos, e, se você não soubesse a letra, tudo bem, era só acompanhar a música no telão. Era basicamente um karaokê cristão. Eu me divertia de montão na igreja mista.

A igreja dos brancos se chamava Rosebank Union e ficava em Sandton, um bairro de ricos e brancos em Johannesburgo. Eu *adorava* a igreja dos brancos, porque não precisava participar do culto. Enquanto minha mãe ouvia o pastor, eu ficava na escola dominical. Nas aulas, líamos histórias incríveis. Noé e o dilúvio era a minha favorita, óbvio; eu tinha os meus motivos. Mas também amava as histórias sobre Moisés abrindo o mar Vermelho, Davi e Golias, Jesus dando um couro nos cambistas no templo.

Eu cresci em um lar com pouquíssima exposição à cultura pop. Boyz II Men era proibido na casa da minha mãe. Músicas sobre um cara se esfregando numa garota a noite inteira? De jeito nenhum! Proibido. Na escola, meus colegas cantavam coisas como "End of the Road", e eu não fazia ideia do que era. Já tinha ouvido falar desse tal Boyz II Men, mas não sabia de fato quem eles eram. As únicas músicas que eu conhecia eram de igreja: canções de louvor e exaltação a Jesus. O mesmo valia para o cinema. Minha mãe não queria minha mente poluída com filmes cheios de sexo e violência. Assim, a Bíblia era meu filme de ação. Sansão era meu super-herói. Ele era o meu He-Man. Um cara surrando mil homens até a morte com a queixada de um jumento? Ele era foda! Mais para a frente, o assunto mudou para Paulo e suas epístolas aos efésios. Nada de muito interessante aí, mas o Velho Testamento e os Evangelhos? Sou capaz de recitar qualquer parte dessas páginas, com capítulo e versículo. Havia jogos bíblicos com perguntas e respostas toda semana na igreja dos brancos, e eu arrasava.

Finalmente, a igreja dos negros. Sempre havia algum tipo de serviço acontecendo na igreja dos negros, e nós íamos a todos eles. Nas favelas, as igrejas geralmente eram montadas em uma tenda ao ar livre. Costumávamos ir à igreja da minha avó, uma congregação metodista da velha guarda: quinhentas vovozinhas africanas vestidas de azul e branco, agarradas às suas Bíblias e fritando pacientemente sob o sol. A igreja dos negros era dureza, não vou mentir. Não tinha ar-condicionado. Nem a letra das músicas no telão. E durava uma eternidade, três a quatro horas no mínimo, o que me deixava confuso, pois a igreja dos brancos durava apenas uma hora: era entrar e sair, obrigado pela preferência. Mas na igreja dos negros eu ficava lá, sentado, por uma eternidade, tentando entender por que o tempo passava tão devagar. *Será que é possível parar o tempo? Se for, por que isso acontece apenas na igreja dos negros e não na dos brancos?* Finalmente, cheguei à conclusão de que os negros precisavam de mais tempo com Jesus porque sofríamos mais. "Estou aqui para abastecer minhas bênçãos da semana", minha mãe explicava. Ela acreditava que, quanto mais tempo passássemos na igreja, mais bênçãos teríamos acumuladas, como um cartão de fidelidade.

A igreja dos negros tinha um ponto positivo. Se eu sobrevivesse às três ou quatro horas de culto, podia assistir ao pastor exorcizar demônios do corpo das pessoas. Aqueles que estavam possuídos começavam a correr desorientados pelos corredores, como loucos, gritando em línguas estranhas. Os obreiros agarravam essas pessoas, como seguranças em uma casa noturna, e as detinham com força. O pastor, então, pegava a cabeça delas e sacudia com violência, para a frente e para trás, gritando: "Saia deste corpo, espírito, em nome de *Jesus*!" Alguns pastores eram mais violentos que outros, mas o que todos tinham em comum era que nenhum deles desistia até a expulsão do demônio, deixando o fiel praticamente desmaiado no palco. A pessoa tinha que cair. Se não caísse, significava que o demônio era poderoso e o pastor precisaria ser ainda mais duro. Você podia ser um jogador de futebol americano. Não importava. O pastor ia te *derrubar* de qualquer jeito. Glória a Deus, aquilo era divertido demais.

Karaokê cristão, histórias incríveis de ação e curandeiros violentos — cara, eu adorava ir à igreja. O que eu não gostava era da dificuldade para chegar até lá. Era uma verdadeira missão. Morávamos em Eden Park, um pequeno bairro nos arredores de Johannesburgo. Levava uma hora até a igreja dos brancos, mais quarenta e cinco minutos até a igreja mista e outros quarenta e cinco até Soweto, onde ficava a igreja dos negros. Se isso não bastasse, em alguns domingos havia um culto especial à noite na igreja dos brancos, então fazíamos uma dobradinha. Quando finalmente chegávamos em casa, só me restava desmaiar na cama.

Esse domingo em particular, quando fui lançado pela minha mãe de um carro em movimento, parecia ser como outro qualquer. Minha mãe me acordou e preparou o mingau para o café da manhã. Tomei banho enquanto ela arrumava meu irmãozinho, Andrew, que tinha nove meses. Em seguida fomos para a garagem, mas, quando finalmente estávamos prontos para sair, o carro não quis dar partida. Minha mãe tinha um Fusquinha laranja caindo aos pedaços que ela conseguiu comprar por uma mixaria. O motivo de ter sido tão barato era que ele vivia dando problema. Até hoje odeio carros usados por conta disso. Quase tudo o que já deu errado na minha vida, de uma forma ou de outra, está relacionado a um carro usado. Foi por causa de um carro usado que fiquei na detenção por chegar atrasado à escola. Foi por causa de um carro usado que tivemos que pegar carona no meio da estrada. Também foi por causa de um carro usado que minha mãe se casou. Se não fosse pelo Fusquinha que não funcionava, nunca teríamos que ir atrás do mecânico que se tornaria o marido dela, consequentemente meu padrasto, que viria a ser o homem que nos torturou por anos e meteu uma bala na cabeça da minha mãe. Me vê um carro novo com garantia, por favor.

Por mais que eu amasse a igreja, a ideia de ficar nove horas se arrastando de um lado para o outro — da igreja mista para a igreja dos brancos, depois a dos negros, e de volta à igreja dos brancos — era demais para a minha cabeça. O carro já era um pesadelo, mas, quando tínhamos que usar o transporte público, tudo ficava duas vezes mais demorado e difícil. Quando o Fusca se recusava a funcionar, na minha cabeça eu rezava: *Por favor, diz que a gente vai ficar em casa. Diz que a gente vai ficar em casa, por favor.* Mas bastava ver o olhar de determinação na cara da minha mãe, sem nem um traço de hesitação, para saber que eu teria um longo dia pela frente.

— Venha — ela ordenava. — Vamos pegar uma van.

Minha mãe é tão obstinada quanto é religiosa. Uma vez que a decisão era tomada, não tinha volta. Os obstáculos pelo caminho que normalmente levariam uma pessoa a desistir, como um carro quebrado, só a deixavam ainda mais determinada a seguir adiante.

— É o diabo. — Era a explicação dela para o carro enguiçado. — O diabo não quer que a gente vá à igreja. É por isso que temos que pegar a van.

Sempre que me via contra a teimosia religiosa da minha mãe, eu tentava, da forma mais respeitosa possível, argumentar buscando um ponto de vista diferente.

— Ou — eu arriscava — o Senhor sabe que hoje não *deveríamos* ir à igreja, e é por isso que ele fez o carro enguiçar, pra que a gente fique em casa como uma família e tire o dia pra descansar, pois até o Senhor descansou no sétimo dia.

— Isso é o diabo falando, Trevor.

— Não, porque Jesus está no controle, e, se Jesus está no controle e nós rezamos para Jesus, ele faria o carro funcionar, mas não foi isso que aconteceu, então...

— Não, Trevor! Às vezes Jesus coloca obstáculos em nosso caminho para ver se somos capazes de superá-los. Como Jó. Isso pode ser um teste.

— Ah! Verdade, mãe. Mas o teste pode ser comprovar se estamos dispostos a aceitar o que aconteceu e ficar em casa, louvando Jesus por sua sabedoria.

— Não. Isso é o diabo falando. Agora vai se trocar.

— Mas, mãe!

— Trevor! *Sun'qhela!*

Sun'qhela é uma frase com muitos significados. Serve para dizer "não me questione", "não me subestime" e "não me provoque". É um comando e uma ameaça ao mesmo tempo. É comum os pais da etnia xhosa usarem essa expressão com seus filhos. Sempre que essas palavras eram proferidas, eu sabia que era o fim da conversa. Se eu ousasse dizer mais alguma coisa, com certeza ela me daria uma bela surra.

Naquela época, eu frequentava uma escola católica privada chamada Colégio Maryvale. Eu era o campeão do dia dos esportes todos os anos, e minha mãe seguia meu exemplo, ganhando o troféu das mães. Por quê? Porque ela estava sempre atrás de mim para me dar uma surra, e eu estava sempre fugindo da surra dela. Ninguém corria mais que minha mãe e eu. Ela não era do tipo "Venha até aqui para levar um corretivo". A entrega era garantida, sem custo adicional. Ela também gostava de atirar coisas. Não importava o que fosse, se estivesse perto dela, seria arremessado contra você. Se fosse algo que pudesse quebrar, eu tinha que agarrar e colocar em um lugar seguro. Pois, se quebrasse, também seria minha culpa, e a surra viria ainda pior. Se ela arremessasse um vaso em mim, eu tinha que agarrá-lo, colocá-lo no chão e sair correndo. Em questão de segundos eu tinha que considerar: *É valioso? Sim. É frágil? Sim. Agarre, coloque em segurança e corra.*

Vivíamos como gato e rato, eu e minha mãe. Ela era a rígida disciplinadora; eu, o moleque que aprontava todas. Ela me mandava comprar leite e pão, mas eu não voltava imediatamente para casa, porque usava o dinheiro do troco para jogar no fliperama do supermercado. Eu adorava jogar videogame. Era o melhor no *Street Fighter*. Levava uma eternidade em uma única jogada. Bastava colocar uma moeda, e o tempo voava; só voltava à realidade quando sentia a presença de uma mulher atrás de mim segurando uma cinta. E assim começava a corrida. Eu saía em disparada pela porta, levantando poeira pelas ruas de Eden Park, escalando muros e me escondendo no quintal dos outros. Isso era normal no nosso bairro. Todo mundo já sabia: o Trevor passaria correndo como um endemoniado, e a mãe dele viria logo atrás. Ela conseguia correr a toda a velocidade de salto alto, mas, se quisesse realmente me pegar, era capaz de arremessar os sapatos longe sem perder o ritmo. Fazia uma manobra bizarra com os tornozelos que lançava o sapato no ar sem tropeçar. Isso significava que ela tinha entrado no modo turbo.

Quando eu era pequeno, minha mãe sempre me alcançava, mas à medida que eu crescia ficava mais rápido, e, quando não conseguia mais me alcançar, ela usava a espertez. Se eu estivesse quase me safando, ela gritava: "Pega ladrão!" Era capaz de fazer isso com o próprio filho. Na África do Sul, ninguém se mete nos problemas dos outros — a menos que seja uma multidão fazendo justiça com as próprias mãos. Nesse caso, todos querem participar. Ela então gritava: "Ladrão!", sabendo que toda a vizinhança viria atrás de mim. Eu tinha que escapar de estranhos tentando me agarrar e me derrubar, e só me restava tentar me esquivar e desviar deles também, enquanto berrava: "Não sou ladrão! Sou filho dela!"

A última coisa que eu queria fazer naquela manhã de domingo era entrar em uma van lotada, mas, assim que minha mãe disse *sun'qhela*, eu soube que minha sorte estava selada. Ela pegou Andrew no colo, saímos do Fusca e fomos atrás de transporte.

Eu tinha cinco anos, quase seis, quando Nelson Mandela saiu da prisão. Eu me lembro de assistir na TV e de todos estarem felizes. Não entendia o motivo de tanta felicidade, só que estávamos felizes. Eu tinha noção de que havia algo chamado apartheid e que isso estava chegando ao fim, o que era muito importante, mas não entendia a complexidade da situação.

O que eu lembro, e nunca vou esquecer, é da violência que se seguiu. O triunfo da democracia contra o apartheid é, muitas vezes, chamado de Revolução Sem Sangue. Ficou conhecido assim porque quase não houve sangue branco derramado. Já o sangue negro corria pelas ruas.

Com a queda do regime de segregação racial, sabíamos que o negro agora assumiria o poder. A questão era: Quem seria esse negro? A violência só crescia entre o Partido da Liberdade Inkatha e o ANC, o Congresso Nacional Africano, na busca por uma estratégia para alcançar o poder. A dinâmica política entre esses dois grupos era bem complicada, mas a forma mais simples de explicá-la é entendendo que o que havia era uma guerra por procuração entre os povos zulu e xhosa. O Inkatha era na maioria zulu, extremamente militante e nacionalista. O ANC era uma coalizão mais ampla que reunia diferentes tribos, mas seus líderes na época eram principalmente xhosa. Em vez de se unirem em busca da paz, eles se voltaram uns contra os outros, cometendo atos de incrível selvageria. Tumultos eclodiram em todo o país. Milhares de pessoas foram mortas. A prática do *necklacing* era comum. O método consiste em prender uma pessoa com um pneu ao redor do torso, imobilizando os braços. Em seguida, a vítima é encharcada com combustível e queimada viva. O ANC fez isso com o Inkatha. O Inkatha fez isso com o ANC. Eu vi um desses corpos carbonizados no acostamento da estrada certo dia a caminho da escola. À noite, minha mãe e eu ligávamos a pequena TV em preto e branco para assistir ao noticiário. Dez mortos. Cinquenta mortos. Cem mortos.

Eden Park não estava assim tão longe das favelas de East Rand, Thokoza e Katlehong, onde aconteciam alguns dos piores embates entre Inkatha e ANC. Uma vez por mês, no mínimo, voltávamos para casa de carro e víamos o bairro em chamas. Centenas de agitadores nas ruas. Minha mãe tinha que desviar lentamente da multidão e dos bloqueios feitos com pneus em chamas. Nada queima como um pneu; suas labaredas são lançadas ao ar com fúria inimaginável. À medida que passávamos pelos pneus incendiados, a sensação era de estar dentro de um forno. Eu costumava dizer para a minha mãe: "Acho que Satã queima pneus no inferno".

Sempre que as revoltas começavam, todos os nossos vizinhos se escondiam sabiamente atrás de portas trancadas. Mas não a minha mãe. Ela enfrentava de cabeça erguida e, à medida que nos aproximávamos dos bloqueios, lançava um olhar para os baderneiros, como se dissesse: *Me deixe passar. Não faço parte dessa desgraça toda*. Ela era determinada diante do perigo. Isso sempre me impressionou. Não importava que a guerra acontecesse bem na nossa porta. Ela tinha coisas a fazer, lugares para ir. Era a mesma obstinação que a fazia ir à igreja até se o carro enguiçasse. Mesmo com centenas de agitadores bloqueando a rua principal de Eden Park com pneus queimados, minha mãe dizia:

— Vá se arrumar. Tenho que ir trabalhar. E você precisa ir pra escola.

— Mas, mãe, você não tem medo? — eu perguntava. — Você é uma só contra vários deles.

— Meu amor, não estou sozinha — ela respondia. — Tenho todos os anjos do céu ao meu lado.

— Seria bom se nós conseguíssemos *vê-los* — eu argumentava —, porque acho que aquele pessoal não sabe que eles estão aqui.

Ela me dizia para não me preocupar. Gostava de usar a frase que era o lema da sua vida:

— Se Deus é por mim, quem será contra mim?

Ela não tinha medo. Mesmo quando deveria ter.

Percorremos nosso circuito de igrejas naquele domingo sem carro, terminando, como sempre, na igreja dos brancos. Quando saímos de Rosebank Union, estava escuro e não havia mais ninguém. O dia tinha sido interminável, de van em van, da igreja mista para a igreja dos negros, depois a dos brancos; eu estava exausto. Já eram nove da noite. Naquela época, com toda a violência e tumultos acontecendo, não era sensato ficar na rua até tão tarde. Estávamos na esquina da Jellicoe Avenue com a Oxford Road, bem no coração de um bairro de brancos endinheirados em Johannesburgo, em uma área onde não havia vans de transporte. As ruas estavam vazias.

Tudo o que eu queria era falar para a minha mãe: "Eu te disse, não disse? Era por isso que Deus queria que ficássemos em casa".

Mas bastou ver o olhar na cara dela para eu ficar bem caladinho. Tinha vezes que eu podia falar honestamente com a minha mãe... mas não era um desses momentos.

Aguardamos um tempão por uma van. Durante o apartheid, não havia transporte público para os negros, mas os brancos ainda esperavam que fôssemos pontuais para esfregar o chão e limpar banheiros. Como a necessidade é a mãe da invenção, os negros criaram seu próprio sistema de transporte, uma rede informal de linhas de ônibus, controlada por associações privadas totalmente fora da lei. Como as vans não eram regularizadas, o serviço era, basicamente, dominado pelo crime organizado. Grupos diferentes cuidavam de diferentes rotas, e havia uma disputa pelo controle dos itinerários. O negócio envolvia suborno e transações por baixo do pano, muita violência e taxas de proteção pagas para evitar ainda mais violência. Roubar a rota de um grupo rival estava fora de cogitação. Aqueles que ousassem fazer isso eram assassinados. Por não haver uma regulamentação, não dava para saber se a van ia aparecer ou não. Quando vinha, tudo bem. Se não, paciência.

Eu estava literalmente dormindo em pé em frente à igreja. Nenhum sinal de van a caminho. Até que finalmente minha mãe anunciou: "Vamos pegar carona". Caminhamos um monte, pelo que pareceu uma eternidade, até que um carro finalmente parou. O motorista nos ofereceu carona, e então entramos no carro. Mal tínhamos começado a rodar quando uma van surgiu do nada e fechou o veículo onde estávamos.

Saiu da van um motorista zulu segurando uma *iwisa* enorme, uma arma tradicional zulu — basicamente um porrete de guerra. Essa arma costuma ser usada para arrebentar a cabeça das pessoas. Logo atrás veio seu comparsa, que estava no banco do passageiro. Os dois foram até o lado do motorista do carro em que estávamos, agarraram o homem que nos ofereceu carona e o arrastaram para fora, ameaçando-o com os porretes.

— Tá roubando a nossa clientela? Por que tá dando carona pras pessoas?

Parecia que eles iam matar o homem. Eu sabia que isso podia acontecer. Então minha mãe resolveu interferir:

— Olha só, ele só estava me ajudando. Deixe ele em paz. A gente vai com vocês. Era essa a nossa intenção desde o início.

Então, saímos do carro e subimos na van.

Éramos os únicos passageiros. Além de ser bandidos violentos, os motoristas de van sul-africanos eram conhecidos por reclamar e passar sermão nos passageiros enquanto dirigiam. Esse motorista em particular tinha muito o que dizer. Durante a corrida, ele começou a repreender minha mãe, falando que não era certo entrar em um carro com um homem que não fosse seu marido. Minha mãe não aceitava levar bronca de um homem que ela não conhecia. Mandou o cara cuidar da vida dele, e, ao perceber que ela falava em xhosa, aquilo realmente o irritou. Os estereótipos associados às mulheres zulu e xhosa estavam tão arraigados quanto os dos homens. As mulheres zulu eram bem-comportadas e obedientes. As mulheres xhosa eram promíscuas e infiéis. E ali estava minha mãe, uma inimiga tribal, uma mulher xhosa sozinha com duas crianças pequenas — uma delas, ainda por cima, mestiça. Além de promíscua, era do tipo que se deitava com homem branco.

— Ah, você é *xhosa* — exclamou ele. — Isso explica muita coisa. Entrando no carro de um estranho... Mulherzinha nojenta.

Ele seguiu com os xingamentos, gritando do banco do motorista, apontando para ela através do retrovisor, e minha mãe respondia à altura. A atitude dele foi ficando cada vez mais ameaçadora, até que finalmente declarou:

— Esse é o problema das mulheres xhosa. Vocês são todas vagabundas... e hoje você vai aprender uma lição.

Ele pisou no acelerador. Estava dirigindo rápido, sem parar para nada, apenas diminuindo a velocidade para verificar o trânsito quando se aproximava de um cruzamento. Naquela época, a morte era uma realidade palpável. Minha mãe poderia ser estuprada. Eles poderiam nos matar. Eram todas opções viáveis. Eu não entendia por completo o tamanho do perigo que estávamos correndo naquele momento; estava tão cansado que só queria dormir. Além disso, minha mãe manteve a calma o tempo todo. Ela não entrou em pânico, portanto eu também não. Ela só tentou convencê-lo a nos deixar ir:

— Não foi minha intenção aborrecê-lo, *bhuti*. Pode nos deixar aqui mesmo...
— Não.
— Não tem problema. A gente pode andar...
— Não.

Ele disparou pela Oxford Road, todas as faixas vazias, nenhum carro na rua. Eu estava sentado ao lado da porta corrediça da van. Minha mãe estava ao meu lado, com Andrew no colo. Ela olhou para a rua pela janela e, em seguida, se curvou em minha direção, sussurrando:

— Trevor, quando ele diminuir a velocidade no próximo cruzamento, vou abrir a porta e nós vamos pular.

Não escutei uma palavra do que ela disse, pois àquela altura eu estava desmaiado de sono. No próximo semáforo, o motorista reduziu um pouco a velocidade para ver se algum carro se aproximava. Minha mãe se jogou sobre mim, abrindo a porta corrediça, me agarrou e me arremessou o mais longe possível. Então pegou Andrew, abraçou-o com força e se jogou logo atrás de mim.

Parecia um sonho, até eu sentir a dor do choque. *Bam!* Bati com força contra o asfalto. Minha mãe caiu bem ao meu lado, e fomos juntos rolando pela rua. Agora eu estava totalmente acordado. Saí do mundo dos sonhos para *Mas que diabo?!* Depois de um tempo, parei de rolar e consegui me levantar, totalmente desorientado. Olhei ao redor e vi minha mãe, já em pé. Ela se virou para mim e gritou:

— *Corre!*

Então eu corri, e ela correu, e ninguém corria mais que minha mãe e eu.

Não sei explicar, mas era como se eu soubesse o que fazer. Era um instinto animal, algo aprendido em um mundo onde a violência estava sempre à espreita, esperando para explodir. Nas favelas, quando a polícia chegava com seu equipamento de combate, carros blindados e helicópteros, eu sabia: *Corra para se proteger. Corra e se esconda.* Eu tinha cinco anos e já sabia disso. Se minha vida fosse diferente, ser jogado de uma van em movimento me deixaria desnorteado. Talvez eu me levantasse como um idiota, perguntando: "O que está acontecendo, mãe? Por que minhas pernas estão doendo?" Mas nada disso ocorreu. Minha mãe disse "corre" e eu obedeci. Como a gazela corre do leão, eu corri.

Os dois homens saíram da van e vieram atrás de nós, mas não tinham a menor chance. Eles comeram poeira. Acho que ficaram em choque. Ainda me lembro de olhar para trás e vê-los desistindo com um olhar de total perplexidade. *O que foi que acabou de acontecer? Quem poderia imaginar que uma mulher com duas crianças pequenas poderia correr tão rápido?* Eles não sabiam que estavam lidando com os campeões do dia dos esportes do Colégio Maryvale. Continuamos correndo até chegar a um posto de gasolina vinte e quatro horas e ligar para a polícia. Àquela altura, os dois bandidos já estavam longe.

Eu ainda não sabia por que tudo aquilo tinha acontecido; corri movido por pura adrenalina. Só me dei conta da dor que sentia quando finalmente paramos de correr. Olhei para baixo e vi meus braços ralados e a pele esfolada. Estava coberto de cortes e sangrava muito. Minha mãe também. Por incrível que pareça, meu irmãozinho estava bem. Minha mãe o protegeu com o próprio corpo, e ele saiu dessa sem nem um arranhão. Em choque, perguntei:

— O que foi que *aconteceu*?! Por que essa correria?!

— Como assim, "por que essa correria"? Aqueles homens queriam nos matar.

— Mas você não disse nada! Só me jogou pra fora da van!

— Eu disse, sim. Por que você não pulou?

— Pular?! Eu estava dormindo!

— Você queria que eu te deixasse lá pra eles te matarem?

— Pelo menos eles me acordariam antes de me matar.

Continuamos nessa linha de argumentação. Eu estava confuso e revoltado demais por ter sido arremessado de um carro em movimento para me dar conta do que tinha acontecido. Minha mãe tinha salvado a minha vida.

Enquanto recuperávamos o fôlego e esperávamos a polícia chegar para nos levar para casa, ela disse:

— Pelo menos estamos a salvo, graças a Deus.

Mesmo com nove anos, eu sabia que não podia deixar essa passar.

— Não, mãe! *Não* foi graças a Deus! Você devia ter escutado quando Deus tentou nos avisar que era melhor ficar em casa quando o carro não funcionou. Tá claro que a noite de hoje foi obra do diabo.

— Não, Trevor! O diabo não age assim. Tudo isso faz parte dos planos de Deus. Se Ele queria a gente aqui, Ele tinha suas razões...

E assim continuamos discutindo sobre a vontade de Deus. Finalmente, arrematei:

— Olha, mãe, eu sei que você ama Jesus, mas acho que na próxima semana você devia pedir pra ele vir nos encontrar em casa. Porque a noite de hoje não foi nada divertida.

Ela abriu um sorriso e começou a gargalhar. Eu também comecei a rir, e ficamos assim, um garotinho e sua mãe, nossos braços e pernas cobertos de sangue e sujeira, rindo juntos, cheios de dor, sob a luz de um posto de gasolina no meio do nada e em plena madrugada.

* * *

O apartheid era a representação máxima do racismo. Levou séculos para se formar. Começou em 1652, quando a Companhia Holandesa das Índias Orientais chegou ao Cabo da Boa Esperança para estabelecer uma colônia comercial batizada de Kaapstad, mais tarde Cidade do Cabo, um entreposto onde navios em rota entre a Europa e as Índias paravam para seus homens descansarem. Para impor a dominação branca, os colonos holandeses entraram em guerra com os nativos, o que resultou na criação de leis para subjugá-los e escravizá-los. Quando os ingleses assumiram o controle da Colônia do Cabo, os descendentes dos primeiros colonizadores holandeses fugiram para o interior e desenvolveram seu próprio idioma, cultura e costumes e, com o tempo, tornaram-se um povo distinto, os africânderes — a tribo branca da África.

Os ingleses aboliram a escravidão no papel, mas na prática tudo continuava na mesma. O motivo por trás disso era que, embora o local fosse visto como um posto intermediário sem muito valor localizado na rota para o Extremo Oriente, alguns capitalistas de sorte, em meados do século XIX, acabaram encontrando nessa região as reservas de ouro e diamante mais valiosas do mundo, e para extrair essas riquezas do solo era preciso um suprimento interminável de corpos descartáveis.

Com a queda do Império Britânico, os africânderes ressurgiram para reivindicar a África do Sul como sua herança de direito. Para manter o poder, tendo em vista a crescente inquietação da maioria negra, o governo percebeu que precisava de novas ferramentas para impor o controle com mais firmeza. Eles estabeleceram uma comissão formal para ir a campo e estudar o racismo institucionalizado ao redor do mundo. Visitaram a Austrália, os Países Baixos e os Estados Unidos. Viram o que funcionava e o que não funcionava. Ao retornar, publicaram um relatório, e o governo usou esse conhecimento para elaborar o mais avançado sistema de repressão racial já conhecido pela humanidade.

O apartheid era um Estado policial, um sistema de vigilância e de leis criadas para manter a população negra sob total controle. O conjunto completo dessas leis compreendia mais de três mil páginas e pesava quase cinco quilos, mas a ideia principal estava clara o bastante para qualquer um entender. Nos Estados Unidos, primeiro houve o confinamento dos nativos a reservas indígenas, depois a escravidão, seguida da segregação. Agora, imagine essas três condições acontecendo ao mesmo tempo contra um só grupo populacional. Isso era o apartheid.

* * *

2
NASCIDO DO CRIME

Eu cresci na África do Sul durante o apartheid, o que era muito confuso, pois fui criado em uma família miscigenada, com apenas um mestiço: eu. Minha mãe, Patricia Nombuyiselo Noah, é negra. Meu pai, Robert, branco. Suíço/alemão, para ser mais preciso, como eles geralmente são. Durante o apartheid, um dos piores crimes que você poderia cometer era ter relações sexuais com alguém de outra raça. Estava claro que meus pais tinham cometido esse crime.

Em qualquer sociedade forjada no racismo institucionalizado, a mistura de raças, além de expor a injustiça por trás do sistema, revela que ele é insustentável e incoerente. A miscigenação é prova de que as raças podem se misturar — e, em muitos casos, é isso mesmo que elas *querem*. Como o mestiço é a personificação da incoerência do sistema, a miscigenação passa a ser um crime pior que traição.

Mas humanos são humanos, portanto uma proibição não impediria ninguém de fazer sexo. Já havia crianças mestiças na África do Sul nove meses após os primeiros navios holandeses atracarem na baía da Mesa. A exemplo do que ocorreu no Estados Unidos, os colonizadores fizeram sexo com as mulheres nativas, como normalmente acontecia. Mas, diferentemente dos Estados Unidos, onde qualquer um com uma gota de sangue negro já era considerado negro, na África do Sul os mestiços passaram a ser classificados como um grupo independente, nem negro nem branco, aquilo que eles chamavam de *"coloured". Coloured*, negros, brancos e indianos eram forçados a se registrar junto ao governo de acordo com a raça. Com base nessas classificações, milhões de pessoas perderam suas raízes e foram realocadas. As áreas reservadas aos indianos eram separadas das áreas dos *coloured*, que eram separadas das áreas dos negros — e todas elas separadas das áreas dos brancos, com zonas intermediárias não urbanizadas entre uma e outra. Leis foram promulgadas proibindo relações sexuais entre descendentes de europeus e nativos, e mais tarde retificadas para proibir o sexo entre brancos e todos os não brancos.

O governo não mediu esforços para fazer valer as novas regras. A punição para quem infringisse a lei eram cinco anos de prisão. Havia unidades táticas cujo único propósito era sair por aí espiando pela janela das pessoas — naturalmente, tarefa reservada à mais fina elite do pelotão policial. Se um casal inter-racial fosse pego em flagrante, era um Deus nos acuda. A polícia derrubava a porta, arrastava o casal para fora, espancava os infratores e os levava presos. Pelo menos era isso que acontecia com os negros. Com os brancos, o tratamento era diferente: "Olha só, vou dizer que você estava bêbado, mas vê se não faz isso de novo, tá bom? De nada". Era assim que acontecia com um homem branco e uma mulher negra. Mas, se um homem negro fosse pego com uma mulher branca, ele teria sorte se não fosse acusado de estupro.

Se você perguntar à minha mãe se ela sabia das consequências de ter um filho mestiço durante o apartheid, ela vai dizer que não. Se quisesse fazer alguma coisa, ela achava um jeito de fazer e nada a impedia. Ela tinha o nível de ousadia que é preciso ter para fazer o que ela fez. Se alguém fosse parar para considerar os possíveis desdobramentos, ninguém faria nada. Ainda assim, era uma loucura, uma total imprudência. Um milhão de fatores precisavam dar certo para que fosse possível escapar por entre as falhas do sistema pelo tempo que conseguimos.

Durante o apartheid, se você fosse um homem negro, estaria fadado a trabalhar em uma fazenda, fábrica ou mina. Se fosse uma mulher negra, trabalharia em uma fábrica ou como empregada doméstica. As opções eram basicamente essas. Minha mãe não queria trabalhar em uma fábrica. Além disso, era péssima cozinheira e nunca aceitaria ordens de uma mulher branca o dia inteiro. Então, fiel à própria índole, encontrou uma opção que não se enquadrava no que havia disponível: fazer um curso de secretariado e aprender datilografia. Na época, uma negra aprendendo a datilografar era o mesmo que um cego aprendendo a dirigir. Era algo admirável, mas as chances de você ser chamado para executar tal tarefa eram mínimas. Pela lei, os trabalhos administrativos e especializados eram reservados aos brancos. Os negros não trabalhavam em escritório. Mas minha mãe era uma rebelde, e, felizmente para ela, sua natureza subversiva veio na hora certa.

No começo da década de 1980, o governo sul-africano começou a realizar pequenas reformas na tentativa de apaziguar os protestos internacionais contra as atrocidades e abusos aos direitos humanos durante o apartheid. Entre essas reformas estava a contratação de fachada de trabalhadores negros para cargos administrativos menores. Como datilógrafos. Com a ajuda de uma agência de empregos, ela conseguiu trabalho como secretária na ICI, uma multinacional farmacêutica em Braamfontein, um bairro rico de Johannesburgo.

Quando começou a trabalhar, ela ainda morava com minha avó em Soweto, a favela para onde minha família tinha sido realocada pelo governo décadas antes. Mas minha mãe não estava feliz em casa, então, com vinte e dois anos, fugiu para viver no centro da cidade. Só havia um probleminha: era ilegal para os negros morar nessa região.

O objetivo principal do apartheid era tornar a África do Sul um país de brancos, em que os negros, que tiveram seus direitos de cidadão negados, eram realocados para viver nas terras nativas, os chamados bantustões: territórios semissoberanos que, na realidade, eram Estados fantoches do governo em Pretória. Mas esse país que se dizia branco não tinha como funcionar sem a mão de obra negra para gerar suas riquezas, o que significava que os negros precisavam ter permissão para viver próximo a áreas de brancos, nas favelas, que eram guetos planejados pelo governo para abrigar os trabalhadores negros, como Soweto. A única condição que dava a alguém o direito de viver em uma favela era o status de trabalhador. Se sua documentação fosse revogada por qualquer motivo, o resultado mais provável seria a deportação para as terras nativas.

Para sair da favela, fosse para trabalhar na cidade ou por qualquer outro motivo, era preciso levar consigo um passe com seu número de identidade, senão você seria preso. Também havia toque de recolher: depois de certo horário, os negros tinham que voltar para a favela onde moravam, ou corriam o risco de ser presos. Minha mãe não se importava. Estava determinada a nunca mais voltar para casa. Então ela ficou na cidade, escondendo-se e dormindo em banheiros públicos, até aprender as regras do jogo com outras mulheres negras que conheciam os segredos de como viver na cidade: as prostitutas.

Muitas eram da etnia xhosa. Falavam a língua da minha mãe e a ensinaram a sobreviver. Elas mostraram como se vestir com roupas de empregada para conseguir transitar pela cidade sem ser questionada. Também apresentaram à minha mãe homens brancos dispostos a alugar apartamentos na cidade. Muitos deles eram estrangeiros, alemães e portugueses que não se importavam com a lei e assinavam de bom grado um contrato de aluguel, dando a uma prostituta um lugar para morar e trabalhar em troca de favores sexuais. Minha mãe não queria saber desse tipo de vida, mas, graças ao trabalho dela, tinha como pagar o aluguel. Conheceu um alemão com a ajuda das amigas prostitutas, e ele concordou em alugar um apartamento para ela no nome dele. Ela se mudou e comprou vários aventais de empregada para usar. Foi pega e detida muitas vezes por não ter a identidade consigo ao voltar do trabalho e por estar em uma área de brancos depois do toque de recolher. A pena por infringir a lei do passe era de trinta dias na cadeia ou uma multa de cinquenta rands, quase metade do salário dela. Minha mãe juntava o dinheiro de onde podia, pagava a multa e seguia em frente com a vida, como se nada tivesse acontecido.

O apartamento secreto da minha mãe ficava em um bairro chamado Hillbrow. Ela morava no número 203. No final do corredor morava um suíço/alemão alto, de cabelo e olhos castanhos, chamado Robert. Ele morava no 206. Por ter sido uma colônia mercantil, a África do Sul sempre teve uma grande comunidade de estrangeiros. De um jeito ou de outro, muita gente vem parar aqui. Um monte de alemães e holandeses. Naquela época, Hillbrow era a Greenwich Village da África do Sul. Era uma região próspera, cosmopolita e liberal. Havia galerias e teatros clandestinos onde artistas se atreviam a falar o que pensavam, criticando o governo para uma plateia integrada. Havia restaurantes e boates, vários cujos proprietários eram estrangeiros, que atendiam a uma clientela mista, de negros que odiavam o status quo e brancos que simplesmente achavam tudo aquilo ridículo. Essas pessoas também se reuniam em segredo, geralmente no apartamento de alguém ou em algum sótão vazio convertido em casa noturna. A integração por natureza era um ato político, mas esses encontros não tinham nada de político. As pessoas se encontravam para conversar e fazer festas.

Minha mãe mergulhou de cabeça nesse cenário. Ela sempre estava em alguma casa noturna, alguma festa, dançando e conhecendo gente. Ela costumava ir ao Hillbrow Tower, um dos prédios mais altos da África na época. Tinha uma boate com piso giratório no último andar. Foi uma época de muitas emoções, mas também de muito perigo. Às vezes os restaurantes e casas noturnas eram interditados, às vezes não. Às vezes os artistas e clientes eram presos, às vezes não. Não dava para saber o que ia acontecer. Minha mãe não sabia em quem confiar, quem poderia entregá-la para a polícia. Vizinhos delatavam uns aos outros. As namoradas dos homens brancos no prédio de apartamentos da minha mãe tinham todos os motivos para delatar uma mulher negra — certamente uma prostituta — que vivesse entre eles. E não podemos esquecer que negros também trabalhavam para o governo. Para os vizinhos brancos, minha mãe podia ser uma espiã fingindo ser uma prostituta fingindo ser empregada, enviada a Hillbrow para informar quem eram os brancos que infringiam a lei. É assim que funciona um Estado policial — todos acham que o outro é da polícia.

Por viver sozinha na cidade, sem que ninguém confiasse nela e sem poder confiar em ninguém, minha mãe começou a passar mais tempo na companhia daqueles com quem se sentia segura, como o suíço alto que morava no fim do corredor, no 206. Ele tinha quarenta e seis anos. Ela, vinte e quatro. Ele era calmo e reservado; ela, rebelde e livre. Ela passava no apartamento dele para conversar; eles iam juntos às reuniões clandestinas, dançavam na boate de piso giratório. Alguma coisa se encaixou ali.

Eu sei que havia uma ligação verdadeira, amor entre os meus pais. Fui testemunha disso. Mas não sei dizer até que ponto era uma relação romântica ou apenas de amizade. Esse é o tipo de coisa que uma criança não pergunta. Só sei que um dia ela fez a proposta.

— Quero um filho — ela soltou.

— Eu não quero filhos — respondeu ele.

— Não perguntei se você quer um filho. Estou pedindo pra você me ajudar a ter o meu filho. Só quero o seu esperma.

— Sou católico — explicou ele. — Não fazemos esse tipo de coisa.

— Você sabe — argumentou ela — que eu posso muito bem transar com você e desaparecer, e você nunca ficaria sabendo se tem um filho ou não. Mas não quero isso. Me conceda essa honra, para que eu possa viver em paz com a minha consciência. Quero um filho meu e quero que ele venha de você. Você poderá vê-lo quanto quiser, sem nenhuma obrigação. Não precisa falar com ele. Não precisa pagar por ele. Apenas me ajude a fazer essa criança.

Para a minha mãe, ele não querer uma família com ela, além de a lei proibir que eles formassem uma família, era parte da atração. Ela queria um filho, não um homem para mandar na vida dela. Quanto ao meu pai, ele continuou dizendo não à proposta. Mas, com o tempo, acabou concordando. Por que ele disse sim, eu nunca vou entender.

Nove meses depois, em 20 de fevereiro de 1984, minha mãe entrou no Hospital Hillbrow para fazer uma cesariana agendada. Longe da família, grávida de um homem com quem não podia ser vista em público, ela estava sozinha. Os médicos a levaram para a sala de parto, cortaram a barriga dela e tiraram um bebê meio branco, meio negro, uma criança que, por si só, era a violação de várias leis, estatutos e regulamentações — eu nasci do crime.

Quando os médicos me tiraram lá de dentro, houve um momento de desconforto em que eles exclamaram: "Este bebê tem a cor muito clara". Uma rápida olhada pela sala de parto revelou que não havia nenhum homem para levar o crédito.

— Quem é o pai? — perguntaram.

— O pai dele é da Suazilândia — explicou minha mãe, referindo-se ao pequeno reino sem saída para o mar a leste da África do Sul.

É bem provável que eles soubessem que ela estava mentindo, mas só precisavam de uma explicação. Durante o apartheid, o governo registrava tudo na certidão de nascimento: raça, tribo, nacionalidade. Tudo tinha que ser categorizado. Minha mãe mentiu, afirmando que eu tinha nascido em KaNgwane, a terra nativa semissoberana do povo swazi que vivia na África do Sul. Sendo assim, minha certidão de nascimento não indica que eu seja da etnia xhosa, o que tecnicamente é o que eu sou. E não indica que eu seja de origem suíça, algo que o governo não permitiria. Apenas diz que eu sou de outro país.

Meu pai não aparece na minha certidão de nascimento. Oficialmente, ele nunca foi meu pai. E minha mãe, para fazer valer sua palavra, estava preparada para não envolvê-lo. Ela tinha alugado um novo apartamento em Joubert Park, bairro adjacente a Hillbrow, e para lá seguimos ao sair da maternidade. Na semana seguinte, ela foi visitá-lo, sem bebê. Para surpresa dela, ele perguntou onde eu estava. "Você disse que não queria se envolver", exclamou ela. E ele não se envolveu, mas, a partir do momento em que eu existia, ele percebeu que não poderia ter um filho morando logo ali na esquina e não fazer parte da vida dele. Sendo assim, nós três passamos a formar uma família um tanto peculiar, até onde era permitido, considerando a situação em que nos encontrávamos. Eu morava com a minha mãe. Saíamos escondidos para visitar meu pai sempre que possível.

Enquanto outras crianças são a prova do amor de seus pais, eu era a prova de sua criminalidade. Só podia ficar com meu pai em ambientes internos. Se saíssemos de casa, ele tinha que atravessar a rua e andar do outro lado. Minha mãe e eu íamos ao Parque Joubert o tempo todo. É o Central Park de Johannesburgo — belos jardins, um zoológico, um tabuleiro de xadrez gigante, com peças do tamanho de uma pessoa. Minha mãe conta que uma vez, quando eu era pequeno, meu pai tentou ir conosco. Estávamos no parque e ele caminhava a certa distância de nós, quando corri na direção dele, gritando: "Papai! Papai! Papai!" As pessoas começaram a nos encarar. Ele entrou em pânico e saiu correndo. Achei que fosse algum tipo de brincadeira e continuei correndo atrás dele.

Eu também não podia andar ao lado da minha mãe; uma criança de pele clara com uma mulher negra levantaria suspeitas. Quando ainda era recém-nascido, ela me embrulhava numa manta e me levava para qualquer lugar, mas logo essa opção teve que ser descartada. Eu era um bebê gigante, uma criança enorme. Com um ano, já parecia ter dois. Com dois anos, parecia que tinha quatro. Não havia como me esconder.

A exemplo do apartamento e dos uniformes de empregada, minha mãe encontrou um jeito de burlar o sistema. Era ilegal ser mestiço (fruto de um negro com um branco), mas não era ilegal ser *coloured* (fruto de dois pais *coloured*). Então, a solução da minha mãe foi que, para o mundo, eu seria uma criança *coloured*. Ela encontrou uma creche na área dos *coloured*, onde eu ficava quando ela ia trabalhar. Havia uma mulher *coloured* chamada Queen que morava no nosso prédio. Quando queríamos ir ao parque, minha mãe a convidava para ir com a gente. Queen caminhava ao meu lado e agia como se fosse minha mãe, e minha mãe andava um pouco mais atrás, como se fosse uma empregada trabalhando para uma mulher *coloured*. Tenho dezenas de fotos comigo andando ao lado dessa mulher que se parecia comigo, mas não era minha mãe. E a mulher negra bem atrás da gente que parecia estar se intrometendo na foto era, na verdade, minha mãe. Quando não havia nenhuma mulher *coloured* disponível para andar com a gente, minha mãe arriscava sair sozinha comigo. Ela segurava minha mão ou me carregava, mas, se um policial aparecesse, tinha que me largar e fingir que eu não era dela, como se eu fosse um pacote de maconha.

Quando eu nasci, fazia três anos que minha mãe não tinha contato com a família, mas ela queria que todos se conhecessem, então a filha pródiga retornou ao lar. Nós vivíamos na cidade, e às vezes eu passava várias semanas com a minha avó em Soweto, normalmente durante as férias. Tenho tantas lembranças desse lugar que, para mim, é como se também tivéssemos morado lá.

Soweto foi planejado para ser bombardeado — os arquitetos do apartheid eram verdadeiros inovadores. A favela era uma cidade por si só, com uma população de quase um milhão de pessoas. Havia apenas duas ruas: uma para entrar e outra para sair. Assim era para que os militares tivessem como nos confinar em caso de conflito. E, se os macacos se revoltassem e tentassem quebrar a jaula, a força aérea tinha como sobrevoar a área e bombardear tudo que existisse lá embaixo. Durante a infância, eu não tinha ideia de que minha avó morava no olho de um furacão.

Na cidade, por mais difícil que fosse circular, a gente se virava. Havia diferentes tipos de pessoas nas ruas: brancos, negros e mestiços, indo ou voltando do trabalho, então era fácil se perder na multidão. Em Soweto, porém, apenas negros eram permitidos. Era muito mais difícil esconder alguém com a minha aparência, e a vigilância do governo era ainda maior. Nas áreas dos brancos, era raro ver um policial, e, caso houvesse um, era do tipo amigo do bairro, com sua camisa de colarinho e calça bem passada. Soweto era ocupado pelo exército, que era responsável pelo policiamento. Eles não vestiam camisas de colarinho. Eles usavam equipamento para conter levantes. Eram militarizados. Operavam em equipes conhecidas como pelotões-volante, porque surgiam do nada, em suas viaturas blindadas — que chamávamos de hipopótamos —, tanques com pneus enormes e fendas nas laterais por onde eles atiravam. Era melhor não se meter com um dos hipopótamos. Se você visse um, era melhor correr. Essa era a realidade dos fatos. A favela estava em constante estado de insurreição; alguém estava sempre marchando ou protestando em algum lugar, e esse ato tinha que ser reprimido. Enquanto eu brincava na casa da minha avó, era possível escutar o som de tiros, gritos, gás lacrimogêneo sendo lançado contra a multidão.

As lembranças que tenho dos hipopótamos e dos pelotões-volante são de quando eu tinha cinco ou seis anos, e o apartheid finalmente caminhava para o fim. Antes disso, eu nunca tinha visto a polícia, pois não podíamos deixar que a polícia me visse. Sempre que íamos a Soweto, minha avó se recusava a me deixar sair. Se ela estivesse cuidando de mim, era sempre: "Não, não, não. Ele não vai sair de casa". Atrás das paredes, no quintal, eu podia brincar, mas não na rua. Só que era ali que os outros meninos e meninas estavam brincando, na rua. Meus primos, as crianças da vizinhança, eles abriam o portão e saíam, correndo livremente pelas ruas, voltando só ao entardecer. Eu implorava para minha avó me deixar sair:

— Por favor. *Por favorzinho*, posso brincar com os meus primos?
— Não! Eles vão te levar embora!

Por muito tempo achei que o que ela queria dizer era que outras crianças iam me levar embora, mas ela estava falando da polícia. Crianças podiam ser levadas. E eram levadas. Se uma criança da cor errada fosse encontrada em uma área da cor errada, o governo vinha, tirava a custódia dos pais e a enfiava em um orfanato. Para policiar as favelas, o governo dependia das redes de *impipis*, os informantes anônimos que delatavam atividades suspeitas. Também havia os *blackjacks*, pessoas negras que trabalhavam para a polícia. O vizinho da minha avó era um *blackjack*. Ela tinha que se certificar de que ele não estava por perto sempre que entrávamos ou saíamos da casa.

Minha avó ainda conta a história de quando eu tinha três anos e, irritado por ser um prisioneiro, cavei um buraco no portão da garagem, passei me contorcendo pela abertura e fugi. Todos entraram em pânico. Uma equipe de busca foi atrás de mim. Eu não tinha ideia do perigo em que estava colocando todo mundo. A família poderia ser deportada, minha avó poderia ser presa, minha mãe também seria mandada para a prisão e eu provavelmente seria enviado para um orfanato de crianças mestiças.

Então, eu não saía de casa. Além das poucas ocasiões em que caminhávamos no parque, os flashes de memória que tenho da minha infância são quase sempre de ambientes internos, minha mãe e eu em um apartamento minúsculo, eu sozinho na casa da minha avó. Eu não tinha amigos. Não conhecia nenhuma criança além dos meus primos. Não era uma criança solitária — me virava bem sozinho. Lia livros, brincava com algum brinquedo que tinha, inventava mundos imaginários. Vivia no meu próprio mundinho. Ainda vivo no meu próprio mundinho. Até hoje, se você me deixar sozinho por algumas horas, consigo me entreter sem nenhuma ajuda. Preciso fazer um esforço consciente para estar com pessoas.

É claro que eu não era a única criança nascida de pais negros e brancos durante o apartheid. Hoje viajo pelo mundo todo e sempre encontro outros sul-africanos mestiços. O começo é sempre parecido. Temos mais ou menos a mesma idade. Os pais se conheceram em alguma festa clandestina em Hillbrow ou na Cidade do Cabo. Moraram em um apartamento ilegal. A diferença é que em quase todos os casos eles fugiam. O pai branco tirava a criança do país clandestinamente, pelo Lesoto ou por Botsuana, e ela crescia exilada na Inglaterra, Alemanha ou Suíça, pois ser uma família miscigenada em pleno apartheid era insuportável.

Quando Mandela foi eleito presidente, finalmente pudemos ser livres. Os exilados começaram a retornar. Eu conheci um deles quando tinha uns dezessete anos. Ele me contou a sua história, e fiquei me questionando: "Como *assim*? Quer dizer que a gente podia *ir embora*? Tinha essa *opção*?" Imagine ser jogado para fora de um avião. Ao atingir o solo, todos os ossos do seu corpo se quebram, você vai para o hospital, se recupera e segue com a vida, conseguindo finalmente deixar para trás tudo o que passou — e um belo dia alguém te fala sobre o paraquedas. Foi assim que eu me senti. Não conseguia entender por que não tínhamos saído do país. Fui direto para casa perguntar para minha mãe:

— Por quê? Por que nós não fomos embora? Por que não fomos para a Suíça?

— Porque eu não sou da Suíça — respondeu ela, teimosa como sempre. — Este é o meu país. Por que eu deveria ir embora?

* * *

A África do Sul é uma mistura do velho e do novo, do antigo e do moderno, e o cristianismo sul-africano é um exemplo perfeito disso. Adotamos a religião de nossos colonizadores, mas a maioria também se agarrava aos costumes ancestrais, só para garantir. Na África do Sul, a fé na Santíssima Trindade convive muito bem com a crença em bruxaria, feitiços e maldições lançados contra os inimigos.

Venho de um país onde é mais provável alguém procurar um *sangoma* — um xamã, curandeiro tradicional, pejorativamente conhecido como médico bruxo — que ir a um médico que segue a medicina ocidental. Venho de um país onde pessoas já foram presas e julgadas por bruxaria — em um tribunal. Não estou falando do século XVIII. Estou falando de cinco anos atrás. Lembro a história de um homem que foi julgado por lançar um raio em alguém. Isso acontece com frequência nas terras nativas. Não há prédios, apenas algumas árvores altas, nada entre você e o céu, então é comum ser atingido por um raio. E, quando uma pessoa morria atingida por um raio, todos sabiam que era porque alguém tinha usado a Mãe Natureza em benefício próprio. Se por acaso você tivesse uma rixa com o falecido, alguém te acusaria de assassinato, e a polícia viria bater na sua porta.

— Sr. Noah, você está sendo acusado de assassinato. Usou de bruxaria para matar David Kibuuka com um raio.

— Que prova você tem contra mim?

— A prova é que David Kibuuka foi atingido por um raio e nem estava chovendo.

E, assim, você ia a julgamento. O tribunal é presidido por um juiz. Tem uma chamada do processo e um promotor público. O advogado de defesa precisa provar a ausência de motivo, analisar a perícia forense e apresentar uma argumentação inquestionável. E o argumento não pode ser "Bruxaria não existe". De jeito nenhum. Senão, você perde.

* * *

3
TREVOR, REZE

Cresci em um mundo comandado por mulheres. Meu pai era carinhoso e dedicado, mas eu só tinha contato com ele quando e onde o apartheid permitia. Meu tio Velile, irmão mais novo da minha mãe, morava com a minha avó, mas passava a maior parte do tempo nos botecos locais se metendo em brigas.

A única figura masculina mais ou menos regular na minha vida era o meu avô, pai da minha mãe, que era o vigor em pessoa. Ele se divorciou da minha avó e não morava mais com a gente, mas estava sempre por perto. O nome dele era Temperance Noah, o que era uma contradição, pois aquele homem não tinha nada de comedido. Era escandaloso e barulhento. O apelido dele no bairro era Tat Shisha, que, em tradução livre, significa "vovô gostosão", o que o descrevia muito bem. Ele amava as mulheres e as mulheres o amavam. Ele vestia seu melhor terno e andava pelas ruas de Soweto algumas tardes da semana, levando alegria por onde passava e encantando as mulheres que encontrava pelo caminho. Tinha um sorriso largo e ofuscante, cheio de dentes brancos... e falsos. Em casa, costumava tirar a dentadura para mim e fazia uma careta, como se estivesse comendo a própria cara.

Depois de muito tempo, descobrimos que ele era bipolar, mas antes disso achávamos que era apenas excêntrico. Uma vez ele pegou o carro da minha mãe emprestado para ir ao mercado comprar leite e pão. Desapareceu e só voltou para casa tarde da noite, quando já não precisávamos mais nem do leite, nem do pão. Ele havia passado por uma jovem no ponto de ônibus e, por achar que nenhuma mulher bonita deveria ficar esperando o ônibus, ofereceu uma carona até onde ela morava — a três horas dali. Minha mãe ficou furiosa, pois aquele passeio nos custou um tanque de gasolina, o suficiente para nos levar para o trabalho e para a escola por duas semanas.

Quando ele estava feliz, nada o segurava, mas suas flutuações de humor eram assustadoras. Na juventude, foi boxeador. Certo dia, cismou que eu o tinha desrespeitado e quis lutar comigo. Ele já passava dos oitenta anos. Eu tinha doze. Levantou os punhos e começou a andar em círculos ao meu redor. "Vamos lá, Trevorzinho! Deixa de moleza! Levanta a guarda! Me dá um soco! Vou te mostrar que ainda sou homem! Vamos lá!" Eu não podia lutar com ele, porque não ia bater num velhinho. Além disso, eu nunca tinha lutado e não ia ter minha primeira luta com um homem de oitenta anos. Corri até minha mãe, e ela conseguiu segurá-lo. No dia seguinte, após sua raiva pugilística, ele se sentou na cadeira de sempre e não se mexeu nem disse nada o dia inteiro.

Temperance morava com sua segunda família em Meadowlands, e nós os visitávamos esporadicamente, porque minha mãe estava sempre com medo de ser envenenada. Algo bem possível de acontecer. Os herdeiros eram a primeira família, então sempre havia a possibilidade de envenenamento pela segunda família. Era tipo *Game of Thrones* dos pobres. Quando visitávamos meu avô, minha mãe sempre me advertia:

— Trevor, não coma nada.

— Mas eu tô morto de fome.
— Não. Eles podem te envenenar.
— Tudo bem, e se eu rezar pra Jesus? Ele não pode tirar o veneno da comida?
— Trevor! *Sun'qhela*!

Como resultado, eu via meu avô só de vez em quando, e, com ele fora do caminho, a casa ficava nas mãos das mulheres.

Além da minha mãe, tinha minha tia Sibongile. Ela e o primeiro marido, Dinky, tinham dois filhos, meus primos Mlungisi e Bulelwa. Sibongile era poderosa, uma mulher forte em todos os sentidos, de seios fartos, uma mãezona. Dinky é o mesmo que insignificante, exatamente o que ele era. Um homem de estatura pequena. Abusivo, mas não de verdade. Ele bem que tentava, mas não era muito bom nisso. Tentava se encaixar na imagem que ele acreditava ser a de um marido: dominante, controlador. Quando eu era criança, costumava ouvir conselhos como: "Se você não bater na sua mulher, é porque não a ama". Esse era o tipo de conversa que se escutava dos homens nos bares e nas ruas.

Dinky tentava assumir o papel do patriarca que não era. Ele batia na minha tia, e ela aceitava esse tratamento até não aguentar mais e sentar a mão nele, colocando-o em seu lugar. Dinky costumava dizer por aí: "Eu controlo minha mulher". A vontade era dizer para ele: "Dinky, primeiro, você não controla nada. Segundo, você não precisa controlá-la. Porque ela te ama". Eu me lembro do dia em que minha tia chegou ao limite. Eu estava no quintal, e Dinky saiu correndo da casa, gritando "assassina". Sibongile veio logo atrás dele, com uma panela de água fervente, xingando e ameaçando escaldá-lo. Em Soweto, era comum ouvir falar de homens sendo escaldados com água fervente — geralmente era o único recurso da mulher. Sorte seria se, de fato, fosse água. Algumas mulheres usavam óleo fervente. Água era para quando a mulher quisesse só ensinar uma lição. Óleo de cozinha era para terminar a relação.

Minha avó, Frances Noah, era a matriarca da família. Ela comandava a casa, cuidava das crianças, cozinhava e limpava. Tinha cerca de um metro e meio, uma corcunda devido aos anos em que trabalhou em uma fábrica, mas ainda era firme e forte, ativa e cheia de vigor até hoje. Se por um lado meu avô era grande e agitado, minha avó era calma, calculava cada movimento e tinha a mente afiadíssima. Se você quisesse saber qualquer coisa sobre a história da família, ela conseguia se lembrar de acontecimentos desde a década de 30, com precisão de dia, lugar e motivo. Ela se lembrava de tudo.

A minha bisavó também morava conosco. O apelido dela era Koko. Ela era supervelhinha, tipo uns noventa anos, toda curvada e frágil, completamente cega. Os olhos dela ficaram opacos, esbranquiçados pela catarata. Não conseguia andar sem a ajuda de alguém. Ela se sentava na cozinha, próxima ao fogão a carvão, com sua saia comprida, um lenço na cabeça e um cobertor nos ombros. O fogão estava sempre aceso. Ele servia para cozinhar, aquecer a casa e esquentar a água do banho. Nós a deixávamos ali porque era o lugar mais quente da casa. De manhã, alguém a acordava e a levava até a cozinha. À noite, alguém a levava de volta para a cama. Era só o que ela fazia todos os dias, o dia inteiro. Sentar ao lado do fogão. Uma mulher fantástica, ainda lúcida. Só não conseguia ver nem se mover.

Koko e a minha avó ficavam sentadas conversando por um tempão, mas, para uma criança de cinco anos, Koko não parecia uma pessoa de verdade. Como o corpo não se movia, era como se ela fosse um cérebro com boca. Nossa interação se limitava a comandos e respostas, como conversar com um computador:

— Bom dia, Koko.
— Bom dia, Trevor.
— Já comeu, Koko?
— Comi, Trevor.
— Koko, vou sair.
— Tudo bem. Tome cuidado.
— Tchau, Koko.
— Tchau, Trevor.

O fato de eu ter crescido em um mundo comandado por mulheres não foi mero acidente. O apartheid me manteve longe do meu pai porque ele era branco, mas, para quase todas as crianças que eu conhecia no quarteirão da minha avó em Soweto, o apartheid também levara embora o pai delas por motivos diferentes. Eles trabalhavam nas minas em algum lugar, voltando para casa apenas nas férias. Estavam na prisão. Estavam exilados, lutando por uma causa. Eram as mulheres que mantinham a comunidade unida. "*Wathint'Abafazi Wathint'imbokodo!*" era o grito de guerra delas nos comícios durante a luta por liberdade. "Bater em uma mulher é bater em uma rocha." Como nação, reconhecíamos a força das mulheres, mas, em casa, a expectativa era de que elas se submetessem e obedecessem.

Em Soweto, a religião preenchia o vazio deixado pela ausência dos homens. Eu costumava perguntar para minha mãe se foi difícil me criar sozinha, sem marido. Ela respondia: "Não morar com um homem não significa que eu não tenha marido. Deus é o meu marido". Para minha mãe, minha tia, minha avó e todas as mulheres da nossa rua, a vida girava em torno da fé. As reuniões de oração aconteciam em diferentes casas do quarteirão, dependendo do dia, num sistema de rodízio. Esses grupos eram formados apenas por mulheres e crianças. Minha mãe sempre perguntava se meu tio Velile queria participar, e ele respondia: "Eu participaria se tivesse mais homens. Não posso ser o único homem na reunião". Então começavam a cantoria e as rezas, e essa era a dica para ele sair.

Durante essas reuniões, nós nos amontoávamos na minúscula sala de estar da família anfitriã e formávamos um círculo. Em seguida, cada um fazia uma oração. As vovozinhas falavam sobre o que estava acontecendo na vida delas: "Estou feliz por estar aqui. Tive uma boa semana no trabalho. Recebi um aumento e gostaria de mostrar minha gratidão e louvar Jesus". Às vezes elas pegavam a Bíblia e diziam: "Esta escritura me ajudou muito e talvez possa ajudar vocês". Em seguida, vinha a cantoria. Usávamos um pedaço de couro amarrado na palma da mão como instrumento de percussão, e a ele dávamos o nome de "a batida". Um dos participantes batia palmas no ritmo da canção, enquanto todos cantavam: "*Masango vulekani singene eJerusalema. Masango vulekani singene eJerusalema*".

Era assim que acontecia. Rezar, cantar, rezar. Cantar, rezar, cantar. Cantar, cantar, cantar. Rezar, rezar, rezar. Às vezes levava horas, sempre terminando com um "amém", e aquele "amém" era sustentado por pelo menos cinco minutos. "Aaaaa-mém. Aaaaaa--mém. Aaaaaaa-mém. Aaaaaaaaaaaaaaaaaaaaaaaaaaaaaaaaamém. Mém-mém-mém. Mememém. Aaaaaaaaaaaaaaaaaaaaaaaaaaaaaaaaa-aaaaaaaaaaaaaaaammmmmmmmmmmmmmmmémmmmm-mmmmmmmmmmmmmmmmmmmmmmmmmmmmmmmmmm-mmmmmmmmmmmmmmmmmmmmmmmmmmmmmmmmmmm mmmmmm." Para finalizar, todos se despediam e iam para casa. Na noite seguinte, outra casa, mesmo roteiro.

Nas noites de terça, a reunião de oração acontecia na casa da minha avó, e eu sempre ficava animado, por dois motivos. Um deles era que eu podia bater palmas no ritmo das canções. O outro era que eu adorava rezar. Minha avó sempre me dizia que adorava minhas orações. Ela acreditava que minhas preces eram mais poderosas porque eu rezava em inglês. Todos sabem que Jesus, que era branco, falava inglês. A Bíblia estava em inglês. Eu sei, a Bíblia não foi *escrita* em inglês, mas chegou à África do Sul em inglês, então, para nós, ela era em inglês. Portanto minhas orações eram as melhores, porque as preces em inglês eram atendidas primeiro. Como sabemos disso? Basta olhar para um branco. Está claro que as preces deles chegam à pessoa certa. Além disso, temos Mateus 19,14. "Deixem vir a mim as criancinhas", disse Jesus, "pois é delas o reino dos céus." Portanto uma criança rezando em inglês? Para o Jesus branco? Era uma combinação poderosa, bem ali. Sempre que eu rezava, minha avó dizia: "Essa prece será atendida. Posso *sentir*".

As mulheres da favela sempre tinham algo pelo que rezar — problemas financeiros, um filho na cadeia, uma filha doente, um marido bêbado. Quando as reuniões eram na minha casa, e porque minhas preces eram as melhores, minha avó pedia que eu rezasse por todos. Ela se virava para mim e dizia: "Trevor, reze". E eu rezava. Adorava rezar. Minha avó tinha me convencido de que minhas preces eram atendidas. Eu sentia que estava ajudando as pessoas.

Há algo de mágico em Soweto. Sim, era uma prisão planejada pelo nosso opressor, mas também nos dava uma sensação de autodeterminação e controle. Soweto era nosso. Tinha algo de ambicioso ali que não se encontrava em outros lugares. Nos Estados Unidos, o sonho é sair do gueto. Em Soweto, já que não era possível sair do gueto, o sonho era transformá-lo.

Para os milhões de pessoas que moravam em Soweto, não havia lojas, bares ou restaurantes. Não havia ruas pavimentadas, o acesso à luz elétrica era limitado, e os esgotos, inadequados. Mas, quando se coloca um milhão de pessoas em um só lugar, elas encontram um jeito de seguir com a vida. O mercado negro prosperou — havia todo tipo de comércio organizado dentro das casas: oficina mecânica, creche, alguém vendendo pneus recauchutados.

O tipo mais comum era o *spaza shop* e o *shebeen*. *Spaza shops* eram mercadinhos informais. Alguém construía uma barraquinha na garagem, comprava pão e ovos no atacado e, depois, revendia a mercadoria por unidade. Todos na favela compravam mercadorias em quantidades mínimas, porque ninguém tinha dinheiro. Não era possível comprar uma dúzia de ovos de uma vez, mas era possível comprar dois ovos, porque era só isso que você precisava pela manhã. Era possível comprar um quarto de pão de forma, uma xícara de açúcar. Os *shebeens* eram bares clandestinos nos fundos de alguma casa. Colocavam-se cadeiras no quintal, montava-se um toldo e assim surgia um bar secreto. Era aos *shebeens* que os homens iam depois do trabalho e durante as reuniões de orações, e a qualquer hora do dia também.

As pessoas construíam casas como se compravam ovos: um pouquinho de cada vez. Cada família na favela tinha um pedaço de terra alocado pelo governo. Começava com um barraco no seu terreno, uma estrutura temporária de tábuas e chapas moduladas. Com o tempo, economizava-se um dinheirinho e levantava-se uma parede de alvenaria. Só uma. Então, economizava-se um pouco mais e se construía outra parede. Anos depois, uma terceira parede era levantada e, com o tempo, uma quarta. Agora já havia um cômodo onde todos da família podiam dormir, comer e fazer o que quisessem. Então, economizava-se para a construção do teto. Depois, das janelas. Em seguida, colocava-se o reboco. Chegava a vez de a sua filha começar uma família. Eles não tinham para onde ir, então a única solução era vir morar com você. Adicionava-se outra estrutura de chapa de ferro corrugado na sala de tijolos e, aos poucos, com o passar dos anos, aquele espaço também virava um quarto de verdade. Agora sua casa tinha dois cômodos. Em seguida, três. Quem sabe quatro. Lentamente, de geração em geração, o objetivo era tentar construir uma casa de verdade.

Minha avó morava em Orlando East, em uma casa de dois cômodos. Não era uma casa de dois quartos. Nada disso, eram dois cômodos. Basicamente, um quarto e uma sala/cozinha/todo o resto. Tem quem encare isso como viver na pobreza. Eu prefiro o termo "conceito aberto". Minha mãe e eu morávamos lá durante as férias escolares. Minha tia e meus primos sempre estavam na casa quando ela e Dinky brigavam. Todos nós dormíamos no chão de um dos cômodos: minha mãe e eu, minha tia e meus primos, meu tio, minha avó e minha bisavó. Os adultos tinham seu próprio colchão de espuma, e havia um colchão grande que desenrolávamos bem no meio do cômodo, onde dormiam as crianças.

Havia dois barracos no quintal que minha avó alugava a imigrantes e trabalhadores temporários. Tinha um pequeno pessegueiro em um pedacinho de terra de um lado da casa, e do outro lado ficava a garagem da minha avó. Nunca entendi por que ela tinha garagem. Ela não tinha carro. Não sabia dirigir. Mas tinha garagem. Todos os nossos vizinhos tinham garagem, algumas pomposas, com portão de ferro. Mas nenhum deles tinha carro. As chances de aquelas famílias terem um dia o seu próprio carro eram mínimas. Talvez houvesse um carro para cada mil pessoas, e mesmo assim quase todos tinham garagem. Era como se ter uma garagem alimentasse a esperança de um dia ter um carro. A história de Soweto é como a história das garagens. Um lugar de esperança.

Infelizmente, por mais sofisticada que fosse a sua casa, havia um espaço que não tinha a menor chance de melhorar: o banheiro. Não havia água corrente dentro de casa, e do lado de fora tinha apenas uma torneira comunitária e um banheiro compartilhado entre seis ou sete casas. Nosso banheiro era uma casinha de chapas de ferro corrugado compartilhado com as casas vizinhas. Dentro, havia uma laje de concreto com um buraco no chão e um assento sanitário de plástico em cima — em algum momento houve uma tampa, mas ela quebrou e desapareceu fazia tempo. Não tínhamos como comprar papel higiênico, então na parede, ao lado do assento, havia um suporte de arame com pedaços de jornal velho para se limpar. Era desconfortável usar o jornal, mas pelo menos eu me mantinha informado enquanto fazia minhas necessidades.

O que eu não conseguia suportar na casinha eram as moscas. Era uma longa queda até o fundo do poço, e elas estavam sempre ali, alimentando-se dos dejetos. Eu tinha um medo irracional que me consumia de que elas subissem voando e entrassem no meu traseiro.

Certa tarde, quando eu tinha uns cinco anos, minha avó me deixou em casa por poucas horas para ir cuidar de alguns afazeres. Eu estava deitado no chão, lendo. A vontade era grande, mas chovia muito. Eu não estava nada disposto a sair para usar o banheiro, afinal ficaria todo encharcado, tinha um vazamento no teto da casinha, o jornal devia estar todo molhado e as moscas certamente me atacariam do fundo do poço. Foi quando tive uma ideia. Por que eu tinha que ir até a casinha? Por que não fazer minhas necessidades em cima de um jornal no chão, como os cachorros? Parecia uma ideia fantástica. E foi isso que eu fiz. Peguei o jornal, coloquei no chão da cozinha, baixei as calças, fiquei de cócoras e mandei bala.

Na hora de fazer cocô, primeiro você se senta, mas a vontade ainda não está completamente lá. Leva tempo para entrar no clima. Há uma transição entre estar prestes a cagar e o ato em si. Você não começa a mexer no smartphone ou a ler o jornal imediatamente. Leva um tempinho para que o primeiro cocô saia e você entre na zona de conforto. Ao alcançar esse momento, é aí que a experiência fica realmente boa.

Fazer cocô é uma experiência poderosa. Há algo de mágico no ato, profundo até. Acho que Deus fez os humanos cagarem desse jeito porque assim nos damos conta da realidade e ficamos mais humildes. Não importa quem você seja, todos nós cagamos igual. A Beyoncé faz cocô. O papa faz cocô. A rainha da Inglaterra faz cocô. Quando cagamos, esquecemos nossa mania de grandeza, quanto somos ricos ou famosos. Tudo isso desaparece.

Nenhum outro momento permite que você seja você mesmo como ao fazer cocô. É naquela hora que você se dá conta: *Este sou eu. Este é quem eu sou.* Xixi você faz sem pensar duas vez, mas cocô é outra história. Você já olhou nos olhos de um bebê quando ele está fazendo cocô? É um momento de puro autoconhecimento. Mas a casinha destrói essa experiência. A chuva, as moscas... É um momento roubado de você, e ninguém deveria ser privado disso. O ato de me agachar e fazer cocô no chão da cozinha naquele dia foi como ter uma revelação: *Uau, nada de moscas. Nada de estresse. Que demais. Tô adorando isso.* Eu sabia que tinha tomado a decisão certa e estava muito orgulhoso de mim mesmo por ter feito o que fiz. Já estava naquele ponto em que podia relaxar e curtir um momento meu. Foi quando, ao olhar ao redor da sala, como se nada estivesse acontecendo, percebi que à minha esquerda, a apenas alguns metros de distância, ao lado do fogão, estava Koko.

Foi como na cena do filme *Jurassic Park*, quando a criança se vira e dá de cara com o tiranossauro rex. Os olhos opacos dela estavam arregalados, movendo-se rapidamente de um lado para o outro. Eu sabia que ela não conseguia me ver, mas o olfato dela estava intacto — ela podia sentir que alguma coisa estava errada.

Entrei em pânico. Estava bem no meio do processo. A única coisa a fazer quando se está no meio do ato é terminá-lo. Minha única opção era fazê-lo bem devagarinho e em silêncio, e foi isso que eu fiz. Então, ouviu-se um suave *plop* do cocô de um menininho caindo no jornal. Koko virou a cabeça imediatamente na direção do som.

— Quem está aí? Olá? *Olá?!*

Eu congelei. Prendi a respiração e esperei.

— Quem está aí?! Olá?!

Fiquei quietinho, esperando, e então continuei.

— Tem alguém aí?! Trevor, é você? Frances? Olá? Olá?

Ela começou a chamar por todos da família:

— Nombuyiselo? Sibongile? Mlungisi? Bulelwa? Quem está aí? O que está acontecendo?

Era como um jogo: eu tentando me esconder e uma mulher cega tentando me encontrar usando um sonar. Cada vez que ela chamava por alguém, eu congelava. Havia momentos de total silêncio. E então:

— Quem está aí?! Olá?!

Eu fazia uma pausa, esperava que ela se encostasse na cadeira e começava de novo.

Finalmente, depois do que pareceu uma eternidade, terminei. Levantei, peguei o jornal — algo nada silencioso — e leeeeentamente embrulhei a prova do crime. Barulho.

— Quem está aí?

Mais uma vez, fiz uma pausa e esperei. Então continuei a embrulhar, caminhei até a lata de lixo, coloquei o pacote bem no fundo e, com cuidado, cobri-o com o resto do lixo. Em seguida, fui na ponta dos pés para o outro cômodo, deitei no colchão no chão e fingi que estava dormindo. Fiz o meu cocô sem ter que ir à casinha, e Koko não fazia ideia do que tinha acontecido.

Missão cumprida.

Uma hora depois, a chuva parou. Minha avó chegou em casa. Assim que entrou, Koko chamou por ela:

— Frances! Graças a Deus você chegou. Tem alguma coisa na casa.

— Como assim?

— Não sei o que, mas escutei um barulho e senti um fedor.

Minha avó começou a farejar o ar.

— Deus do céu! Também estou sentindo o fedor. É um rato? Morreu alguma coisa aqui? Certeza que está dentro de casa.

As duas continuaram debatendo o ocorrido, muito preocupadas, quando finalmente anoiteceu e minha mãe chegou do trabalho. Na hora em que ela pôs os pés em casa, minha avó chamou por ela:

— Nombuyiselo! Nombuyiselo! Tem alguma coisa na casa!

— Como assim? Que tipo de coisa?

Koko contou a história, falou do barulho e do fedor.

Então minha mãe, que tem o olfato afiadíssimo, começou a rondar a cozinha farejando o ar.

— É verdade, estou sentindo o fedor. Acho que consigo encontrar... Eu vou encontrar... — E foi até a lata de lixo. — Está aqui dentro.

Ela remexeu o lixo, tirou o pacotinho de jornal do fundo e abriu o embrulho; lá estava o meu cocô. Mostrou o pacote para minha avó.

— Olha só!

— Como assim? Como isso veio parar aqui?!

Koko, ainda cega, presa em sua cadeira, estava morta de curiosidade.

— O que está acontecendo? — gritou ela. — O que está acontecendo?! Encontraram alguma coisa?

— É cocô — explicou minha mãe. — Tem cocô no fundo da lixeira.

— Mas como?! — exclamou Koko. — Não tinha ninguém aqui!

— Tem certeza de que não havia ninguém?

— Tenho. Eu chamei todo mundo. Ninguém apareceu.

Minha mãe entrou em choque.

— Fomos amaldiçoados! É o demônio!

Para a minha mãe, essa era a conclusão lógica. Pois era assim que funcionava a bruxaria. Se alguém lançasse uma maldição em você ou na sua casa, sempre havia um talismã ou um totem, uma mecha de cabelo ou a cabeça de um gato, a manifestação física de algo espiritual, prova da presença do demônio.

Ao encontrar o cocô, a situação saiu do controle. Isso era *sério*. Elas tinham uma *prova*. Minha mãe entrou no quarto.

— Trevor! Trevor! Acorda, filho!

— Que foi, mãe?! — perguntei, me fazendo de desentendido. — O que tá acontecendo?!

— Vem comigo! Tem um demônio na casa!

Ela me pegou pela mão e me arrastou para fora da cama. Era hora de entrar em ação. A primeira coisa que tivemos que fazer foi sair e queimar o embrulho. É isso que se faz com bruxaria, a única forma de destruí-la é queimando a manifestação física. Fomos até o quintal, minha mãe colocou o jornal com o cocô na garagem, acendeu um fósforo e ateou fogo. Em seguida, minha mãe e minha avó se posicionaram ao redor do fogo, rezando e cantando canções de louvor.

A comoção não parou por aí, pois, quando há um demônio à espreita, toda a comunidade precisa se unir para expulsá-lo. Se uma pessoa não participasse da oração, o demônio poderia sair da nossa casa e ir se alojar na casa dela e amaldiçoá-la. Então, todos precisavam participar. A notícia se espalhou. O chamado foi atendido. A minha avó estava do lado de fora do portão, correndo para cima e para baixo, chamando todas as outras vovozinhas para uma reunião de oração de emergência:

— Venham! Fomos amaldiçoados!

Fiquei ali observando tudo: meu cocô queimando na garagem, minha vovó idosa correndo para todos os lados em pânico, e eu sem saber o que fazer. Eu sabia que não havia demônio nenhum, mas não tinha a menor possibilidade de falar a verdade. Imagine a surra que eu ia levar. Meu Deus. A honestidade nunca é a melhor política quando o assunto é surra. Fiquei caladinho.

Um pouco mais tarde, as vovozinhas invadiram a casa com suas Bíblias, passando pelo portão e pela garagem, uma dezena delas ou mais. Todas entraram. A casa estava lotada. De longe, aquela era a maior reunião de oração que realizamos — sem dúvida, o maior evento que já aconteceu na nossa casa. Todas se sentaram em círculo, rezando e rezando, e as orações eram fortes. As vovós recitavam e murmuravam em línguas, movendo-se para a frente e para trás. Fiz de tudo para manter a cabeça baixa e não me meter no assunto. Foi quando minha avó me agarrou por trás, me colocou no meio do círculo e olhou dentro dos meus olhos.

— Trevor, reze.

— Sim! — exclamou minha mãe. — Nos ajude! Reze, Trevor. Reze para Deus matar o demônio!

Eu estava aterrorizado. Eu acreditava no poder da oração. Sabia que as minhas preces *funcionavam*. Então, se eu rezasse para Deus matar aquilo que fez o cocô, sendo que quem fez o cocô fui eu, Deus iria me matar. Fiquei petrificado. Não sabia o que fazer. Mas todas as vovós estavam me encarando, esperando minha prece, por isso eu rezei, sem muita convicção, fazendo o melhor possível.

— *Querido Deus, por favor, proteja a gente... você sabe, de quem quer que tenha feito isso, mas, tipo, a gente não sabe exatamente o que aconteceu e talvez seja tudo um grande mal-entendido e, bom, talvez a gente não devesse julgar tão rápido quando não sabemos a história toda, e, tipo assim, é claro que você sabe o que é melhor, Pai Celestial, mas talvez, desta vez, não seja realmente um demônio, afinal quem pode dizer com certeza, então pega leve com quem quer que tenha feito isso...*

Não foi minha melhor atuação. Depois de um tempo, concluí minha prece e voltei a me sentar. A reza continuou. E assim se seguiu por um tempo. Rezar, cantar, rezar. Cantar, rezar, cantar. Cantar, cantar, cantar. Rezar, rezar, rezar. Até que finalmente a sensação era a de que o demônio tinha ido embora e a vida podia continuar, e assim encerramos com o longo "amém", todos se despediram e foram para casa.

Naquela noite, eu me senti um lixo. Antes de dormir, rezei baixinho:

— Deus, me desculpa por tudo que aconteceu. Eu sei que não foi legal o que eu fiz.

Isso porque eu sabia que Deus atendia às orações. Deus é pai. Ele é o cara que está lá para te ajudar, aquele que cuida de você. Quando rezamos, Ele para e usa o tempo Dele para escutar o que você tem a dizer. Eu O tinha submetido a duas horas de vovozinhas rezando quando sabia que, com toda a dor e sofrimento do mundo, Ele tinha coisas mais importantes para fazer que lidar com o meu cocô.

* * *

Durante a minha infância, costumávamos assistir a programas da TV americana retransmitidos pelos nossos canais televisivos: *Tal pai, tal filho*; *Assassinato por escrito*; *Emergência 911*, com William Shatner. A maioria era dublada nas línguas africanas. *ALF* era em africâner. Os *Transformers*, em sotho. Se você quisesse assistir em inglês, o áudio original americano era transmitido simultaneamente pelo rádio. Dava para colocar a TV no mudo e assistir dessa forma. Vendo esses programas, percebi que, sempre que um negro aparecia na tela falando as línguas africanas, aquilo era familiar para mim. Parecia que era assim mesmo que deveria ser. Depois, eu assistia ouvindo o áudio pelo rádio, e todos eles tinham sotaque afro-americano. A minha percepção deles mudava. Não me pareciam mais familiares. Eram como estrangeiros.

A língua traz consigo uma identidade, uma cultura, ou, pelo menos, uma percepção dela. Uma língua compartilhada nos diz que somos iguais. Uma barreira linguística diz que somos diferentes. Os arquitetos do apartheid sabiam disso. Parte do esforço de dividir as nações negras era garantir que estivéssemos separados não só física, mas também linguisticamente. Nas escolas bantu, as crianças só eram ensinadas no idioma nativo. As crianças zulu aprendiam em zulu. As crianças tswana aprendiam em tswana. Por causa disso, ficávamos presos na armadilha criada pelo governo. Brigávamos entre nós mesmos acreditando que éramos diferentes.

O mais interessante sobre a língua é que ela também pode ser usada para fazer exatamente o oposto: convencer as pessoas de que são todos iguais. O racismo ensina que somos diferentes por causa da cor da nossa pele. Mas, como o racismo é estúpido, é fácil burlá-lo. Se um racista encontra alguém que não se parece com ele, o fato de não conseguirem falar a mesma língua reforça o preconceito: ele é diferente, menos inteligente. Um cientista brilhante pode cruzar a fronteira do México com os Estados Unidos, mas, se o inglês dele não for perfeito, as pessoas vão dizer:

— Não confio nesse cara.
— Mas ele é um cientista.
— Talvez para os padrões mexicanos. Eu não confio nele.

Já se a pessoa não tem a mesma aparência que a sua, mas fala como você, seu cérebro entra em curto, pois a programação racista não tem essas instruções no seu código. "Espera um minutinho", diz sua mente, "o código do racismo diz que se ele não se parece comigo ele não é igual a mim, mas o código linguístico diz que, se ele fala como eu, ele é... como eu? Tem alguma coisa errada aqui. Mas não sei dizer o quê."

* * *

4
CAMALEÃO

Certa tarde, estava brincando com meus primos. Eu era o médico e eles, meus pacientes. Estava operando a orelha da minha prima Bulelwa com palitos de fósforo quando acidentalmente furei o tímpano dela. De repente, foi uma correria. Minha avó veio correndo da cozinha: "*Kwenzeka ntoni?!*" "O que está acontecendo?!" Saía sangue do ouvido da minha prima. Todos nós estávamos chorando. Minha avó cobriu a orelha de Bulelwa para estancar o sangramento, mas continuamos chorando. Porque, é claro, tínhamos feito algo errado e sabíamos que seríamos punidos. Minha avó terminou o curativo na orelha de Bulelwa, pegou o cinto e deu uma bela de uma surra na minha prima. Depois, deu uma baita surra em Mlungisi também. Mas não encostou um dedo em mim.

Naquela noite, minha mãe chegou em casa do trabalho e viu minha prima com o curativo no ouvido e minha avó chorando na mesa da cozinha.

— O que está acontecendo? — perguntou minha mãe.

— Ah, Nombuyiselo — exclamou —, o Trevor é tão levado. Ele é o garoto mais levado que eu já conheci na vida.

— Você devia ter dado uma surra nele.

— Não posso bater nele.

— Por que não?

— Porque não sei como bater numa criança branca — explicou ela. — Com uma criança negra, eu sei o que fazer. Quando uma criança negra leva uma surra, ela continua negra. Mas com o Trevor, se eu bato nele, ele fica azul, verde, amarelo, vermelho. Nunca vi essas cores antes. Tenho medo de acabar quebrando o Trevor. Não quero matar uma pessoa branca. Tenho muito medo. Não vou encostar nele.

E ela nunca encostou.

Minha avó me tratava como se eu fosse branco. Meu avô também, mas ele era ainda mais extremista. Ele me chamava de Patrãozinho. No carro, insistia em dirigir como se fosse meu motorista. "O Patrãozinho sempre tem que sentar no banco de trás." Nunca o questionei. O que eu podia dizer? "Acho que sua percepção de raça é equivocada, vovô." Não. Eu só tinha cinco anos. Meu lugar era no banco de trás.

Havia muitos privilégios em ser "branco" em uma família negra, não posso mentir. Eu me dava muito bem. Minha própria família fazia basicamente o que a justiça americana faz: o tratamento dispensado a mim era muito mais benevolente que o dispensado às crianças negras. Os meus primos eram punidos por mau comportamento, mas eu só levava uma advertência. E eu aprontava muito mais que eles. Meus primos eram fichinha perto de mim. Quando alguma coisa aparecia quebrada ou se alguém roubasse os biscoitos da vovó, o responsável era eu. Eu era a encrenca.

Minha mãe era a única que eu temia. Ela acreditava no ditado "É de pequenino que se torce o pepino". Mas todo mundo dizia "Ele é diferente" e me deixava impune. Por crescer da forma como cresci, aprendi como era fácil para os brancos se sentirem confortáveis com um sistema que os recompensava com todos aqueles benefícios. Eu sabia que meus primos levavam surras por travessuras que eu tinha feito, mas não estava nada interessado em mudar a perspectiva da minha avó, pois isso significava levar uma surra também. Por que eu faria algo assim? Só para me sentir *bem* comigo mesmo? Levar uma surra não me faria me sentir melhor. Eu tinha escolha. Poderia ser o defensor da justiça racial dentro de casa ou aproveitar os biscoitos da vovó. Eu escolhi os biscoitos.

Àquela altura, eu não enxergava que o tratamento especial que recebia estava relacionado à minha cor. Achava que era só porque eu era o Trevor. Não era "O Trevor não pode levar uma surra porque é branco", e sim "O Trevor não leva uma surra porque é o Trevor". Trevor não pode sair. Trevor não pode andar sem supervisão. Porque eu era quem eu era, isso tudo acontecia comigo. Eu não tinha nenhuma outra referência. Não havia outro mestiço por perto para que eu pudesse dizer: "Ah, isso acontece com *a gente*".

Quase um milhão de pessoas viviam em Soweto. Noventa e nove vírgula nove por cento eram negras — o restante era eu. Eu era famoso no bairro só por causa da cor da minha pele. Era tão diferente que as pessoas me usavam como ponto de referência. "A casa na Makhalima Street. Na esquina tem um garoto de pele clara. Vire à direita."

Sempre que as crianças me viam na rua, gritavam: "*Indoda yomlungu!*" "O homem branco!" Algumas fugiam. Outras chamavam os pais para me ver. Outras se aproximavam e tentavam me tocar para ver se eu era de verdade. Era um pandemônio. O que eu não entendia na época era que as outras crianças realmente não faziam ideia de como era uma pessoa branca. As crianças negras da favela não saíam de lá. Poucas tinham televisão. Já haviam presenciado a polícia branca em ação, mas nunca tinham lidado com um branco frente a frente.

Quando eu ia a funerais, no momento em que entrava, a família em luto olhava para mim e parava de chorar. Começava um mur-

murinho. Então, acenavam e exclamavam "Oh!", como se estivessem mais chocados com a minha presença do que com a morte do ser amado. Acho que as pessoas pensavam que o defunto era mais importante só porque um branco compareceu ao funeral.

Depois do enterro, os presentes iam para a casa da família do falecido para comer. O número de pessoas podia chegar a cem, e era preciso alimentar a todos. Geralmente uma vaca era abatida, e os vizinhos vinham ajudar a cozinhar. Vizinhos e conhecidos comiam do lado de fora, no quintal ou na rua; a família comia dentro de casa. Em todos os funerais a que eu fui, comi dentro de casa. Não importava se conhecíamos o defunto ou não. Ao me ver, a família me convidava para entrar. "*Awunakuvumela umntana womlungu ame ngaphandle. Yiza naye apha ngaphakathi*", diziam. "Não podemos deixar a criança branca lá fora. Traga-o para dentro."

Quando era pequeno, eu entendia que as pessoas tinham diferentes cores, mas, na minha cabeça, branco, preto e marrom eram como diferentes tipos de chocolate. Meu pai era chocolate branco, minha mãe, chocolate meio amargo, e eu, chocolate ao leite. Mas éramos todos chocolates. Eu não sabia que aquilo tudo tinha a ver com "raça". Não entendia o que era raça. Minha mãe nunca se referiu ao meu pai como branco ou a mim como mestiço. Sendo assim, quando as outras crianças em Soweto me chamavam de "branco", embora eu fosse marrom-claro, eu achava que elas não conheciam bem as cores, como se não tivessem aprendido direito qual era qual. "Olha só, acho que você confundiu azul-piscina com turquesa. É normal cometer esse engano. Não foi a primeira vez."

Aprendi depressa que a forma mais rápida de diminuir a distância entre as raças é por meio da língua. Soweto era uma Torre de Babel: famílias de diferentes tribos e origens. A maioria das crianças na favela falava apenas sua língua materna, mas eu aprendi vários idiomas, porque cresci em uma casa onde não havia outra opção além de aprendê-las. Minha mãe fez questão de que o inglês fosse a minha língua materna. Se você fosse negro na África do Sul, falar inglês era uma grande vantagem. Inglês é a língua do dinheiro. Compreender inglês é equivalente a inteligência. Se estivesse buscando trabalho, falar inglês era a diferença entre consegui-lo ou continuar desempregado. Se estivesse no banco dos réus, falar inglês era a diferença entre se livrar com uma multa ou ir para a prisão.

Depois do inglês, a língua que mais falávamos em casa era xhosa. Quando minha mãe ficava brava, só falava na língua materna dela. Por ser um moleque malcriado, eu conhecia bem todas as ameaças em xhosa. Foram as primeiras frases que aprendi, por segurança própria — frases como "*Ndiza kubetha entloko*". "Vou te dar um tapa na nuca." Ou "*Sidenge ndini somntwana*". "Sua criança idiota." É uma língua cheia de paixão. Além dessas duas línguas, minha mãe aprendeu um pouco de outras por aí. Ela aprendeu zulu porque era parecido com xhosa. Falava alemão por causa do meu pai. E também falava africâner porque era útil saber a língua do opressor. Sotho ela aprendeu nas ruas.

Eu observava minha mãe usar o idioma para cruzar fronteiras, lidar com situações difíceis e se virar pelo mundo. Uma vez fomos ao mercado, e o dono, que estava bem na nossa frente, virou para o segurança e disse em africâner:

— *Volg daai swartes, netnou steel hulle iets.*

"Fique de olho nesses negros para o caso de eles roubarem alguma coisa."

Minha mãe virou para eles e disse sem dificuldade, em africâner fluente:

— *Hoekom volg jy nie daai swartes sodat jy hulle kan help kry waarna hulle soek nie?*

"Por que você não fica de olho nesses negros para ajudá-los a encontrar o que estão procurando?"

— *Ag, jammer!* — disse ele, desculpando-se em africâner. Então — e essa é a parte engraçada da história — ele não se desculpou por ser racista, mas por ter direcionado o racismo dele contra nós: — Peço desculpas — disse ele. — Achei que vocês fossem como os outros negros. Sei bem como eles gostam de roubar.

Aprendi a usar a língua como a minha mãe. Fazia como nas transmissões simultâneas de rádio: seu programa na sua própria língua. Sentia os olhares inquisidores em mim enquanto andava pelas ruas.

— De onde você é? — perguntavam.

Eu respondia na língua que eles falavam, com o mesmo sotaque deles. Havia um breve momento de confusão, mas, em seguida, o olhar inquisidor desaparecia.

— Ah, entendi. Achei que você fosse estrangeiro. Tudo bem, então.

Essa foi uma ferramenta que me ajudou por toda a minha vida. Um dia, já um jovem adulto, estava caminhando pela rua quando percebi um grupo de zulus se aproximando por trás e os ouvi falando sobre me assaltar:

— *Asibambe le autie yomlungu. Phuma ngapha mina ngizoqhamuka ngemuva kwakhe.*

"Vamos pegar esse branquelo. Você vai pela esquerda e eu o pego por trás."

Eu não sabia o que fazer. Não tinha como correr, então me virei bem rápido e disse:

— *Kodwa bafwethu yingani singavele sibambe umuntu inkunzi? Asenzeni. Mina ngikulindele.*

"E aí, irmão. Por que a gente não assalta alguém juntos? Tô pronto. Vamos nessa."

Eles pareceram chocados por um momento, mas depois caíram na gargalhada.

— Desculpa, irmão. A gente achou que você fosse diferente. Ninguém ia pegar nada de você, não. A gente tava tentando roubar algum branquelo. Bom dia pra você, irmão.

Eles estavam prontos para me atacar com violência, até sentirem que fazíamos parte da mesma tribo, aí ficou tudo bem. Esse e outros pequenos incidentes na minha vida me fizeram perceber que a língua, até mais que a cor, define quem você é para os outros.

Eu me tornei um camaleão. Minha cor era sempre a mesma, mas eu conseguia mudar a percepção dos outros sobre quem eu era. Se alguém falasse comigo em zulu, eu respondia em zulu. Se alguém falasse comigo em tswana, respondia em tswana. Talvez eu não me parecesse com você, mas, se falasse como você, éramos iguais.

Como o apartheid estava chegando ao fim, as escolas privadas de elite sul-africanas começaram a aceitar crianças de todas as cores. A empresa da minha mãe oferecia bolsas de estudos para famílias carentes, e ela conseguiu me colocar no Colégio Maryvale, uma escola católica privada caríssima. As aulas eram dadas por freiras. Havia missas às sextas. O pacote completo. Comecei a pré-escola quando tinha três anos e o primário com cinco.

Na minha classe, havia todos os tipos de crianças. Negras, brancas, indianas, *coloured*. A maioria das crianças brancas era bem rica. Já as de outras cores, nem tanto. Por causa da bolsa de estudos, sentávamos todos à mesma mesa. E também vestíamos roupas iguais: blazer bordô, calça ou saia cinza. Tínhamos os mesmos livros. E os mesmos professores. Não havia segregação racial. As panelinhas eram racialmente misturadas.

Ainda havia provocações e bullying, mas por motivos típicos de criança: ser gordo ou magro demais, alto ou baixo demais, esperto ou burro demais. Não me lembro de ninguém sofrer bullying por conta da raça. Não aprendi a pôr limites no que eu deveria gostar ou não. O céu era o limite. Eu gostava das meninas brancas. E gostava das meninas negras. Ninguém me perguntava o que eu era. Eu era o Trevor.

Foi uma experiência maravilhosa, porém acabou me protegendo demais da realidade. Maryvale era um oásis que me mantinha longe da verdade, um lugar confortável onde eu podia evitar tomar decisões difíceis. Mas o mundo real continuava lá, intacto. O racismo existe. Pessoas são feridas, e só porque não está acontecendo com você não significa que não esteja acontecendo. E chega uma hora em que é preciso fazer uma escolha. Negro ou branco. Escolha um lado. Você pode tentar se esconder. Pode afirmar "Eu não escolho lados", mas chega uma hora em que a vida te força a escolher.

No fim do sexto ano, saí de Maryvale e fui para a Escola de Ensino Fundamental H. A. Jack, uma escola pública. Tive que fazer um teste de aptidão antes de começar. Com base nos resultados do teste, a orientadora da escola me disse: "Você vai ficar na classe dos inteligentes, a turma A". No primeiro dia de aula, fui para a minha nova classe. Havia umas trinta crianças na sala, quase todas brancas. Tinha uma criança indiana, talvez uma ou duas negras e eu.

Então a hora do recreio chegou. Fomos para o parquinho, e as crianças negras estavam *por toda parte*. Era um oceano de negros, como se alguém tivesse aberto uma torneira e agora estivessem por todos os lados. Fiquei me perguntando: *Onde eles estavam se escondendo?* As crianças brancas que eu tinha conhecido de manhã foram em uma direção, as negras foram na direção oposta, e eu fiquei ali parado, no meio, totalmente confuso. Será que a gente vai se encontrar de novo mais tarde? Não entendia o que estava acontecendo.

Eu tinha onze anos, e era como se estivesse vendo meu país pela primeira vez. Nas favelas, a segregação não era perceptível, pois todos eram negros. No mundo dos brancos, sempre que minha mãe me levava a uma igreja de brancos, éramos os únicos negros, e minha mãe não se afastava de ninguém. Ela não se importava. Entrava na igreja confiante e se sentava com os brancos. Em Maryvale, as crianças se misturavam e brincavam todas juntas. Antes daquele dia, eu nunca tinha visto pessoas estarem juntas sem estarem juntas de verdade, ocupando o mesmo espaço, mas escolhendo não se associar com os outros. De uma hora para outra, passei a enxergar e sentir onde estavam os limites. Os diferentes grupos se moviam em padrões de cor pelo pátio, pelas escadas e através do corredor. Era insano. Analisei as crianças brancas que havia conhecido naquela manhã. Dez minutos antes, achei que estivesse em uma escola onde elas eram a maioria. Agora, percebia que na verdade eram a minoria.

Fiquei ali sozinho, me sentindo deslocado, na terra de ninguém, bem no meio do parquinho. Por sorte, fui resgatado pelo garoto indiano da minha classe, que se chamava Theesan Pillay. Theesan era um dos poucos indianos na escola, por isso me notou imediatamente, por ser outro peixe fora d'água. Ele foi logo se apresentando: "Olá, colega diferentão! Você tá na minha classe. Quem é você? Qual a sua história?" Começamos a conversar e nos demos bem. Ele passou a me proteger, como o Raposa Esperta protegia Oliver Twist.

Durante nossa conversa, acabei contando que falava várias línguas africanas, e Theesan achou que um garoto mestiço falando a língua dos negros era o truque mais incrível de todos. Então me levou até um grupo de garotos negros.

— Falem alguma coisa — disse para o grupo — e ele vai mostrar que entende vocês.

Um dos garotos disse algo em zulu, e eu respondi em zulu. Todos vibraram. Outro garoto disse algo em xhosa, e respondi em xhosa. Todos vibraram. Durante o restante do intervalo, Theesan foi me apresentando a diferentes grupos de crianças negras no pátio.

— Mostre o que você sabe fazer. Faça o seu truque com as línguas.

As crianças negras ficaram fascinadas. Naquela época, na África do Sul, não era comum encontrar um branco ou um mestiço que falasse as línguas africanas. Durante o apartheid, os brancos aprendiam que essas línguas eram inferiores. Portanto o fato de saber falar esses idiomas me tornou imediatamente popular entre as crianças negras.

— Como você sabe falar a nossa língua? — eles perguntavam.

— Porque eu sou negro — eu dizia —, como vocês.

— Você não é negro.

— Sou, sim.

— Não é, não. Você já se olhou no espelho?

No início eles ficaram confusos. Por causa da minha cor, achavam que eu era *coloured*, mas, por falar o mesmo idioma que eles, isso significava que eu pertencia à tribo deles. Demorou um pouco para entenderem. Eu também demorei a entender.

Em determinado momento, perguntei a um deles: "Por que nós não temos as mesmas aulas?" Descobri que eles estavam na turma

B, que, coincidentemente, era a turma dos negros. Naquela mesma tarde, voltei para a turma A e, no fim do dia, percebi que aquele não era o meu lugar. De repente eu sabia quem era a minha gente, e queria estar com eles. Fui falar com a orientadora.

— Gostaria de trocar de turma — disse a ela. — Quero ir para a turma B.

Ela ficou confusa.

— Ah, não — exclamou. — Acho melhor não.

— Por que não?

— Porque aquelas crianças... Você sabe.

— Não sei, não. O que você quer dizer?

— Olha — começou a explicar —, você é inteligente. Não vai querer ficar naquela turma.

— Mas as aulas não são todas iguais? Inglês é inglês. Matemática é matemática.

— Sim, mas naquela turma... aqueles alunos vão te atrasar. É melhor ficar na sala dos inteligentes.

— Com certeza deve ter crianças inteligentes na turma B.

— Não tem, não.

— Mas todos os meus amigos estão lá.

— Você não quer fazer amizade com aquelas crianças.

— Quero, sim.

Continuamos nesse vaivém. Até que finalmente ela me deu uma dura:

— Você entende o impacto que essa decisão vai ter no seu futuro? Você entende do que está desistindo? Isso vai afetar as oportunidades que vão surgir para o resto da sua vida.

— Eu quero correr esse risco.

Fui para a turma B com os alunos negros. Decidi que preferia ficar para trás com pessoas de quem eu gostava a avançar com gente que eu não conhecia.

Ir para a H. A. Jack me fez perceber que eu era negro. Antes daquele recreio, nunca tive que escolher nada, mas, ao ser forçado a escolher, escolhi ser negro. A sociedade me enxergava como mestiço, mas eu não vivia olhando para a minha cara. Vivia olhando a cara de outras pessoas. Eu me enxergava como aqueles que estavam ao meu redor, e estava rodeado de negros. Meus primos eram negros, minha mãe era negra, minha avó era negra. Eu cresci negro. Por ter um pai branco, por ter frequentado uma escola dominical de brancos, eu me dava bem com as crianças brancas, mas não me sentia parte do universo delas. Não pertencia à tribo delas. Já as crianças negras me receberam de braços abertos. "Pode vir", elas disseram, "você vai andar com a gente." Com as crianças negras, eu não tinha que constantemente tentar ser alguém. Com as crianças negras, eu era eu mesmo.

* * *

Antes do apartheid, os sul-africanos negros que tinham educação formal provavelmente foram ensinados por missionários europeus, entusiastas estrangeiros dispostos a cristianizar e ocidentalizar os nativos. Nas escolas missionárias, os negros aprendiam inglês, literatura europeia, medicina e direito. Não é coincidência que quase todos os líderes negros do movimento antiapartheid, de Nelson Mandela a Steve Biko, tenham sido educados por missionários — um homem instruído é um homem livre, ou pelo menos alguém que anseia por liberdade.

Portanto a única maneira de o apartheid funcionar era enfraquecendo a mente dos negros. Sob o domínio do apartheid, o governo criou o que ficou conhecido como escolas bantu. As escolas bantu não ensinavam ciência, história ou educação cívica. Elas ensinavam o sistema métrico e agricultura: contar batatas, pavimentar ruas, cortar madeira, arar o solo. "De nada adianta ensinar história e ciência à população bantu porque eles são primitivos", era a desculpa do governo. "Isso só vai confundi-los, é como mostrar pastos verdejantes a quem não tem permissão para ali pastar." Pelo menos eles eram honestos. Por que educar escravos? Por que ensinar latim a alguém cujo único propósito de vida é cavar buracos no chão?

As escolas missionárias tiveram que se adaptar ao novo currículo ou encerrar suas atividades. A maioria acabou fechando, e os alunos negros foram socados em salas de aula abarrotadas em escolas depredadas, geralmente com professores que beiravam o analfabetismo. Nossos pais e avós foram ensinados com cantilenas, do jeito que se ensina na pré-escola sobre formas e cores. Meu avô costumava cantarolar essas lições e rir de como elas eram ridículas. "Dois vezes dois, quatro. Três vezes dois, seis. Lá lá lá lá lá." Estamos falando de adolescentes, quase adultos, sendo ensinados dessa forma por gerações.

Entender o que aconteceu com a educação na África do Sul, com as escolas missionárias e as escolas bantu, ajuda a traçar uma comparação clara entre as duas nações brancas que nos oprimiram: os britânicos e os africânderes. A diferença entre o racismo britânico e o racismo africânder era que, pelo menos, os britânicos deram aos nativos algo que almejar. Se conseguissem aprender a falar inglês corretamente e se vestir com as roupas certas, se conseguissem se anglicizar e se civilizar, um dia eles *poderiam* ser bem-vindos à sociedade. Os africânderes nunca nos deram essa opção. O racismo britânico dizia: "Se o macaco conseguir andar como um homem e falar como um homem, então talvez ele seja um homem". O racismo africânder dizia: "Por que dar um livro a um macaco?"

* * *

5
A FILHA DO MEIO

Minha mãe costumava me dizer: "Eu escolhi ter você porque queria alguém para amar e que me amasse incondicionalmente em troca". Eu era o produto da busca da minha mãe por aceitação. Ela sentia que não se encaixava em lugar algum. Não se identificava com a mãe nem com o pai, muito menos com os irmãos. Ela cresceu sem nada e queria algo para chamar de seu.

O casamento dos meus avós não foi feliz. Eles se conheceram e se casaram em Sophiatown, mas um ano depois o exército chegou e os expulsou. O governo desapropriou e derrubou as casas de toda a região para construir um novo e elegante bairro residencial de brancos: Triomf. Triunfo. Com dezenas de milhares de outros negros, meus avós foram forçados a se mudar para Soweto, para um bairro chamado Meadowlands. Eles se divorciaram logo depois, e minha avó se mudou para Orlando com minha mãe, minha tia e meu tio.

Minha mãe era uma criança problemática, uma moleca teimosa e rebelde. Minha avó não tinha ideia de como educá-la. O amor que existia entre elas acabou se perdendo com as constantes brigas. Mas minha mãe adorava o pai dela, o charmoso e carismático Temperance. Estava sempre pronta para mergulhar de cabeça em uma das loucuras dele. Ela o acompanhava quando ele ia beber nos *shebeens*. Tudo o que ela queria na vida era agradá-lo e estar com ele. Era sempre afugentada pelas namoradas, que não gostavam de ser lembradas do primeiro casamento dele, mas aquilo só a fazia querer ficar com ele ainda mais.

Quando minha mãe tinha nove anos, disse a minha avó que não queria mais morar com ela. Queria morar com o pai.

— Se é isso que você quer — minha avó respondeu —, então vá em frente.

Temperance chegou para buscá-la, e ela alegremente entrou no carro, pronta para ficar com o homem que amava. Mas, em vez de levá-la para morar com ele em Meadowlands, sem explicar seus motivos ele a despachou para morar com sua irmã no bantustão xhosa, o Transkei — ele também não a queria por perto. Minha mãe era a filha do meio. Sua irmã era a mais velha e primogênita. Seu irmão era o único homem, aquele que carregaria o nome da família adiante. Os dois ficaram em Soweto e foram criados e educados por ambos os pais. Mas minha mãe não era desejada. Ela era a filha do meio. O único lugar onde seria menos valorizada era na China.

Minha mãe não teve contato com a família por doze anos. Ela morou em uma cabana com catorze primos — catorze crianças de catorze mães e pais diferentes. Todos os maridos e tios tinham partido para as cidades para encontrar trabalho, e as crianças que não eram desejadas, ou aquelas que ninguém tinha como alimentar, foram mandadas de volta aos bantustões para viver na fazenda dessa tia.

Os bantustões eram, aparentemente, a região original das tribos sul-africanas, "nações" soberanas e semissoberanas em que os negros eram "livres". É claro que isso era uma mentira. Para começar, apesar de os negros representarem oitenta por cento da população sul-africana, as terras alocadas para os bantustões compreendiam cerca de treze por cento do território nacional. Não havia água corrente nem luz elétrica. As pessoas moravam em cabanas.

Enquanto as regiões ocupadas pelos brancos na África do Sul eram verdejantes e irrigadas, as terras dos negros eram superpovoadas, os pastos estavam esgotados, e o solo, empobrecido e em processo de erosão. As famílias contavam apenas com o salário insignificante enviado por aqueles que trabalhavam nas cidades ou tinham somente a agricultura para sobreviver. A tia da minha mãe não havia aceitado ficar com ela por caridade; ela estava ali para trabalhar. "Eu era uma das vacas", minha mãe costumava contar, "um dos touros." Ela e os primos tinham que estar prontos às quatro e meia da manhã, arar o solo e cuidar dos animais antes de o sol queimar o chão a ponto de ficar duro como cimento e quente demais para suportar.

O jantar algumas vezes podia ser uma galinha para alimentar catorze crianças. Minha mãe tinha que disputar com as maiores para conseguir um pouco de carne ou um pouco do molho, ou até mesmo o osso de onde se sugava o tutano. Isso quando tinha comida para o jantar. Quando não tinha, ela roubava a comida dos porcos. Roubava a comida dos cachorros. Os fazendeiros colocavam restos para os animais, e ela aproveitava a oportunidade. Ela tinha fome; os animais que encontrassem sua própria comida. Havia vezes em que ela literalmente comia lama. Ia até o rio, pegava um pouco de argila das margens e misturava com água para fazer um tipo de leite acinzentado. Bebia isso para se sentir cheia.

Mas minha mãe teve a sorte de estar em um dos poucos vilarejos onde uma escola missionária conseguiu permanecer aberta, apesar das políticas educacionais bantu. Lá, aprendeu inglês com um pastor branco. Ela não tinha o que comer, nem sapatos para vestir, nem mesmo roupa de baixo, mas sabia falar inglês. Sabia ler e escrever. Quando já tinha idade suficiente para trabalhar fora da fazenda, conseguiu emprego em uma fábrica da região. Trabalhava com uma máquina de costura fazendo uniformes escolares. O pagamento era um prato de comida ao fim do dia. Ela costumava dizer que aquela era a melhor comida que já experimentara, pois era algo conquistado com seus próprios meios. Ela não era um estorvo e não devia nada a ninguém.

Quando minha mãe completou vinte e um anos, a tia ficou doente, e a família não tinha mais como mantê-la no Transkei. Ela mandou uma carta para a minha avó, pedindo que lhe enviasse dinheiro para a passagem de trem, cerca de trinta rands, para que pudesse voltar para casa. Em Soweto, matriculou-se em um curso de secretariado, o que a ajudou a ingressar no escalão inferior do universo administrativo. Ela trabalhava, trabalhava e trabalhava, mas, por morar com a minha avó, não podia ficar com o próprio salário. Como secretária, minha mãe contribuía com mais dinheiro que o restante dos parentes, e minha avó insistia que ela desse tudo para a família. Se a família precisasse de um rádio, um forno, uma geladeira, agora era responsabilidade da minha mãe proporcionar tudo isso.

Muitas das famílias negras estavam sempre tentando consertar os problemas do passado. Esse era o legado de ser negro e pobre, um legado que passava de geração a geração. Minha mãe chama isso de "imposto negro". Como as gerações anteriores foram exploradas, em vez de você ter a liberdade de usar suas habilidades e formação para progredir na vida, acabava perdendo tudo tentando compensar o atraso dos outros. Minha mãe estava tão estagnada em Soweto quanto estava no Transkei por ter que trabalhar para a família, então fugiu de casa. Foi para a estação, pegou um trem e desapareceu na cidade, determinada a dormir em banheiros públicos e a contar com a caridade de prostitutas até conseguir encontrar seu próprio caminho no mundo.

Minha mãe nunca se sentou comigo para contar as histórias de sua vida no Transkei. Ela soltava um caso aqui e outro ali, com detalhes esporádicos, histórias de como ela tinha que estar sempre alerta para não acabar estuprada por algum estranho no vilarejo.

Eu escutava essas histórias e pensava: *Mulher, você claramente não tem ideia de que tipo de história se conta a um menino de dez anos.*

Minha mãe contava essas coisas para que eu valorizasse as nossas conquistas, sem nunca demonstrar um pingo de autopiedade. "Aprenda com o passado e seja uma pessoa melhor por conta disso", ela costumava dizer, "mas não chore pelo que passou. A vida é cheia de dor. Permita que a dor o fortaleça, mas não se apegue a ela. Não seja amargo." E ela nunca era. As privações pelas quais passou, a traição dos seus pais, ela nunca reclamava de nada.

Da mesma forma que ela deixava o passado para trás, também estava determinada a não repeti-lo: a minha infância não seria como a dela. A começar pelo meu nome. Os nomes que as famílias xhosa davam aos seus filhos sempre tinham um significado que acabava se revelando profético. Meu primo Mlungisi, por exemplo. "O Reparador." E ele era isso mesmo. Sempre que eu me metia em confusão, era ele quem me ajudava a resolver o problema. Era sempre o menino bonzinho, aquele que fazia as tarefas e ajudava em casa. Meu tio, resultado de uma gravidez não planejada, Velile. "Aquele que Veio do Nada." E isso resume bem o que ele fez a vida inteira: desaparecer e reaparecer. Ele saía para beber e voltava, do nada, uma semana depois.

Agora minha mãe, Patricia Nombuyiselo Noah. "Aquela que Retribui." É exatamente isso que ela faz. Dar, dar e dar. Ela era assim mesmo quando criança, em Soweto. Brincando na rua, sempre encontrava crianças de três, quatro anos sozinhas, sem nenhuma supervisão o dia inteiro. Os pais não eram presentes e as mães viviam bêbadas. Minha mãe, com seis ou sete anos, costumava reunir as crianças abandonadas, formar uma tropa e perambular pelos *shebeens*. Elas coletavam garrafas vazias dos homens inconscientes de tanto beber para trocá-las por dinheiro. Depois, minha mãe usava o dinheiro para comprar comida no *spaza shop* e alimentar as crianças. Era uma criança cuidando de outras crianças.

Ao escolher o meu nome, ela se decidiu por Trevor, um nome sem nenhum significado na África do Sul, sem precedente na família.

Nem mesmo bíblico. Apenas um nome. Minha mãe queria que seu filho não tivesse o destino traçado. Ela queria que eu fosse livre para ir aonde quisesse, fazer o que quisesse, ser quem quisesse.

Ela também me deu as ferramentas para que isso fosse possível. Me ensinou inglês como língua materna. Lia para mim constantemente. O primeiro livro que aprendi a ler foi *o* livro: a Bíblia. Era também na igreja que conseguíamos a maioria dos nossos livros. Minha mãe trazia para casa caixas que os brancos haviam doado — livros ilustrados, para leitores intermediários, qualquer livro que conseguisse encontrar. Um dia, ela fez a assinatura de um programa em que recebíamos livros pelo correio. Era uma série de manuais do tipo "como fazer". *Como ser um bom amigo. Como ser honesto.* Ela também comprou uma enciclopédia em volumes; tinha uns quinze anos e estava totalmente desatualizada, mas eu adorava me perder naquelas páginas.

Meus livros eram meus bens mais valiosos. Eu tinha uma estante para organizá-los, e tinha muito orgulho dela. Amava meus livros e os mantinha impecáveis. Eu os lia e relia, mas não dobrava as páginas nem forçava a lombada. Cada um deles era como um tesouro para mim. À medida que eu crescia, comecei a comprar meus próprios livros. Adorava fantasia, adorava me perder em universos que não existiam. Lembro que nessa época era muito popular um livro sobre uns garotos brancos que resolviam mistérios ou algo parecido. Eu não perdia tempo com esse tipo de leitura. O que eu queria mesmo era Roald Dahl. *James e o pêssego gigante, O bom gigante amigo, A fantástica fábrica de chocolate, A incrível história de Henry Sugar.* Era disso que eu gostava.

Tive que convencer minha mãe a comprar a série de Nárnia para mim. Ela não gostava dessa história.

— Esse leão — dizia ela — é um falso deus, um falso ídolo. Você se lembra do que aconteceu quando Moisés desceu a montanha com a tábua dos mandamentos...

— Sim, mãe — esclareci —, mas o leão é a *representação* de Cristo. Tecnicamente, ele é Jesus. É uma história que explica Jesus.

Ela não se sentia confortável com isso.

— Não, não. Nada de ídolos falsos, meu caro.

Com o tempo, consegui convencê-la. Foi uma grande vitória.

Se minha mãe tinha um objetivo, era libertar minha mente. Ela falava comigo como um adulto, o que não era comum. Na África do Sul, crianças interagem com crianças, e adultos, com adultos. Os adultos supervisionam as crianças sem se baixar ao nível delas e conversar de igual para igual. Mas minha mãe, sim. O tempo todo. Eu era como o melhor amigo dela. Ela sempre me contava histórias que ensinavam uma lição, principalmente lições da Bíblia. Ela adorava um salmo. Eu tinha que ler salmos todos os dias. Depois ela me testava: "O que esta passagem significa? O que ela significa para *você*? Como usar na sua vida o que você aprendeu?" Isso era rotina na minha vida. Minha mãe me ensinou o que a escola não conseguia. Ela me ensinou a pensar.

O fim do apartheid aconteceu gradualmente. Não foi como o Muro de Berlim, que um belo dia simplesmente foi derrubado. Os muros do apartheid racharam e se despedaçaram ao longo de anos. Houve concessões aqui e ali, algumas leis foram revogadas, outras simplesmente deixaram de ser cumpridas. Nos meses antes da libertação de Mandela, já era possível viver sem se esconder o tempo todo. Foi quando minha mãe decidiu que tínhamos que nos mudar. Ela sentia que já havíamos aproveitado ao máximo o que aquele pequeno apartamento na cidade tinha a nos oferecer. Não havia mais razão para se esconder.

Agora, tínhamos o país todo a nossa espera. Para onde ir? Soweto tinha suas dificuldades. Minha mãe ainda queria distância da sombra da família. Ela também não conseguia andar por Soweto sem alguém atacá-la dizendo: "Lá vai a prostituta com o filho de um branco". Em uma área de negros, ela sempre seria vista dessa forma. Então, como não queria se mudar para uma área de negros e não tinha como pagar uma casa na região dos brancos, ela decidiu se mudar para um bairro de mestiços.

Eden Park era um bairro de *coloured* adjacente a várias favelas de negros em East Rand. Segundo o raciocínio dela, meio mestiço, meio negro, como nós. Assim estaríamos camuflados. As coisas não saíram como planejado, porque nunca conseguimos nos encaixar. Mas era assim que ela pensava quando nos mudamos. Além disso, era nossa chance de comprar uma casa — nossa própria casa. Eden Park era um desses "bairros residenciais" nos limites da civilização, o tipo de lugar onde as construtoras mandavam a seguinte mensagem: "Ei, pobres. Vocês também podem ter uma boa vida. Aqui está uma casa. No meio do nada. Mas olha só, tem quintal!" Por algum motivo, as ruas em Eden Park tinham nomes de carros: Jaguar Street, Ferrari Street, Honda Street. Não sei se foi coincidência ou não, mas parece piada, porque os mestiços da África do Sul são conhecidos por adorarem carros sofisticados. Era como viver em um bairro de brancos em que todas as ruas são batizadas com nome de tipos de vinhos.

A minha memória da mudança é fragmentada: indo de carro para um lugar que eu não conhecia, vendo pessoas que nunca tinha visto. Era plano, com poucas árvores, a mesma poeira vermelho-argila de Soweto, mas com casas de verdade e ruas pavimentadas, um ar de vidinha pacata de classe média. A nossa era uma casinha que ficava na curva saindo da Toyota Street. Era simples e apertada, mas, ao entrar, pensei: *Uau. Isto sim é vida.* Parecia loucura ter meu próprio quarto. Eu não gostei. A vida toda dormi em um quarto com a minha mãe ou no chão com meus primos. Estava acostumado a ter outros humanos perto de mim, então eu dormia na cama da minha mãe quase todas as noites.

Ainda não havia um padrasto na nossa vida nem um irmãozinho chorando à noite. Éramos só eu e ela. A sensação era a de nós dois embarcando em uma grande aventura. Ela dizia coisas do tipo "Eu e você contra o mundo". Entendi desde cedo que a nossa relação não era apenas de mãe e filho. Éramos um time.

Foi quando nos mudamos para Eden Park que finalmente compramos um carro, o Fusquinha tangerina caindo aos pedaços pelo qual minha mãe pagou uma mixaria. Uma em cada cinco tentativas, ele não dava partida. Não havia ar-condicionado. Sempre que eu cometia o engano de ligar a ventilação, pedaços de folhas e poeira voavam na minha cara. Quando o carro quebrava, tínhamos que pegar uma van ou, em alguns casos, pedir carona. Ela dizia para eu me esconder nos arbustos, pois sabia que os homens parariam para uma mulher, mas não para uma mulher com uma criança. Ficava na beira da estrada, o motorista encostava, ela abria a porta e assobiava. Esse era o meu sinal para sair correndo e entrar no carro. Era visível a decepção na cara deles ao perceber que não estavam dando carona a uma mulher atraente e solteira, mas a uma mulher atraente e solteira com um moleque gordinho.

Quando o carro funcionava, baixávamos as janelas, escutávamos seu rangido e assávamos no calor. A vida toda, o rádio do carro ficou sintonizado em uma estação apenas. Chamava-se Rádio Púlpito e, como o próprio nome sugere, transmitia apenas sermões e preces. E eu não tinha permissão de tocar no sintonizador. Sempre que perdíamos a sintonização do rádio, minha mãe colocava uma fita cassete com os sermões de Jimmy Swaggart. (E quando finalmente descobrimos sobre o escândalo? Nossa, aquilo foi devastador.)

Mesmo sendo um carro meia-boca, era um *carro*. Representava liberdade. Não éramos negros confinados às favelas, à espera do transporte público. Éramos negros com liberdade para explorar o mundo. Éramos negros com a opção de acordar e dizer: "Para onde escolhemos ir hoje?" No caminho para o trabalho e para a escola, havia uma boa parte da estrada que era completamente deserta. Era onde minha mãe me permitia dirigir. Na autoestrada. Eu tinha seis anos. Ela me colocava no colo e me deixava manejar o volante e usar as setas enquanto ela controlava os pedais e o câmbio. Depois de alguns meses, ela me ensinou a usar o câmbio. Minha mãe ainda controlava a embreagem, mas eu subia no colo dela e agarrava o câmbio, ela me dizia qual marcha engatar e assim dirigíamos. Tinha uma parte da estrada que descia em um vale e saía do outro lado. A gente pegava velocidade, colocava o câmbio em ponto morto e, sem pisar no freio ou na embreagem, *uhuu!*, descíamos a colina e depois, *zum!*, saíamos voando do outro lado.

Se não estivéssemos na escola, trabalho ou igreja, estávamos explorando. Minha mãe pensava da seguinte forma: *Eu escolhi você, garoto. Trouxe você ao mundo e vou te dar tudo que eu nunca tive.* Ela se realizava por meio de mim. Encontrava passeios em que não precisássemos gastar dinheiro. Provavelmente visitamos todos os parques de Johannesburgo. Minha mãe se sentava sob uma árvore e lia a Bíblia, enquanto eu corria e brincava, brincava, brincava. Aos domingos à tarde, depois da igreja, passeávamos de carro pelo interior. Ela encontrava lugares com belas paisagens para a gente fazer piquenique. Não tinha nada da parafernália de cesta de piquenique, pratos ou qualquer coisa do tipo, apenas sanduíches de pão integral com mortadela e margarina embrulhados em papel. Até hoje, pão integral, mortadela e margarina me trazem lembranças instantaneamente. Pode vir com todas as estrelas Michelin do mundo, mas basta me dar um sanduíche de pão integral com mortadela e margarina que estou no paraíso.

Comida, ou o acesso à comida, sempre foi um indicador de como andava a nossa vida. Minha mãe costumava dizer: "Meu trabalho é alimentar o seu corpo, o seu espírito e a sua mente". E era exatamente isso que ela fazia. Para conseguir comprar comida e livros, não gastava com absolutamente nada mais. A frugalidade dela era lendária. Nosso carro era uma lata-velha sobre rodas, e morávamos no meio do nada. Tínhamos mobília puída, sofás velhos e quebrados com buracos no tecido. Nossa TV era um pequeno aparelho em preto e branco com duas antenas em cima. Mudávamos de canal usando um alicate, pois o botão não funcionava. Quase sempre tínhamos que estreitar os olhos para conseguir ver o que estava passando.

Usávamos roupas de segunda mão, de lojas de caridade ou de doações dos brancos na igreja. As outras crianças na escola usavam roupas de marca, como Nike e Adidas. Eu não tinha nada de marca. Uma vez pedi à minha mãe um par de tênis da Adidas. Ela voltou para casa com uma versão falsificada: Abidas.

— Mãe, estes tênis são falsos — reclamei.
— Eu não vejo a diferença.
— Olha o logotipo. São quatro listras em vez de três.
— Sorte sua — concluiu ela. — Você tem uma extra.

A gente se virava sem quase nada, mas sempre tinha a igreja, livros e comida. Não se engane: nem sempre era *boa* comida. Carne era um luxo. Quando a situação estava boa, comíamos frango. Ela era especialista em quebrar os ossos e tirar todo o tutano de dentro. Não comíamos o frango, nós o obliterávamos. Nossa família era o pesadelo dos arqueólogos. Nenhum osso ficava para trás. Quando terminávamos com o frango, não sobrava nada além da cabeça. Às vezes, a única carne que tínhamos para comer era um pacote vendido no açougue chamado "serragem". Era, literalmente, poeira de carne: restos dos cortes nobres que eram empacotados para venda, pedaços de gordura e qualquer coisa que ficasse para trás. Eles pegavam esses restos e colocavam em sacos. Era para os cachorros, mas minha mãe comprava para nós. Às vezes passávamos meses comendo só isso.

O açougueiro também vendia ossos. Para nós, eram "ossos para sopa", mas no rótulo dizia "ossos para cachorro" — as pessoas costumavam cozinhá-los para dar de petisco aos cães. Sempre que passávamos por um período de dificuldade, recorríamos aos ossos. Minha mãe fazia sopa com eles e sugávamos todo o tutano de dentro. Sugar tutano é uma habilidade que se aprende logo cedo quando se é pobre. Nunca vou me esquecer da primeira vez que fui a um restaurante chique, já adulto, e alguém me disse:

— Você precisa experimentar tutano. É uma iguaria. Um sabor *divino*.

O pedido foi feito. Quando o garçom trouxe o prato, exclamei:
— Osso de cachorro, fala sério!
Não me impressionou em nada.

Por mais que nossa vida fosse modesta em casa, nunca me senti pobre, porque tínhamos uma vida cheia de experiências. Estávamos sempre por aí, fazendo alguma coisa, indo a algum lugar. Minha mãe costumava me levar para passear nos bairros chiques dos brancos. A gente ficava olhando as casas, as mansões em que eles viviam. Quase sempre era só muro, pois isso era tudo que conseguíamos ver da rua. O muro ia de um lado ao outro do quarteirão, e ficávamos impressionados: "Uau, isso tudo é *uma* casa. Tudo isso para *uma* família só". Às vezes estacionávamos e tentávamos ver por cima do muro; ela me colocava nos ombros como se eu fosse um pequeno periscópio. Eu olhava os jardins e descrevia tudo que estava vendo: "É um casarão branco! Eles têm dois cachorros! E um limoeiro! Também tem uma piscina! E uma quadra de tênis!"

Minha mãe me levava a lugares aonde os negros nunca iam. Ela se recusava a se limitar por ideias ridículas do que um negro deveria ou não fazer. Ela me levava ao rinque de patinação. Johannesburgo tinha um cinema drive-in incrível, o Top Star Drive-In, em cima de um depósito de rejeitos minerais fora da cidade. Era lá que víamos filmes, comprávamos um lanche e pendurávamos o alto-falante na janela do carro. O Top Star tinha uma vista de trezentos e sessenta graus da cidade, desde os bairros ricos até Soweto. De lá, eu conseguia ver quilômetros em qualquer direção. Sentia como se estivesse no topo do mundo.

Minha mãe me criou como se não houvesse limites de aonde ir e o que fazer. Quando penso na minha infância, percebo que ela me criou como uma criança branca — não culturalmente, mas no sentido de acreditar que eu tinha o mundo nas mãos, que eu deveria expressar minhas opiniões, que minhas ideias, pensamentos e decisões tinham importância.

Falamos sobre seguir nossos sonhos, mas só é possível sonhar com aquilo que se pode imaginar, e, dependendo da sua origem, sua imaginação pode ser bem limitada. Em Soweto, o nosso sonho era construir outro quarto em casa. Talvez uma garagem. Quem sabe, um dia, um portão de ferro na entrada da garagem. Era isso que conhecíamos. Mas as possibilidades vão muito além do mundo que percebemos ao nosso redor. Minha mãe me mostrou essas possibilidades. O que sempre me impressionou sobre a vida dela foi que ninguém lhe mostrou nada. Ninguém a escolheu. Ela fez tudo sozinha. Encontrou seu caminho apenas pela força de vontade.

O mais impressionante de tudo é o fato de minha mãe ter começado seu pequeno projeto — eu — em um momento em que ela não tinha como saber que o apartheid chegaria ao fim. Não havia por que pensar que terminaria; gerações inteiras viveram sob esse regime. Eu tinha quase seis anos quando Mandela saiu da prisão, a democracia só viria a florescer quando completei dez, e ela já estava me preparando para ser livre antes mesmo de descobrir que a liberdade estava por vir. Uma vida de sofrimento na favela ou ser mandado para um orfanato de mestiços eram os destinos mais prováveis para mim. Mas nunca vivemos dessa maneira. A única opção para nós era seguir em frente, e rápido. Quando a mudança no país chegou, já estávamos quilômetros adiante, voando pela estrada em nosso Fusquinha laranja caindo aos pedaços, com as janelas abertas e Jimmy Swaggart louvando Jesus aos berros.

As pessoas achavam que minha mãe era maluca. Rinques de patinação, drive-ins e bairros de luxo: isso era coisa de *izinto zabelungu* — coisa de gente branca. Muitos negros já tinham internalizado a lógica do apartheid e feito dela sua própria lógica. Por que ensinar a uma criança negra coisas de brancos? Os vizinhos e parentes costumavam criticar minha mãe:

— Por que isso tudo? Por que mostrar ao Trevor o mundo se ele nunca vai sair do gueto?

— Porque — respondia ela —, mesmo que nunca saia do gueto, ele vai saber que o gueto não é o mundo. Se eu conseguir pelo menos isso, já terei feito o suficiente.

* * *

O apartheid, mesmo com todo seu poder, tinha falhas intrínsecas, a começar pelo fato de não fazer o menor sentido. O racismo não tem lógica. Considere o seguinte: os chineses eram classificados como negros na África do Sul. Com isso, não estou dizendo que eles andavam por aí agindo como negros. Eles ainda eram chineses. Mas, diferentemente dos indianos, não havia chineses suficientes para justificar a criação de uma classificação só para eles. O apartheid, mesmo com toda a sua complexidade e precisão, não sabia o que fazer com eles, então o governo decidiu: "Vamos dizer que eles são negros. Simples assim".

O mais estranho é que, ao mesmo tempo, os japoneses eram classificados como brancos. O motivo disso era que o governo sul-africano queria estabelecer boas relações com o Japão para importar seus carros de luxo e eletrônicos. Então, os japoneses receberam o título de brancos honorários, enquanto os chineses continuaram classificados como negros. Fico imaginando como devia ser difícil ser um policial sul-africano, afinal é bem provável que ele não soubesse diferenciar um chinês de um japonês, mas ainda tinha que fazer o seu trabalho, ou seja, garantir que as pessoas da cor errada não saíssem da linha. Se ele visse um asiático sentado em um banco só para brancos, o que diria?

— Ei, você! Sai desse banco, seu china!

— Desculpe, mas sou japonês.

— Peço desculpas, senhor. Não quis ser racista. Tenha uma ótima tarde.

* * *

6
BRECHAS

Minha mãe costumava dizer: "Eu escolhi ter você porque queria alguém para amar e que me amasse incondicionalmente em troca... mas acabei dando à luz o moleque mais egoísta da face da Terra, que só sabe chorar, comer, cagar e dizer 'eu, eu, eu, eu'".

Ela achava que ter um filho seria como ter um companheiro, mas cada criança nasce sendo o centro de seu próprio universo, incapaz de entender o mundo além de suas vontades e necessidades, e comigo não foi diferente. Eu era uma criança voraz. Consumia caixas de livros e queria sempre mais e mais. Comia feito um porco. Deveria ser obeso a julgar pela forma como eu comia. A família chegou a cogitar que eu tivesse verme na barriga. Sempre que eu ia para a casa dos meus primos nas férias, minha mãe levava um saco de tomate, cebola e batata, e mais um saco de farinha de milho. Essa era a forma de ela evitar qualquer reclamação sobre a minha visita. Na casa da minha avó, eu sempre repetia o prato, mas as outras crianças não podiam. Minha avó me dava a panela e dizia:

"Pode terminar". Se não quisesse lavar os pratos, bastava chamar o Trevor. Eles me chamavam de a lata de lixo da família. Eu comia sem parar.

Também era hiperativo. Eu ansiava por estímulo e atividade constantemente. Quando era pequeno, ao caminhar pela calçada, se alguém não agarrasse bem o meu braço, eu me soltava e saía correndo em direção aos carros na rua. Adorava ser perseguido. Achava que era um jogo. E as senhoras que minha mãe contratava para cuidar de mim enquanto trabalhava? Eu as deixava em prantos. Minha mãe chegava em casa e as encontrava chorando. "Eu desisto. É impossível cuidar do seu filho. Ele é um tirano." O mesmo acontecia com meus professores da escola e da igreja. Se eu não estivesse entretido, era melhor se preparar. Não era grosseiro com as pessoas. Não era chorão e mimado. Era bem-educado. Só tinha energia demais e sabia o que queria fazer.

Minha mãe costumava me levar ao parque para que eu corresse até não conseguir mais, para queimar energia. Ela jogava um frisbee para mim, e eu corria para buscá-lo e trazê-lo de volta. De novo e de novo e de novo. Às vezes ela jogava uma bola de tênis. Os cachorros dos negros não brincam de pegar a bola — é melhor não jogar nada para o cão de uma pessoa negra além de comida. Por isso, só quando comecei a frequentar parques com pessoas brancas e seus animais de estimação percebi que minha mãe estava me treinando como um cachorro.

Sempre que eu não gastava a energia extra, acabava encontrando uma saída por meio de travessuras e má-criações. Eu tinha orgulho de ser o melhor nas pegadinhas. Os professores costumavam usar um projetor na sala de aula para mostrar suas anotações. Um dia, fui a todas as salas e tirei a lente de aumento de todos os projetores. Outra vez, esvaziei o extintor de incêndio no piano da escola, porque sabia que teríamos uma apresentação no dia seguinte. Quando o pianista se sentou e tocou a primeira nota, *foomp!*, saiu espuma do piano para todos os lados.

As duas coisas que eu mais amava eram fogo e facas. Eu era fascinado por elas. As facas eram o máximo. Eu as comprava em lojas de penhores e vendas de garagem: canivete automático, canivete borboleta, faca do Rambo, faca do Crocodilo Dundee. Mas o fogo era minha especialidade. Eu amava o fogo, especialmente fogos de artifício. Celebrávamos a Noite de Guy Fawkes em novembro, e todo ano minha mãe comprava um montão de fogos de artifício, um pequeno arsenal. Logo aprendi que podia tirar a pólvora de todos os rojões e criar um grandioso fogo de artifício só meu. Certa tarde, era exatamente isso que eu estava fazendo, brincando com meu primo de encher de pólvora um vaso de plantas vazio, quando me distraí com alguns traques. Com eles, o mais legal de fazer era parti-los ao meio e pôr fogo em vez de usar conforme as instruções, assim eles se transformavam em pequenos lança-chamas. Parei o que estava fazendo na metade para brincar com os traques e acabei derrubando um fósforo no montinho de pólvora. O vaso explodiu, lançando uma bola imensa de fogo na minha cara. Mlungisi gritou, e minha mãe saiu correndo para o quintal, em pânico.

— O que aconteceu?!

Fingi que estava tudo bem, embora ainda pudesse sentir o calor da bola de fogo na minha cara.

— Nada. Não aconteceu nada.

— Você estava brincando com fogo?!

— Não.

Ela balançou a cabeça em sinal de reprovação.

— Quer saber? Eu devia te dar uma surra, mas Jesus já expôs suas mentiras.

— Quê?

— Vá até o banheiro ver o que aconteceu.

Fui ao banheiro e me olhei no espelho. Minhas sobrancelhas tinham desaparecido, e uns dois centímetros do meu cabelo na testa tinham se queimado por completo.

Para os adultos, eu era um destruidor e estava fora de controle, mas, como criança, não pensava dessa forma. Eu nunca queria destruir. Queria criar. Não estava queimando as minhas sobrancelhas. Estava criando fogo. Não estava quebrando os projetores. Estava criando o caos, para ver a reação das pessoas.

E eu não conseguia me conter. Há uma condição comum entre crianças, um distúrbio compulsivo que as leva a agir de maneiras que elas nem sequer entendem. Você pode dizer a uma criança: "Não desenhe na parede de jeito nenhum. Pode desenhar neste papel. Pode desenhar neste livro. Pode desenhar em qualquer superfície que quiser. Mas não desenhe, escreva ou pinte na parede". A criança vai olhar no fundo dos seus olhos e responder: "Entendido". Dez minutos depois, lá está ela desenhando na parede. Você começa a gritar: "Por que diabos você desenhou na parede?!" A criança te olha e diz com sinceridade que não faz ideia. Quando era pequeno, lembro de me sentir assim o tempo todo. Sempre que era punido, enquanto minha mãe me batia na bunda, eu ficava me perguntando: *Por que eu fiz isso? Eu sabia que não era para fazer. Ela me disse para não fazer.* Então, quando a surra terminava, eu prometia para mim mesmo: *Vou ser o menino mais bonzinho do mundo. Nunca mais vou fazer nada errado na vida, nunca, nunquinha — e, para me lembrar disso, vou escrever aqui na parede para não esquecer...* E, assim, pegava um giz de cera e voltava a fazer a mesma coisa, e nunca entendia por quê.

Minha relação com minha mãe era igual à de um policial e um criminoso nos filmes — a detetive incansável determinada a capturar o ardiloso mestre do crime. Eles são grandes rivais, mas se respeitam imensamente; de alguma forma, podem até começar a gostar um do outro. Às vezes minha mãe me alcançava, mas quase sempre estava um passo atrás, sempre de olho em mim: *Um dia, moleque. Um dia eu vou te pegar e te tirar de circulação para o resto da vida.* Em troca, eu me despedia acenando com a cabeça: *Tenha uma boa noite, detetive.* Assim foi toda a minha infância.

Minha mãe estava sempre tentando me domar. Com o passar dos anos, suas táticas foram ficando cada vez mais sofisticadas. Eu tinha a juventude e a energia a meu favor, ela tinha a perspicácia, e encontrava formas diferentes de me manter na linha. Certo domingo, estávamos no mercado, e havia um grande mostruário com maçãs do amor. Eu adorava maçã do amor, por isso fui torrando a paciência da minha mãe o tempo todo em que estivemos fazendo compras:

— Posso comer uma maçã do amor? *Por favor*, posso comer uma maçã do amor? *Por favor*, posso comer uma maçã do amor? *Por favor*, posso comer uma maçã do amor?

Quando já estávamos com todas as compras, ela foi caminhando em direção ao caixa para pagar, e eu finalmente a convenci.

— Tudo bem — concordou ela. — Vá lá pegar.

Fui correndo pegar uma maçã do amor, voltei e coloquei no balcão do caixa.

— Inclua esta maçã do amor na conta, por favor — disse eu.

O caixa lançou um olhar cético para mim.

— Espere a sua vez, garoto. Ainda estou atendendo esta senhora.

— Não — respondi —, ela vai comprar pra mim.

Minha mãe se virou para mim e disse:

— Quem vai comprar o que para você?

— Você vai comprar pra mim.

— Não, não. Por que não pede pra sua mãe comprar para você?

— Como assim, a minha mãe? Você é a minha mãe.

— Eu sou sua mãe? Não sou sua mãe, não. Onde está a sua mãe?

Eu estava tão confuso.

— *Você* é minha mãe.

O caixa olhou para mim, para ela, de volta para mim e de volta para ela. Ela deu de ombros, como se dissesse *Não faço ideia do que esse garoto está falando*. Então olhou para mim como se nunca tivesse me visto na vida.

— Está perdido, garotinho? Cadê a sua mãe?

— Isso mesmo — concordou o caixa —, onde está a sua mãe?

Apontei para ela.

— Ela é minha mãe.

— Está maluco? Ela não pode ser sua mãe, garoto. Ela é negra. Não está enxergando?

Minha mãe balançou a cabeça em sinal de desgosto.

— Pobre garotinho mestiço, perdeu a mãe. Que dó.

Entrei em pânico. Estava ficando maluco? Ela não era a minha mãe? Comecei a berrar:

— *Você* é minha mãe. *Você* é minha mãe. *Ela* é minha mãe. *Ela* é minha mãe.

Ela deu de ombros novamente.

— Que tristeza. Espero que ele encontre a mãe dele.

O caixa concordou com a cabeça. Ela pagou as compras, pegou as mercadorias e saiu. Deixei a maçã do amor para trás, corri atrás dela em prantos e a alcancei no carro. Ela se virou, rindo histericamente, como se tivesse me pregado uma bela peça.

— Por que você está chorando? — perguntou.

— Porque você disse que não era a minha mãe. Por que disse isso?

— Porque você não parava de resmungar que queria uma maçã do amor. Agora entre no carro. Vamos embora.

Quando eu tinha sete ou oito anos, já era esperto demais para ser enganado, então ela mudou de tática. Nossa vida passou a ser um drama de tribunal, com dois advogados constantemente debatendo sobre brechas na lei e detalhes técnicos. Minha mãe era esperta e tinha a língua afiada, mas eu era mais rápido na argumentação. Ela ficava frustrada porque não conseguia me acompanhar. Então começou a me escrever cartas. Assim ela conseguia expor o seu ponto de vista, evitando a disputa verbal entre a gente. Se eu tivesse tarefas para fazer, ao chegar em casa encontrava um envelope debaixo da porta, como se fosse um aviso do senhorio.

Caro Trevor,

"Filhos, obedeçam a seus pais em tudo, pois isso agrada ao Senhor."

— Colossenses 3,20

Há certas coisas que espero de você como meu filho e já um rapaz. Você precisa arrumar o quarto. Você precisa manter a casa limpa. Você precisa cuidar do seu uniforme escolar. Eu peço, por favor, meu filho. Respeite as minhas regras para que eu possa respeitá-lo. Por favor, vá agora lavar a louça e arrancar as ervas daninhas do jardim.
Atenciosamente,

Mamãe

Eu fazia as minhas tarefas e, se tivesse algo a dizer, respondia com outra carta. Como minha mãe era secretária, eu passava horas no escritório dela todos os dias depois da escola e aprendi um monte de coisas sobre correspondência formal. Tinha muito orgulho da minha habilidade em escrever cartas.

A quem possa interessar:
Cara mamãe,

Obrigado pela correspondência enviada anteriormente. É com prazer que informo que estou adiantado com a louça e terminarei essa tarefa em cerca de uma hora. Favor observar que o jardim está molhado e, dessa forma, estou impossibilitado de arrancar as ervas daninhas, mas posso lhe garantir que a tarefa será concluída até o fim de semana. Ademais, concordo plenamente com a sua opinião concernente ao nível de respeito para consigo, portanto manterei meu quarto dentro de um padrão satisfatório.
Atenciosamente,

Trevor

Essas eram as cartas educadas. Se estivéssemos no meio de uma discussão de verdade, ou se eu estivesse com problemas na escola, encontrava cartas mais acusatórias à minha espera quando chegava em casa.

Caro Trevor,

"A insensatez está ligada ao coração da criança, mas a vara da disciplina a livrará dela."

— Provérbios 22,15

Suas notas neste semestre foram insatisfatórias, e seu comportamento em sala de aula continua incontrolável e desrespeitoso. Considerando suas ações, está claro que você não me respeita. Você não respeita suas professoras. Aprenda a respeitar as mulheres da sua vida. A forma como você trata a mim e às professoras será a forma como tratará as mulheres no mundo. Aprenda a controlar essa atitude agora, assim você será um homem melhor. Em razão do seu comportamento, você está de castigo por uma semana. Sem televisão nem videogame.
Atenciosamente,

Mamãe

De minha parte, achava essa punição completamente injusta. Pegava a carta e ia confrontá-la:
— Posso falar com você sobre isso?
— Não. Se quiser responder, terá que escrever uma carta.
Eu ia para o meu quarto, pegava caneta e papel, sentava à minha escrivaninha e rebatia os argumentos dela, um por um.

A quem possa interessar:
Cara mamãe,

Primeiro, este foi um período particularmente difícil na escola, e dizer que as minhas notas estão ruins é extremamente injusto, especialmente considerando o fato de você não ter sido a melhor das alunas, afinal eu sou fruto do seu ventre, sendo assim de certo modo você é a culpada, pois, se você não se saía bem na escola, por que eu deveria? Geneticamente somos iguais. A vovó sempre fala de como você era levada, então é óbvio que minhas travessuras vêm de você, de modo que não acho certo ou justo você dizer as coisas que está dizendo.

    Atenciosamente,

                                                 Trevor

Eu entregava a carta e esperava enquanto ela lia. Ela sempre acabava rasgando e jogando a carta na lata de lixo.

— Besteira! Isso tudo é besteira!

Então começava o seu discurso, mas eu a impedia:

— Na-na-não. Não. Tem que escrever uma carta.

Aí eu ia para o meu quarto esperar a resposta dela. Às vezes isso tudo levava dias.

As cartas serviam para pequenas discussões. Para grandes infrações, minha mãe escolhia uma boa surra. Como a maioria dos pais negros sul-africanos, quando o assunto era disciplina, minha mãe era da velha guarda. Se eu passasse dos limites, ela recorria ao cinto ou à vara. Assim era naquela época. Praticamente todos os meus amigos passaram pelo mesmo.

Minha mãe me dava uma boa surra sentada na cadeira se eu desse a oportunidade, mas ela nunca conseguia me pegar. Minha avó me chamava de "springbok", referindo-se ao segundo animal mais rápido do mundo, a gazela que os guepardos caçam. Minha mãe tinha que virar uma guerrilheira e mandava ver onde podia, com o cinto ou, talvez, um sapato lançado ao ar.

O que eu mais respeitava na minha mãe era que ela não deixava sombra de dúvida do motivo da surra que eu estava levando. Não era por raiva ou fúria. Era disciplina com amor. Minha mãe estava sozinha com uma criança fora de controle. Eu destruía pianos. Defecava no chão. Quando eu fazia algo errado, ela me dava uma bela surra e me deixava chorar, depois aparecia no meu quarto com um sorriso largo no rosto e dizia:

— Está pronto para o jantar? É melhor se apressar e comer se quiser assistir *Emergência 911*. Você vem?

— Como assim? Que tipo de psicopata é você? Você acabou de me bater!

— Verdade. Porque você fez algo errado. Isso não significa que eu parei de te amar.

— Como assim?

— Vejamos, você fez ou não fez algo errado?

— Fiz.

— Resultado? Te dei umas palmadas. Pronto, acabou. Então, vai ficar aí chorando? Tá na hora do *Emergência 911*. William Shatner está esperando. Você vem ou não?

Quando o assunto era disciplina, a escola católica não estava para brincadeiras. Sempre que eu me metia em encrenca com as freiras em Maryvale, elas me castigavam batendo com uma régua de metal nos nós dos dedos. Se eu falasse palavrão, elas lavavam minha boca com sabão. Para ofensas mais sérias, me mandavam para a sala do diretor. Apenas o diretor podia dar uma surra oficial. Era preciso se curvar, e ele aplicava o corretivo na bunda, com um pedaço de borracha parecido com sola de sapato.

Sempre que o diretor me batia, era como se ele tivesse medo de usar muita força. Certa vez eu estava levando meu corretivo e pensei: *Cara, eu bem queria que minha mãe me batesse assim*, e comecei a dar risada. Não consegui me conter. O diretor ficou confuso.

— Se você dá risada quando está levando uma surra — concluiu ele —, então definitivamente há algo errado com você.

Essa foi a primeira vez de um total de três que a escola fez minha mãe me levar ao psicólogo para ser avaliado. Cada um dos psicólogos que me examinaram dizia a mesma coisa: "Não há nada de errado com esse menino". Eu não tinha DDA. Eu não era um sociopata. Era apenas criativo e independente, cheio de energia. Os terapeutas me deram uma série de testes e chegaram à conclusão de que eu me tornaria um excelente criminoso ou alguém muito bom em capturar criminosos, pois sempre encontrava brechas na lei. Sempre que eu acreditava que uma regra não tinha lógica, encontrava um jeito de não segui-la.

As regras sobre a comunhão na missa de sexta-feira, por exemplo, não faziam o menor sentido. Ficávamos lá por uma hora, ajoelhando, levantando, sentando, ajoelhando, levantando, sentando, ajoelhando, levantando, sentando, e quando chegava ao fim eu estava faminto, mas nunca tive permissão para fazer a comunhão, pois não era católico. As outras crianças podiam comer o corpo e beber o sangue de Jesus, mas eu não. E o sangue de Jesus era suco de uva. Eu adorava suco de uva. Suco de uva e bolachas — o que mais uma criança poderia querer? Mas eu não podia ter nada disso. Eu argumentava com as freiras e com o padre o tempo todo:

— Só os católicos podem comer o corpo e beber o sangue de Jesus, certo?

— Certo.

— Mas Jesus não era católico.

— Não.

— Jesus era judeu.

— É...

— Então, o que você está me dizendo é que, se Jesus entrasse na igreja agora, ele não poderia desfrutar do corpo e do sangue de Jesus?

— Hum...

Eles nunca tinham uma explicação satisfatória.

Certa manhã, antes da missa, decidi que ia conseguir um pouco do corpo e do sangue de Jesus. Entrei escondido por trás do altar, bebi a garrafa inteira de suco de uva e comi todo o saco de hóstias, para compensar todas as outras vezes que fui excluído da comunhão.

Na minha cabeça, eu não estava quebrando nenhuma regra, pois a regra não fazia sentido. E só fui pego porque eles quebraram as próprias regras. Outra criança me entregou em confissão, e o padre me dedurou.

— Não, não — protestei. — *Vocês* quebraram as regras. Essa informação é confidencial. O padre não pode contar para ninguém aquilo que é dito no confessionário.

Eles não se importavam. A escola podia quebrar as regras que quisesse. O diretor me repreendeu:

— Que tipo de pessoa doente come e bebe todo o corpo e o sangue de Cristo?

— Uma pessoa com fome.

O resultado foi outra surra e uma segunda visita ao psicólogo. A terceira visita, e minha última chance, foi no sexto ano. Um colega estava me provocando. Ele disse que ia me bater, e eu levei um dos meus canivetes para a escola. Não ia usá-lo, só queria tê-lo comigo. A escola não se importava. Aquela foi a gota-d'água. Não fui exatamente expulso. O diretor me colocou sentado e disse:

— Trevor, nós podemos expulsá-lo. Você precisa pensar seriamente se deseja continuar em Maryvale no próximo ano.

Acho que, na cabeça dele, ele estava me dando um ultimato que me faria me comportar. Mas, para mim, ele estava me oferecendo uma saída, e eu aceitei.

— Não — disse a ele —, não quero continuar aqui.

E assim chegou ao fim o meu período na escola católica.

O engraçado é que não fui castigado pela minha mãe quando isso aconteceu. Nada de surra à minha espera em casa. Eu perdi a bolsa de estudos quando ela saiu do emprego na ICI, e pagar uma escola particular havia se tornado um fardo para ela. Mais que isso, ela achava que a escola estava exagerando. A verdade é que era mais comum ela estar do meu lado que do lado da escola. Ela concordava comigo completamente na questão da eucaristia.

— Deixe eu ver se entendi — ela disse ao diretor. — Você está punindo meu filho porque ele *quer* comer o corpo e beber o sangue de Cristo? Por que ele não pode? É claro que ele deveria poder.

Quando eles me mandaram ao terapeuta porque eu dei risada enquanto o diretor me batia, ela também achou aquilo ridículo.

— Sra. Noah, o seu filho estava rindo enquanto lhe dávamos um corretivo.

— Está claro que vocês não sabem dar uma surra numa criança. Isso é problema seu, não meu. Posso te garantir que o Trevor nunca ri quando eu dou uma surra nele.

Esse era o tipo de atitude estranha e um tanto surpreendente que minha mãe tinha. Se ela concordasse comigo que uma regra era estúpida, não me punia por não obedecê-la. Tanto ela quanto os psicólogos concordavam que a escola era o problema, não eu. A escola católica não é lugar para alguém criativo e independente.

A escola católica é parecida com o apartheid por seu autoritarismo implacável e porque essa autoridade é sustentada por uma série de regras que não fazem sentido algum. Minha mãe cresceu com essas regras e as questionava. Se as regras não parecessem justas, ela encontrava um jeito de burlá-las. A única autoridade que minha mãe reconhecia era a de Deus. Deus é amor e a Bíblia é a verdade — tudo o mais estava aberto a debate. Ela me ensinou a desafiar a autoridade e a questionar o sistema. O problema é que o tiro saiu pela culatra, pois eu constantemente a desafiava e a questionava.

Quando eu tinha sete anos, minha mãe estava saindo com um cara novo, Abel, já fazia um ano, mas àquela altura eu era criança demais para saber quem eles eram um para o outro. Para mim era: "Olha só o amigo da mamãe que está sempre por aqui". Eu gostava do Abel; ele era um cara muito legal.

Se um negro quisesse morar nos bairros residenciais naquela época, era preciso encontrar uma família branca disposta a alugar o quartinho de empregada ou alguma coisa na garagem, que foi a saída encontrada por Abel. Ele morava num bairro chamado Orange Grove, na garagem de uma família branca que ele transformou em apartamento com um fogão elétrico e uma cama. Às vezes vinha dormir na nossa casa, e às vezes ficávamos na dele. Ficar em uma garagem quando tínhamos nossa própria casa não era o ideal, mas Orange Grove era perto da minha escola e do trabalho da minha mãe, então tinha lá seus benefícios.

A família branca também tinha uma empregada negra que morava na casa dos fundos, e eu brincava com o filho dela sempre que dormíamos lá. Naquela idade, minha adoração pelo fogo estava no auge. Certa tarde, todos estavam trabalhando — minha mãe, Abel e os pais da família branca —, e eu e o filho da empregada brincando juntos enquanto a mãe dele limpava a casa. Uma das coisas que eu adorava fazer naquela época era usar uma lente de aumento para escrever meu nome com calor em pedaços de madeira. Era preciso mirar a lente e conseguir o foco certo para gerar a chama e, depois, mover-se lentamente, desenhando formas, letras e figuras. Essa brincadeira me fascinava.

Naquela tarde, fui ensinar o menino a fazer aquilo. Estávamos na casa dos fundos, que nada mais era que um depósito atrás da casa principal, cheio de escadas de madeira, baldes velhos de tinta e aguarrás. Eu também tinha comigo uma caixa de fósforos — minhas fiéis ferramentas para fazer fogo. Estávamos sentados em um colchão velho que eles usavam para dormir no chão, basicamente um saco cheio de palha seca. O sol atravessava a janela, e eu estava mostrando ao garoto como queimar o nome dele em um pedaço de compensado.

Em determinado momento, paramos para comer um lanche. Deixei a lente de aumento e os fósforos em cima do colchão. Quando voltamos, alguns minutos depois, descobrimos que o depósito tinha uma daquelas portas que trancam sozinhas por dentro. Não conseguiríamos entrar sem chamar a mãe dele, então decidimos brincar no quintal mesmo. Depois de um tempo, percebi que tinha fumaça saindo pelas frestas da janela. Corri para ver o que estava acontecendo lá dentro. Havia uma pequena chama no meio do colchão de palha, onde tínhamos deixado os fósforos e a lente de aumento. Corremos para chamar a empregada. Ela veio, mas não sabia o que fazer. A porta estava trancada, e, antes que tivéssemos a chance de encontrar um jeito de entrar, a coisa toda pegou fogo — o colchão, as escadas, a tinta, a aguarrás, tudo.

As labaredas se espalharam rapidamente. Logo o teto estava em chamas, em seguida o fogo alcançou a casa principal, queimando, queimando e queimando tudo pelo caminho. A fumaça se espalhou pelo céu. Um vizinho chamou o corpo de bombeiros, e as sirenes indicavam que estavam a caminho. Eu, o garoto e a empregada corremos para a rua e assistimos enquanto os bombeiros tentavam apagar o incêndio, mas, quando finalmente a situação estava sob controle, era tarde demais. Não sobrou nada além de uma estrutura queimada de tijolos e cimento; o teto desapareceu, e, por dentro, tudo destruído.

A família branca chegou e ficou ali, na rua, olhando fixamente para as ruínas de sua casa. Eles perguntaram à empregada o que tinha acontecido, e ela perguntou ao filho, que me dedurou sem titubear: "Os fósforos eram do Trevor". A família não disse nada para mim. Não acho que eles soubessem o que dizer. Eles estavam completamente atônitos. Não chamaram a polícia nem ameaçaram nos processar. O que iam fazer? Prender um menino de sete anos por incêndio culposo? E éramos tão pobres que não era possível nos processar por nada. Além disso, eles tinham seguro, então ficou por isso mesmo.

Eles expulsaram Abel da garagem, o que achei hilário, pois a garagem, que não estava conectada à casa, foi a única parte da propriedade que saiu ilesa. Não entendi por que Abel teve que sair, mas ele foi expulso mesmo assim. Nós empacotamos as coisas dele, colocamos tudo em nosso carro e fomos para Eden Park. Desse momento em diante, Abel passou a morar conosco. Ele e minha mãe tiveram uma briga terrível: "Seu filho destruiu a minha vida!" Mas não fui punido naquele dia. Minha mãe estava totalmente em choque. Uma coisa é ser travesso, outra é incendiar a casa de uma família branca. Ela não sabia o que fazer.

Eu não me senti culpado pelo que aconteceu. E ainda não me sinto. O advogado dentro de mim alega que sou completamente inocente. Havia uma caixa de fósforos e uma lente de aumento e um colchão; está claro que foi uma série infeliz de eventos. Às vezes objetos pegam fogo. É para isso que existem as brigadas de incêndio. Mas todos na minha família vão dizer: "O Trevor pôs fogo em uma casa". Se achavam que eu era levado antes, depois do incêndio fiquei famoso. Um dos meus tios parou de me chamar de Trevor. Para ele, agora eu era "Terror". "Não deixe esse menino sozinho em casa", ele costumava dizer. "Ele vai pôr fogo e não vai sobrar nada."

Meu primo Mlungisi até hoje não entende como eu sobrevivi por tanto tempo sendo terrível como era, como resisti a todas as surras que levei. Por que eu continuava me comportando mal? Como era possível não aprender a lição? Meus dois primos eram crianças superboazinhas. Mlungisi provavelmente levou apenas uma surra em toda a sua vida. Depois disso, prometeu que nunca mais passaria por uma experiência como aquela, e desse dia em diante sempre seguiu as regras. Mas eu fui abençoado com outra característica herdada da minha mãe: a capacidade de esquecer as dores da vida. Eu me lembro daquilo que causou o trauma, mas não me apego ao trauma. Nunca deixei a lembrança de algo doloroso me impedir de tentar algo novo. Se pensar demais na surra que levou da sua mãe ou na surra que a vida te deu, você para de testar limites e de quebrar regras. O melhor é aguentar aquilo, passar um tempo chorando, acordar no dia seguinte e seguir em frente. Vão restar algumas feridas para lembrar o que aconteceu, mas tudo bem. Depois de um tempo as feridas cicatrizam, e há um motivo para isso — chega uma hora em que é preciso se levantar e se preparar para a próxima bordoada.

* * *

Eu cresci em uma família de negros em um bairro de negros em um país de negros. Viajei para outras cidades de negros em países de negros por todo o continente negro. E até hoje não encontrei em nenhum desses lugares um negro que gostasse de gatos. Uma das principais razões para isso é que, segundo a mentalidade sul-africana, apenas bruxas têm gatos, e todos os gatos são sinal de bruxaria.

Alguns anos atrás, houve um famoso incidente numa partida de futebol do Orlando Pirates. Um gato entrou no estádio, correu pela plateia, saiu no campo e foi parar no meio do jogo. Um segurança, ao ver o bicho, fez o que qualquer negro sensato faria. Ele pensou: *Esse gato é bruxaria.* Então pegou o gato e — durante a transmissão ao vivo pela TV — chutou, pisou e espancou o animal até a morte com um *sjambok*, um chicote de couro duro.

Foi notícia de primeira página em todo o país. Os brancos enlouqueceram. Como assim? Que doideira! O segurança foi preso, julgado e condenado por crueldade contra animais. Teve que pagar uma multa caríssima para não passar vários meses na cadeia. O mais irônico disso tudo era que o branco passou anos assistindo ao negro ser espancado até a morte por outros brancos, mas a cena de um negro chutando um gato, isso sim era o fim da picada. Os negros ficaram confusos. Não entendiam o que o homem tinha feito de tão errado. Eles pensavam: *É óbvio que o gato é bruxaria. De que outra forma um gato saberia como entrar no campo de futebol? Alguém o enviou para trazer má sorte a um dos times. Aquele homem tinha mesmo que matar o gato. Ele estava protegendo os jogadores.*

Na África do Sul, os negros têm cachorros.

* * *

7
FUFI

Um mês depois de nos mudarmos para Eden Park, minha mãe trouxe para casa dois gatos. Gatos pretos. Criaturas belíssimas. Uma mulher onde ela trabalhava tinha uma ninhada de gatinhos para doar, e minha mãe pegou dois. Eu estava animado, pois seriam meus primeiros bichos de estimação. Minha mãe estava animada, porque amava os animais. Ela não acreditava em nada daquela besteirada sobre gatos. Era apenas mais uma maneira de ela se rebelar, recusando-se a aceitar estereótipos sobre o que os negros faziam ou não faziam.

Em um bairro de negros, era melhor não se arriscar a ter um gato, muito menos um gato preto. Seria o mesmo que usar uma placa dizendo: "Olá, sou uma bruxa". Isso seria suicídio. Como tínhamos nos mudado para um bairro de mestiços, minha mãe achou que não seria problema ter um gato. Quando já estavam crescidinhos, deixávamos que eles saíssem durante o dia para passear pelo bairro. Então, ao voltarmos para casa certa noite, encontramos os gatos pendurados pelo rabo no nosso portão da frente, estripados e esfolados, escorrendo sangue, as cabeças cortadas. No nosso muro, alguém havia escrito em africâner: "*Heks*" — "Bruxa".

Aparentemente, os *coloured* não eram mais evoluídos que os negros na questão dos gatos.

Não fiquei exatamente desolado com o que aconteceu. Acho que não passei tempo suficiente com os gatos para criar um vínculo; nem sequer me lembro do nome deles. E gatos são quase sempre um porre. Por mais que eu tentasse, nunca senti que fossem animais de estimação. Eles nunca demonstravam carinho e também não aceitavam a minha afeição. Se os gatos tivessem se esforçado mais, talvez eu tivesse sentido a perda com mais intensidade. Mas, mesmo sendo criança, lembro de olhar para os dois animais mortos e mutilados e pensar: *É isso aí. Talvez, se eles tivessem sido mais amorosos, poderiam ter evitado esse triste fim.*

Depois do assassinato dos gatos, demos um tempo na ideia de ter um animal. Então, tivemos cachorros. Cachorros são legais. Quase toda família negra que eu conhecia tinha um. Não importava o tamanho da sua pobreza, você tinha que ter um cachorro. Os brancos tratam os cachorros como filhos ou membros da família. Os cachorros dos negros eram mais para proteção, o sistema de alarme do pobre. Ao comprar um cachorro, ele tinha que ficar no quintal. Os negros escolhiam o nome de acordo com as características do animal. Se tivesse listras, era Tigre. Se fosse bravo, Perigo. Se tivesse manchas, Manchinha. Considerando o número limitado de características que um cachorro pode ter, quase todos tinham os mesmos nomes, as pessoas só reciclavam.

Nunca tivemos um cachorro em Soweto. Um dia, uma senhora do trabalho da minha mãe ofereceu dois filhotes. Foi uma gravidez não planejada. A maltês dessa senhora tinha engravidado do bull terrier do vizinho, uma combinação estranha. Minha mãe disse que ficaria com os dois. Ela os levou para casa, e eu era a criança mais feliz da face da Terra.

Batizamos os filhotinhos de Fufi e Pantera. Não sei de onde veio o nome Fufi. Pantera tinha o focinho rosado, então era a Pantera

Cor-de-Rosa, mas com o tempo ficou só Pantera. Eram duas irmãs que se amavam e se odiavam. Elas cuidavam uma da outra, mas também brigavam o tempo todo. Brigas de tirar sangue. Mordidas. Patadas. Era uma relação estranha e assustadora.

Pantera era da minha mãe; Fufi era minha. Fufi era linda. Muito elegante, com uma cara feliz. Era igualzinha a um bull terrier, só que mais magra, por causa da mistura com o maltês. Pantera, que era mais misturada, saiu esquisitinha, com os pelos todos bagunçados. Pantera era esperta. Fufi era uma tonta. Pelo menos era o que a gente achava. Sempre que as chamávamos, Pantera vinha imediatamente, mas Fufi não fazia nada. Pantera voltava para buscar a irmã, e as duas voltavam juntas. Acontece que Fufi era surda. Anos mais tarde, ela morreu quando um ladrão tentou invadir a casa. Ele empurrou o portão, que caiu em cima dela, quebrando sua espinha. Nós a levamos ao veterinário, e tiveram que sacrificá--la. Após examiná-la, o veterinário nos deu a notícia.

— Deve ter sido estranho para a sua família ter uma cachorra surda — comentou ele.

— Como assim?

— Vocês não sabiam que a cachorra era surda?

— Não. A gente achou que ela era burra.

Foi então que entendemos que, durante toda a vida delas, de alguma forma uma dizia para a outra o que fazer. A esperta, que podia ouvir, ajudava a tonta, que era surda.

Fufi era o amor da minha vida. Linda, mas burra. Eu a criei. Eu a treinei a fazer as necessidades no lugar certo. Ela dormia na minha cama. Ter um cachorro é algo incrível para uma criança. É como ter uma bicicleta com emoções.

Fufi sabia fazer todos os tipos de truques. Saltava bem alto. Sério, Fufi *pulava* como ninguém. Eu segurava um pedaço de comida acima da minha cabeça e ela pegava como se fosse a coisa mais normal do mundo. Se existisse YouTube naquela época, Fufi teria ficado famosa.

Ela também sabia ser danada. Durante o dia, os cachorros ficavam no quintal, que tinha um muro de mais de um metro e meio.

Depois de um tempo, todos os dias, quando voltávamos para casa, Fufi estava nos esperando, sentada, em frente ao portão. Não entendíamos. Será que alguém estava abrindo o portão? Como aquilo era possível? Nunca nos ocorreu que ela estivesse escalando a parede de um metro e meio, mas era exatamente isso que estava acontecendo. Todas as manhãs, Fufi esperava a gente sair para pular o muro e sair vagando pelo bairro.

Eu a peguei no flagra quando estava em casa durante as férias escolares. Minha mãe tinha saído para trabalhar, e eu estava na sala de estar. Fufi não sabia que eu estava em casa; ela achou que eu também tivesse saído, porque o carro não estava mais lá. Escutei Pantera latindo no quintal, olhei para fora e lá estava Fufi, escalando a parede. Ela saltou, pegou impulso para dar conta dos últimos centímetros e pronto.

Eu não conseguia acreditar no que estava acontecendo. Saí correndo, peguei minha bicicleta e a segui para ver o que ela ia fazer. Ela correu para longe, várias ruas adiante, até outra parte do bairro. Então se aproximou de outra casa e escalou o muro, entrando no quintal deles. Que diabo ela estava fazendo? Fui até o portão e toquei a campainha. Apareceu um menino *coloured*.

— Em que posso ajudar? — ele perguntou.
— Então. A minha cachorra está no seu quintal.
— Quê?
— Minha cachorra. Ela está no seu quintal.

Fufi veio caminhando e se colocou entre nós.

— Vem, Fufi! — comandei. — Vamos para casa.

O menino olhou para ela e a chamou por outro nome estúpido, tipo Manchinha ou uma idiotice do gênero.

— Manchinha, vai pra dentro.
— Epa, epa, epa — exclamei. — Manchinha? O nome dela é Fufi!
— Não é, não. Essa cachorra é minha, a Manchinha.
— Não, o nome dela é Fufi, colega.
— Não, é Manchinha.
— Como ela pode ser Manchinha? Ela não tem nenhuma mancha. Tá falando besteira.

— O nome dela é Manchinha!
— Fufi!
— Manchinha!
— Fufi!
Naturalmente, como ela era surda, não atendia nem a "Manchinha" nem a "Fufi". Ficou ali, parada. Comecei a xingar o garoto.
— Me devolve a minha cachorra!
— Não te conheço — ameaçou ele —, e é melhor você cair fora.
Então ele entrou na casa e chamou a mãe dele, que veio falar comigo.
— O que você quer? — ela perguntou.
— Essa cachorra é minha!
— Essa é o nossa cachorra. Dá o fora.
Comecei a chorar.
— Por que vocês estão roubando a minha cachorra?! — Olhei para Fufi e implorei: — Fufi, por que você está fazendo isso comigo?! Por quê, Fufi?! Por quê?!
Eu a chamei pelo nome. Implorei que ela viesse. Fufi não deu ouvidos às minhas súplicas. Nem a mais nada.
Subi na bicicleta e voltei para casa, as lágrimas escorrendo pelo rosto. Eu amava Fufi com toda a força. Vê-la com outro menino, agindo como se não me conhecesse, depois de tê-la criado, depois de todas as noites que passamos juntos. Meu coração estava partido.
Naquela noite, Fufi não voltou para casa. Como a outra família achava que eu ia voltar para roubar a cachorra deles, decidiu trancá-la dentro de casa, para que ela não pudesse retornar, como normalmente fazia, e nos esperar em frente ao portão. Minha mãe chegou do trabalho. Eu estava aos prantos. Expliquei que Fufi tinha sido sequestrada. Voltamos à casa do menino. Minha mãe tocou a campainha e enfrentou a outra mãe:
— Olha só, esta cachorra é nossa.
A mulher mentiu na cara da minha mãe:
— Esta cachorra não é sua. Nós compramos esta cachorra.
— Não compraram coisa nenhuma. A cachorra é nossa.

Elas continuaram nessa discussão. A mulher não parecia que ia ceder, então voltamos para casa para buscar provas: fotos nossas com as cachorras, certificados do veterinário. Chorei o tempo todo, e minha mãe já estava perdendo a paciência.

— Para de chorar! Vamos conseguir a cachorra de volta! Fica calmo!

Pegamos a documentação e fomos até a casa. Dessa vez trouxemos Pantera com a gente, como parte das provas. Minha mãe mostrou as fotos e as informações do veterinário. A mulher ainda se negava a nos entregar Fufi. Minha mãe ameaçou chamar a polícia. Aquilo tomou uma proporção que ela não esperava. Finalmente, minha mãe sugeriu:

— Tudo bem, eu te dou cem rands.

— Tá — aceitou a mulher.

Minha mãe entregou o dinheiro e ela trouxe Fufi para fora. O outro garoto, que achava que Fufi era Manchinha, teve que assistir à própria mãe vender a cachorra que ele achava que era dele. Agora era a vez dele de chorar.

— Manchinha! Não! Mãe, você não pode vender a Manchinha!

Eu nem ligava. Só queria Fufi de volta.

Quando Fufi viu Pantera, veio correndo para fora. As cachorras foram embora com a gente. Fui soluçando o caminho todo de volta para casa, ainda com o coração partido. Minha mãe não aguentava mais aquele chororô.

— Por que você está chorando?!

— Porque a Fufi ama outro garoto.

— E daí? Por que está magoado? Não te custou nada. A Fufi está aqui. Ela ainda te ama. Ela ainda é sua. Bola pra frente.

Fufi foi minha primeira desilusão amorosa. Nunca me senti tão traído. Foi uma lição valiosa para mim. O difícil foi entender que Fufi não estava me traindo com outro garoto. Ela simplesmente estava vivendo a vida ao máximo. Até eu descobrir que ela saía sozinha durante o dia, o outro relacionamento dela não me afetou em nada. Fufi não tinha nenhuma intenção maliciosa.

Eu acreditava que Fufi era *minha* cachorra, mas é claro que isso não era verdade. Fufi era uma cachorra. Eu era um garoto. Nós nos dávamos bem. Por acaso ela morava na minha casa. Essa experiência moldou a forma como encaro relacionamentos para o resto da minha vida. Você não é dono daquilo que ama. Tive sorte em aprender essa lição ainda muito jovem. Tenho muitos amigos que ainda hoje, já adultos, sofrem com o sentimento de traição. Eles costumam me procurar aos prantos, cheios de raiva, falando de como foram traídos e das mentiras que tiveram que suportar. Sinto muito por eles, entendo o que estão passando. Então me sento com eles, pago uma bebida e começo: "Meu amigo, vou te contar a história da Fufi".

* * *

Quando eu tinha vinte e quatro anos, um dia, do nada, minha mãe me disse:

— Você precisa ir ver o seu pai.

— Por quê? — perguntei. Àquela altura, eu não o via fazia mais de dez anos e achava que não o veria mais.

— Porque ele é parte de você — disse ela —, e, se você não o encontrar, não vai encontrar a si mesmo.

— Não preciso dele para isso — respondi. — Eu sei quem eu sou.

— A questão não é saber quem você é, mas ele saber quem você é e você saber quem ele é. Muitos homens crescem sem a presença do pai e passam a vida com a falsa impressão de quem é o pai deles e de como um pai deve ser. Você precisa encontrar o seu pai. Precisa mostrar a ele o que você se tornou. Você precisa terminar essa história.

* * *

8
ROBERT

Meu pai é um completo mistério. São tantas perguntas que tenho sobre a vida dele que até hoje não sei por onde começar.

Onde ele cresceu? Em algum lugar da Suíça.

Que universidade frequentou? Não sei se ele cursou uma universidade.

Como ele foi parar na África do Sul? Não faço a menor ideia.

Nunca conheci meus avós suíços. Não sei o nome deles ou qualquer informação a respeito. Só sei que meu pai tem uma irmã mais velha, mas não a conheci. Sei que ele trabalhou como chefe de cozinha em Montreal e Nova York por um tempo antes de se mudar para a África do Sul, na década de 70. Sei que trabalhou para uma empresa de serviços alimentares industriais e abriu alguns bares e restaurantes aqui e ali. Isso é tudo que sei.

Nunca chamei meu pai de "pai". Também nunca me referi a ele como "papai" ou algo do tipo. Não tinha como. Fui instruído a não fazê-lo. Se estivéssemos em algum lugar público ou em qualquer lugar onde alguém pudesse me escutar chamando-o de "pai", poderiam nos questionar ou chamar a polícia. Então, eu me lembro de chamá-lo sempre de Robert.

Embora eu não saiba nada sobre a vida do meu pai antes de mim, graças à minha mãe e ao pouco contato que tive com ele, tenho uma certa noção do tipo de pessoa que ele é. Ele é bem suíço: limpo, detalhista e preciso. É a única pessoa que conheço que se hospeda em um hotel e deixa o quarto mais limpo do que estava quando chegou. Não gosta de ninguém o servindo. Nada de empregados ou faxineiras. Ele mesmo cuida das suas coisas. Gosta do seu espaço. Vive no seu próprio mundinho e faz tudo por conta própria.

Eu sei que ele nunca se casou. Costumava dizer que a maioria das pessoas se casa porque quer controlar o outro, e ele nunca quis ser controlado. Sei que ele ama viajar, entreter e receber os amigos em casa. Ao mesmo tempo, a privacidade vale muito para ele. Você nunca vai encontrá-lo na lista telefônica, não importa onde esteja morando. Tenho certeza de que meus pais teriam sido presos na época em que estiveram juntos se ele não fosse assim tão reservado. Minha mãe era selvagem e impulsiva. Meu pai, contido e racional. Ela era fogo; ele, gelo. Eles eram opostos que se atraíam, e eu sou uma mistura dos dois.

Se tem uma coisa que eu sei sobre o meu pai é que ele odeia o racismo e a homogeneidade mais que qualquer coisa, e isso não vem de qualquer sentimento de superioridade moral ou falso moralismo. Ele simplesmente não entendia como os brancos conseguiam ser racistas na África do Sul. "A África está cheia de negros", ele costumava dizer. "Então, por que vir de tão longe até a África se você odeia os negros? Se odeia os negros tanto assim, por que foi se mudar para a casa deles?" Para ele, aquilo era insano.

Como o racismo nunca fez sentido para o meu pai, ele nunca obedeceu a nenhuma das leis do apartheid. No começo dos anos 80, antes de eu nascer, ele abriu um dos primeiros restaurantes integrados de Johannesburgo, uma churrascaria. Conseguiu uma licença especial que permitia que o negócio servisse negros e brancos. Essas licenças existiam porque hotéis e restaurantes precisavam servir viajantes e diplomatas negros de outros países, que, em teoria, não estavam sujeitos às mesmas restrições que os negros sul-africanos; negros sul-africanos endinheirados, por sua vez, exploravam essa brecha para frequentar tais hotéis e restaurantes.

O restaurante do meu pai foi sucesso instantâneo. Os negros frequentavam porque era um dos poucos estabelecimentos de classe em que podiam comer, e eles queriam sentar em um restaurante sofisticado para ter essa experiência. Os brancos frequentavam porque queriam ver como era sentar com os negros. Eles sentavam e observavam os negros comerem, e os negros sentavam e observavam os brancos os observando comerem. A curiosidade de estarem juntos era mais forte que o rancor que os mantinha separados. O lugar tinha uma energia legal.

O restaurante só fechou porque algumas pessoas do bairro se acharam no direito de reclamar. Eles assinaram petições, e o governo começou a buscar formas de encerrar o negócio do meu pai. De início, os fiscais vinham e tentavam enquadrá-lo por falta de higiene e violações às normas sanitárias. Era óbvio que eles não conheciam os suíços. Foi um total fracasso. Depois, decidiram persegui-lo impondo restrições adicionais arbitrárias.

— Já que você tem a licença, pode manter o restaurante aberto — diziam eles —, mas vai precisar de banheiros separados para cada categoria racial. Precisa de banheiros para brancos, negros, *coloured* e indianos.

— Mas assim não vai ter nada além de banheiros no restaurante.

— Se não quiser acatar as nossas condições, a outra opção é fazer do seu restaurante um lugar normal, que atenda apenas brancos.

Ele fechou o restaurante.

Depois do fim do apartheid, meu pai se mudou de Hillbrow para Yeoville, um bairro antes tranquilo e residencial que se transformou em um lugar vibrante, onde negros, brancos e todas as outras tonalidades conviviam. Os imigrantes vinham da Nigéria, de Gana e de todas as partes do continente, trazendo com eles diferentes tipos de comida e música. Rockey Street era a principal via do bairro, e suas calçadas viviam cheias de barraquinhas, além de restaurantes e bares. Era uma explosão cultural.

Meu pai morava a dois quarteirões da Rockey Street, na Yeo Street, bem ao lado de um parque incrível aonde eu adorava ir quando era garoto, porque crianças de todas as raças e de diferentes países corriam e brincavam ali. A casa do meu pai era simples. Decente, sem ser nada extravagante. Acredito que ele tivesse dinheiro suficiente para viver com conforto e viajar, mas preferia não gastar com luxo. Ele é extremamente econômico, o tipo de pessoa que usa o mesmo carro por vinte anos.

Meu pai e eu tínhamos um cronograma. Eu sempre o visitava aos domingos à tarde. Mesmo com o fim do apartheid, minha mãe já tinha tomado uma decisão: ela não queria se casar. Então, tínhamos nossa casa, e ele, a dele. Fiz um acordo com a minha mãe: se eu fosse com ela à igreja mista e à igreja dos brancos de manhã, podia pular a igreja dos negros e passar a tarde com meu pai, assistindo a corridas de Fórmula 1 em vez de exorcizar demônios.

Eu comemorava meu aniversário com meu pai todos os anos, e passávamos o Natal com ele também. Eu adorava passar o Natal com meu pai porque ele celebrava ao estilo europeu. O Natal europeu era o melhor de todos. Meu pai não media esforços. Havia luzes e uma árvore de Natal. Havia neve de mentira e globos de neve, meias penduradas na lareira e vários presentes embrulhados do Papai Noel. O Natal africano era bem mais prosaico. Íamos à igreja, voltávamos para casa, fazíamos uma bela ceia com um bom pedaço de carne e muita gelatina com creme de ovos. Nada de árvore de Natal. Até havia presentes, mas geralmente eram roupas, um traje novo. Quem sabe você podia ganhar um brinquedo, mas não vinha embrulhado em nada, e nunca era do Papai Noel. O Papai Noel é uma questão controversa quando se trata do Natal africano, pois envolve orgulho. Quando um pai africano compra um presente para o seu filho, a última coisa que ele vai querer é dar crédito a um cara gordo e branco. Um pai africano diria na sua cara: "Não, não, não. Quem comprou isso fui *eu*".

Fora aniversários e ocasiões especiais, tudo o que tínhamos eram as tardes de domingo. Ele cozinhava para mim. Perguntava o que eu queria, e eu sempre pedia a mesma coisa, um prato alemão chamado *rösti*, que basicamente é uma panqueca feita de batata e algum tipo de carne com molho. Eu comia isso com uma garrafa de Sprite e, de sobremesa, pudim com calda de caramelo em um potinho de plástico.

Passávamos boa parte dessas tardes em silêncio. Meu pai não falava muito. Ele era carinhoso e dedicado, atencioso aos detalhes, sempre me dava um cartão no meu aniversário, sempre tinha a minha comida favorita e brinquedos quando eu ia visitá-lo. Ao mesmo tempo, ele era um mistério. Falávamos sobre a comida que ele estava preparando, sobre a corrida de Fórmula 1 a que estávamos assistindo. De tempos em tempos, ele deixava escapar alguma informação sobre um lugar que tinha conhecido ou sobre sua churrascaria. Mas era só isso. Visitar meu pai era como assistir a uma série. Você conseguia alguns minutos de informação por vez, depois tinha que esperar uma semana para um pouco mais.

Eu tinha treze anos quando meu pai se mudou para a Cidade do Cabo, e acabamos perdendo contato. O distanciamento já estava ocorrendo, por vários outros motivos. Eu era um adolescente. Tinha muita coisa nova acontecendo na minha vida agora. Videogames e computadores tinham mais importância para mim que passar um tempo com meus pais. Além disso, minha mãe havia se casado com Abel. Ele ficava indignado com a ideia de minha mãe ter contato com seu amante anterior, então ela decidiu que seria mais seguro para todos os envolvidos não testar a fúria dele. Em vez de todos os domingos, passei a vê-lo em domingos intercalados, talvez uma vez por mês, sempre que minha mãe conseguia dar uma escapadinha, da mesma forma que ela fazia em Hillbrow. Trocamos as restrições do apartheid por outro tipo de tirania: a de um homem alcoólatra e abusivo.

Ao mesmo tempo, Yeoville começou a ser negligenciado com a saída dos brancos, passando por um declínio generalizado. A maioria dos amigos alemães do meu pai tinha se mudado para a Cidade do Cabo. Se já não conseguia nem ver o próprio filho, ele não tinha mais nenhuma razão para ficar, então foi embora. A partida dele não foi algo traumático, pois nunca me ocorreu que eu pudesse perder contato com meu pai e nunca mais vê-lo. Para mim, ele estava se mudando para a Cidade do Cabo por um tempo. Nada de mais.

Assim, ele se foi. Continuei ocupado com a minha vida, sobrevivendo ao ensino médio, sobrevivendo à vida adulta, me tornando um comediante. Minha carreira decolou rapidamente. Consegui um trabalho de DJ numa rádio e era o apresentador de um reality show de aventura para crianças na televisão. Eu era a atração principal em casas de shows por todo o país. Mas, mesmo com as coisas dando certo para mim, dúvidas sobre o meu pai não paravam de me perseguir, emergindo de tempos em tempos. *Onde será que ele está? Será que ele pensa em mim? Ele sabe o que estou fazendo? Será que tem orgulho de mim?* Quando um pai é ausente, a sensação de abandono é inevitável, então é fácil preencher o vazio com pensamentos negativos. *Ele não se importa. Ele é egoísta.* A minha sorte é que minha mãe nunca falou mal dele para mim. Ela sempre o elogiava. "Você sabe cuidar do seu dinheiro. Isso vem do seu pai." "Você tem o sorriso do seu pai." "Você é limpinho e organizado como o seu pai." Nunca tive um sentimento negativo com relação a ele, porque ela fez questão de que eu soubesse que a ausência dele era por conta das circunstâncias, e não por falta de amor. Minha mãe sempre me contava a história de quando ela voltou da maternidade e meu pai estava lá, à espera: "Onde está o meu filho? Eu quero essa criança na minha vida". Ela me dizia: "Nunca se esqueça, ele escolheu você". Sendo assim, quando completei vinte e quatro anos, foi minha mãe quem me forçou a ir atrás dele.

Por meu pai ser tão reservado, encontrá-lo não foi tarefa fácil. Não tínhamos o endereço. O nome dele não estava na lista telefônica. Comecei procurando alguns dos antigos amigos dele, alemães que moravam em Johannesburgo, uma mulher que costumava sair com um dos amigos dele que conhecia alguém que sabia o último lugar onde ele morou. Tudo isso não me levou a lugar nenhum. Finalmente, minha mãe sugeriu que eu fosse à embaixada da Suíça. "Eles devem saber onde ele está", disse ela, "porque ele precisa manter contato com eles."

Escrevi para a embaixada pedindo informações sobre o meu pai, mas, como o nome dele não está na minha certidão de nascimento, não tinha como provar que ele era o meu pai. A embaixada respondeu dizendo que não podia passar nenhuma informação, pois não sabia quem eu era. Tentei ligar lá, mas também não resultou em nada.

— O negócio é o seguinte — eles disseram —, não temos como ajudá-lo. Somos a embaixada da *Suíça*. Já ouviu falar da Suíça? Então, discrição é o nosso negócio. É isso que fazemos. Melhor sorte na próxima vez.

Continuei insistindo, até que finalmente:

— Tudo bem, vamos pegar a sua carta e, se encontrarmos alguém que se encaixe na sua descrição, talvez a entreguemos para ele. Se não encontrarmos ninguém, não há mais nada que possamos fazer. Vamos ver o que acontece.

Alguns meses depois, chegou uma carta pelo correio: "Que bom receber notícias suas. Como você está? Com amor, papai". Ele me passou o endereço dele na Cidade do Cabo, em um bairro chamado Camps Bay, e alguns meses depois fui visitá-lo.

Nunca vou me esquecer daquele dia. Provavelmente um dos dias mais estranhos da minha vida, me encontrar com alguém que eu conhecia, mas de quem, ao mesmo tempo, não sabia nada a respeito. Minhas lembranças dele pareciam distantes demais. Tentava lembrar como ele falava, como era a risada dele, como ele se comportava. Estacionei na rua e comecei a procurar o endereço. Camps

Bay está cheio de brancos de mais idade, quase aposentados; à medida que eu caminhava, esses senhores vinham na minha direção e passavam por mim. Meu pai já tinha quase setenta anos àquela altura, e eu estava morrendo de medo de não me lembrar da aparência dele. Olhava na cara de todo homem branco mais velho que passava por mim, como se dissesse: *Você é o meu pai?* Basicamente, parecia que eu estava caçando velhotes brancos pelo calçadão da praia em uma comunidade de aposentados. Então, finalmente cheguei ao endereço que ele me passou e toquei a campainha. Na hora em que ele abriu a porta, eu o reconheci. *Ah, é você*, pensei. *É claro que é você. Você é o cara. Eu conheço você.*

Continuamos nossa relação exatamente de onde havíamos parado da última vez que nos vimos, com ele me tratando exatamente da forma como me tratava quando eu tinha treze anos. Por ser uma criatura de hábitos, ele voltou a fazer o que fazia antes. "Muito bem! Onde foi que paramos mesmo? Aqui está, seus favoritos. *Rösti* de batata. Uma garrafa de Sprite. Pudim com caramelo." Sorte que meu paladar não tinha evoluído muito desde aquela época, então enchi o bucho sem perder tempo.

Enquanto eu comia, ele se levantou, pegou um livro, um álbum de fotografias gigante, e o trouxe para a mesa.

— Tenho acompanhado você na mídia — disse enquanto abria o álbum.

Era um livro de recortes com tudo o que eu tinha feito até então, cada menção ao meu nome no jornal, tudo, desde capas de revista até simples listas de comediantes em alguma casa de shows, do começo da minha carreira até aquela semana. O sorriso dele era tão grande enquanto me mostrava os recortes, lendo as manchetes:

— "Trevor Noah, este sábado no Blues Room." "Trevor Noah apresenta novo programa de TV."

Senti uma onda de emoções correndo pelo meu corpo. Tive que me segurar para não começar a chorar. Parecia que aquele vácuo de dez anos na minha vida tinha desaparecido em um instante, como se apenas um dia tivesse se passado desde a última vez que o vi. Por anos, eu tive muitas perguntas. Será que ele pensa em mim? Ele sabe o que estou fazendo? Tem orgulho de mim? Mas ele esteve comigo por todo esse tempo. Sempre teve orgulho de mim. As circunstâncias nos afastaram, mas ele nunca deixou de ser meu pai.

Saí da casa dele aquele dia um centímetro mais alto. Foi a reafirmação de que ele havia me escolhido. Ele escolheu me incluir na vida dele. Escolheu responder à minha carta. Eu era desejado. Ser escolhido é o maior presente que você pode dar a qualquer ser humano.

Ao nos reconectarmos, fui dominado pela vontade de compensar todos os anos que perdemos. Decidi que a melhor forma de fazer isso seria com uma entrevista. Logo percebi que aquilo seria um erro. Entrevistas trazem à tona fatos e informações, mas fatos e informações não eram exatamente do que eu precisava. O que eu queria era um relacionamento, e uma entrevista não era um relacionamento. Relacionamentos são construídos entre silêncios. Você passa um tempo com a pessoa, observando e interagindo com ela, e aos poucos passa a conhecê-la — e foi isso que o apartheid roubou de nós: tempo. Não há como recuperar o tempo com uma entrevista, mas precisei entender isso por conta própria.

Passei alguns dias com o meu pai e fiz daquela visita a minha missão: este fim de semana vou conhecer melhor o meu pai. Assim que cheguei, comecei a bombardeá-lo com perguntas:

— De onde você é? Qual escola frequentou? Por que você fez isso? Como fez aquilo?

Ele começou a ficar irritado.

— O que está acontecendo? — exclamou. — Por que você está me interrogando? Qual o problema?

— Eu quero te conhecer melhor.

— É assim que você normalmente fala com as pessoas? Fazendo um interrogatório?

— Na verdade, não.

— E o que você faz para conhecer alguém melhor?

— Sei lá. Acho que passo mais tempo com a pessoa.

— Muito bem. Então passe mais tempo comigo. Vamos ver o que você vai descobrir.

Passamos o fim de semana juntos. Jantamos e conversamos sobre política. Assistimos às corridas de Fórmula 1 e falamos de esportes. Ficamos sentados no quintal ouvindo discos antigos de Elvis Presley. Durante todo o tempo, ele não disse uma palavra sobre sua vida particular. Então, quando eu estava me preparando para partir, veio até mim e se sentou.

— E aí — disse ele —, depois de termos passado um tempo juntos, o que você diria que aprendeu sobre o seu pai?

— Nada. Tudo o que sei é que você é extremamente reservado.

— Viu só? Já me conhece como ninguém.

PARTE II

* * *

Quando os colonizadores holandeses desembarcaram no extremo sul da África, mais de trezentos anos atrás, encontraram uma população nativa conhecida como *khoisan*. Os *khoisan* são para a África do Sul o que os indígenas americanos são para os Estados Unidos, uma tribo perdida de bosquímanos, caçadores-coletores nômades, distintos dos povos mais escuros de origem bantu que mais tarde migrariam para o sul e se tornariam as tribos zulu, xhosa e sotho da África do Sul moderna. Durante o período colonial na Cidade do Cabo e nas fronteiras ao redor, os colonos brancos se deitavam com as mulheres *khoisan*, e assim nasceram os primeiros mestiços do país.

Para trabalhar nas fazendas da colônia, escravos eram trazidos de diferentes partes do império holandês, da África Ocidental, de Madagascar e das Índias Orientais. Os escravos e os *khoisan* casaram-se entre si, e os colonos brancos continuaram a tirar sua casquinha e a tomar liberdades com as locais; com o tempo, a população *khoisan* praticamente desapareceu da África do Sul. Embora muitos tenham morrido de doenças, fome e guerra, o restante da linhagem acabou deixando de existir, perdendo-se na mistura com descendentes de brancos e escravos, formando uma raça totalmente nova: os *coloured*. A população *coloured* é híbrida, uma miscelânea completa. Alguns são mais claros, outros, mais escuros. Uns têm características asiáticas, outros, feições mais brancas e até negras. Não é fora do comum que um homem e uma mulher *coloured* tenham um filho que não se pareça com nenhum dos dois.

A maldição que os *coloured* carregam é não ter uma origem claramente definida à qual recorrer. Se analisássemos a origem dessa linhagem, em determinado momento ela se dividiria em brancos, nativos e uma rede intrincada de "outros". Como a origem nativa já não existe mais, a afinidade mais forte sempre foi com a linhagem branca, os africânderes. A maioria dos *coloured* não fala as línguas africanas. Eles falam africâner. Sua religião, suas instituições, tudo aquilo que define sua cultura vem dos africânderes.

A história da população *coloured* na África do Sul é, desse ponto de vista, pior que a história da população negra. Apesar de todo o sofrimento, pelo menos os negros sabem quem são. Os *coloured*, não.

* * *

9
A AMOREIRA

No fim da nossa rua em Eden Park, bem na curva de entrada para a avenida, havia uma amoreira gigante crescendo no jardim da casa de alguém. Todos os anos ela dava frutos que as crianças do bairro colhiam, comendo o máximo possível e enchendo sacos para levar para casa. Todos brincavam juntos sob a árvore. Eu tinha que brincar sozinho. Não tinha amigos em Eden Park.

Eu era a anomalia onde quer que morasse. Em Hillbrow, morávamos na área dos brancos, e ninguém se parecia comigo. Em Soweto, morávamos na área dos negros, e ninguém se parecia comigo. Eden Park era uma área de *coloured*. Em Eden Park, *todos* se pareciam comigo, mas éramos totalmente diferentes. Aquilo tudo era um grande absurdo para mim.

A hostilidade que eu sentia vinda dos *coloured* durante a infância e adolescência foi uma das experiências mais difíceis que tive que enfrentar. Ela me ensinou que é mais fácil ser aceito por um grupo ao renegar sua origem. Se um branco escolhesse mergulhar na cultura hip-hop e andar apenas com negros, os negros diriam: "Tá certo, branquelo. Faça o que for preciso". Se um negro escolhesse esconder sua negritude para viver entre os brancos e jogar muito golfe, o branco diria: "Muito bem. Gosto do Brian. Ele pode ficar". Mas tente ser um negro que ingressa na cultura branca enquanto ainda vive na comunidade negra. Tente ser um branco que usa ornamentos da cultura negra enquanto ainda vive na comunidade branca. Você vai enfrentar mais ódio, gozação e repulsa do que pode imaginar. As pessoas estão dispostas a aceitar você se o enxergarem como um estranho que tenta assimilar o mundo delas. Mas, se você é visto como um membro da tribo que tenta repudiar seus costumes, isso é algo imperdoável. Foi o que aconteceu comigo em Eden Park.

Com o apartheid, a existência dos mestiços desafiava a fácil classificação, então o sistema os usou — brilhantemente — para semear confusão, ódio e desconfiança. Para os propósitos do Estado, os *coloured* passaram a ser quase brancos. Eram cidadãos de segunda classe, sem os direitos que os brancos tinham, mas com privilégios especiais que os negros não tinham, só para que continuassem sedentos por mais. Os africânderes costumavam chamá-los de *amperbass*: "quase chefes". Quase patrões. "*Quase* lá. Falta *pouco* agora. *Mais um pouco* e você será branco. Que pena que seu avô gostava tanto de chocolate, né? Mas a culpa não é sua, mestiço, então continue tentando. Se continuar trabalhando duro, pode apagar essa mancha na sua linhagem. Continue se casando com pessoas mais claras e brancas, mas nem chegue perto de chocolate, então, *quem sabe* um dia, se tiver sorte você volte a ser branco."

Parece ridículo, mas podia acontecer. Todos os anos, durante o apartheid, alguns *coloured* eram promovidos a brancos. Não era mito; era verdade. As pessoas podiam entrar com pedidos no governo. Seu cabelo podia se tornar liso o suficiente, sua pele talvez clara o bastante, seu sotaque, menos evidente... Assim, você podia ser reclassificado como branco. Tudo que precisava fazer era negar seu próprio povo, sua própria história, e deixar para trás os amigos e familiares de pele mais escura.

A definição em lei de uma pessoa branca, segundo o apartheid, era: "aquele cuja aparência é obviamente branca e que, em geral, não é visto como uma pessoa *coloured*; ou é visto, em geral, como uma pessoa branca, mas cuja aparência não é obviamente branca". Ou seja, era completamente arbitrário. Foi então que o governo veio com a ideia do teste do lápis. Se quisesse mudar seu status para branco, colocava-se um lápis no seu cabelo. Se ele caísse, você era branco. Se ficasse preso, era *coloured*. Você era aquilo que o governo determinasse. Muitas vezes essa decisão ficava a critério de um oficial de justiça qualquer, alguém que olhava para a sua cara e tomava uma decisão. Dependendo do ângulo das maçãs do seu rosto ou da largura do seu nariz, ele podia assinalar a opção que lhe conviesse, decidindo, assim, onde você teria permissão para morar, com quem poderia se casar, que tipo de emprego, direitos e privilégios poderia ter.

E não era apenas a brancos que os *coloured* eram promovidos. Em alguns casos, eles se tornavam indianos. Em outros, indianos se tornavam *coloured*. Às vezes, negros eram promovidos a *coloured*, bem como *coloured* eram rebaixados a negros. E, é claro, os brancos também podiam ser rebaixados a *coloured*. Aí morava o segredo. As linhagens miscigenadas estavam ali, escondidas, esperando uma oportunidade para aparecer, e o medo de perder seu status fazia os brancos se comportarem. Se dois pais brancos tivessem um filho e o governo decidisse que a criança era escura demais, mesmo se ambos apresentassem documentos que provassem que eram brancos, o filho poderia ser classificado como *coloured* e a família teria que tomar uma decisão. Desistir do status de branco e se tornar *coloured*, indo morar na área dos *coloured*? Ou se separar, a mãe indo morar no gueto com o filho *coloured* enquanto o pai continuava como branco para poder trabalhar e sustentar a família?

Muitos *coloured* viviam nesse limbo, um verdadeiro purgatório, sempre desejosos dos pais brancos que os repudiaram. Como resultado, acabavam sendo terrivelmente racistas uns com os outros.

O xingamento mais comum era *boesman*. "Bosquímano", "homem do mato." Isso porque evocava a negritude deles, sua primitividade. A pior forma de insultar um *coloured* era insinuando que, de alguma maneira, ele era negro. Um dos aspectos mais sinistros do apartheid foi o fato de terem ensinado aos *coloured* que os negros eram os culpados por eles não crescerem na vida. O apartheid afirmava que a única razão de os *coloured* não serem considerados cidadãos de primeira classe era que os negros poderiam usar a mestiçagem como desculpa para desfrutar dos benefícios de ser branco.

Foi isto que o apartheid fez: convenceu cada um dos grupos que era por causa da outra raça que eles não podiam entrar para o clubinho. Era basicamente o segurança na porta do bar dizendo: "Você não pode entrar porque o seu amigo Darren está usando sapatos horríveis". Então você olha para Darren e diz: "Vai se ferrar, Darren negro. Você está atrasando a minha vida". Aí, é a vez de Darren tentar entrar, e o segurança diz: "Na verdade, a culpa é do seu amigo Sizwe e o cabelo esquisito dele". E Darren diz: "Vai se ferrar, Sizwe". E agora todos se odeiam. Mas a verdade é que ninguém entraria no bar.

A situação para os *coloured* não era fácil. Imagine o seguinte: você sofreu lavagem cerebral e agora acredita que seu sangue está maculado. Passou a vida toda assimilando e aspirando à cultura branca. Então, quando acha que está quase na linha de chegada, um filho da mãe chamado Nelson Mandela vem e coloca o país de cabeça para baixo. E você tem que voltar para o ponto de partida, mas o ideal agora é ser negro. Os negros estão no comando. Ser negro é lindo. O negro é poderoso. Por séculos, os *coloured* ouviram: os negros são macacos. Não trepe nas árvores como eles. Aprenda a andar ereto como o homem branco. Mas, de repente, estamos no Planeta dos Macacos, e são eles que governam.

Dá para imaginar como foi estranho para mim? Eu era mestiço, não *coloured* — mestiço pela cor da minha pele, mas não culturalmente. Dessa forma, era visto como um *coloured* que não queria ser *coloured*.

Em Eden Park, eu me deparei com dois tipos de *coloured*. Alguns me odiavam por minha negritude. Meu cabelo era crespo, e eu tinha orgulho do meu penteado afro. Eu falava línguas africanas e adorava isso. As pessoas me escutavam falando xhosa ou zulu e diziam: "*Wat is jy? 'n Boesman?*" "O que é você, um bosquímano?" Por que está tentando ser negro? Por que está falando essa língua cheia de cliques? Olhe a sua pele clara. Falta pouco para você, mas assim vai perder a chance.

Outros me odiavam por minha brancura. Embora eu me identificasse como negro, meu pai era branco. Frequentei uma escola particular inglesa. Aprendi a conviver com os brancos na igreja. Falava inglês perfeitamente, mas era uma negação em africâner, o idioma que os *coloured* deveriam falar. Então, eles achavam que eu acreditava ser melhor que eles. Faziam gozação do meu sotaque, como se estivesse fazendo tipo: "*Dink jy, jy is grênd?*" "Tá se achando da alta sociedade?" — metidinho, como se diria.

Mesmo quando eu achava que gostavam de mim, descobria mais tarde que não. Houve um ano em que ganhei uma bicicleta novinha nas férias de verão. Meu primo Mlungisi e eu nos revezávamos para dar voltas no quarteirão. Estava pedalando quando uma linda garotinha *coloured* veio até o meio da rua e me parou. Ela sorriu e acenou para mim com doçura.

— Oi — disse ela —, posso andar na sua bicicleta?

Fiquei completamente em choque. Pensei: *Nossa, fiz uma amiga*.

— É claro — respondi.

Desci da bicicleta, ela montou e pedalou uns cinco ou dez metros. Um garoto mais velho apareceu do nada, ela parou e desceu da bicicleta, ele subiu e saiu pedalando. Eu estava tão feliz por uma garota ter falado comigo que demorou até a ficha cair e eu entender que eles tinham roubado a bicicleta. Voltei correndo para casa, sorrindo como um idiota. Meu primo perguntou onde estava a bicicleta. Contei o que tinha acontecido.

— Trevor, você foi roubado — exclamou ele. — Por que não foi atrás deles?

— Achei que eles estavam sendo legais comigo. Pensei que tinha feito uma amiga.

Mlungisi era mais velho, meu protetor. Ele saiu correndo atrás dos moleques. Depois de meia hora, voltou com a minha bicicleta.

Casos assim aconteciam sempre. Eu sofria bullying o tempo todo. O incidente da amoreira provavelmente foi o pior de todos. No fim da tarde, certo dia, eu estava brincando sozinho como sempre, correndo pelo bairro. Um grupo de cinco ou seis meninos *coloured* estava colhendo amoras da árvore e as comendo. Fui até eles e comecei a colher algumas para levar para casa. Os meninos eram um pouco mais velhos que eu, uns doze ou treze anos. Não falaram comigo nem eu falei com eles. Estavam conversando em africâner, e eu conseguia entendê-los. Então um deles, o líder do grupo, veio até mim: "*Mag ek jou moerbeie sien?*" "Posso ver suas amoras?" A primeira coisa que pensei, de novo, foi: *Que legal, fiz um amigo*. Estendi a mão e mostrei minhas amoras. Ele então derrubou o que eu tinha e esmagou as frutas no chão. As outras crianças começaram a rir. Fiquei ali, parado por um momento, olhando para ele. Àquela altura, já não era mais tão bobão. Já estava acostumado com as provocações. Dei de ombros e continuei a colher amoras.

Como não reagi da forma que ele esperava, o garoto começou a me xingar: "*Fok weg, jou onnosele Boesman!*" "Dá o fora daqui! Vá embora, seu nativo estúpido! Bosquímano!" Ignorei e continuei o que estava fazendo. Foi quando senti alguma coisa me atingindo na nuca. Ele me acertou com uma amora. Não doeu, mas me pegou de surpresa. Eu me virei para ele e *plat!*, ele me acertou outra vez, bem no meio da cara.

Então, em questão de segundos, antes que eu pudesse reagir, todas as crianças começaram a me atacar com as amoras, sem dó nem piedade. Algumas das frutas não estavam maduras, então machucavam como pedra. Tentei proteger o rosto com as mãos, mas o bombardeio vinha de todos os lados. Estavam rindo, atirando amoras e me xingando. "Seu moleque do mato! Bosquímano!"

Fiquei aterrorizado. Foi tudo tão de repente, não sabia o que fazer. Comecei a chorar e saí correndo. Corri o mais rápido que pude pela rua, de volta para casa.

Quando entrei, parecia que tinha sido espancado, pois berrava sem parar, todo vermelho e roxo do suco da amora. Minha mãe olhou para mim horrorizada.

— O que aconteceu?

Entre um soluço e outro, contei o que tinha acontecido:

— Os garotos... a amoreira... eles atiraram amoras em mim...

Quando terminei, ela caiu na risada.

— Não tem graça nenhuma! — exclamei.

— Não, Trevor — explicou ela. — Não estou rindo porque é engraçado. Estou rindo de alívio. Pensei que alguém tivesse te espancado. Pensei que estivesse coberto de sangue. Estou rindo porque é só suco de amora.

Minha mãe achava tudo engraçado. Nada era sombrio ou doloroso demais que não pudesse ser resolvido com um pouco de humor.

— Veja pelo lado positivo — disse ela, rindo e apontando para a parte em que eu estava coberto com o suco escuro da amora. — Agora você realmente é metade branco e metade negro.

— *Não tem graça nenhuma!*

— Trevor, está tudo bem com você — ela me consolou. — Vá se lavar. Você não está machucado. Só os seus sentimentos foram feridos. Mas você está bem.

Meia hora depois, Abel chegou. Naquela época, ele ainda era o namorado da minha mãe. Não estava tentando ser meu pai nem meu padrasto. Era mais como um irmão mais velho. Ele fazia gozação comigo, a gente se divertia. Eu não o conhecia tão bem, mas sabia que ele tinha um temperamento forte. Era charmoso quando queria ser, incrivelmente engraçado, mas igualmente truculento. Ele cresceu nas terras nativas, onde era preciso lutar para sobreviver. Abel também era alto, um metro e noventa, esbelto. Ainda não batia na minha mãe. Nem em mim. Mas eu sabia que ele era perigoso. Já tinha visto do que ele era capaz. Quando alguém nos cortava no trânsito, Abel gritava pela janela. O motorista do outro carro buzinava e gritava de volta. Do nada, ele saía do veículo, agarrava o homem pela janela, gritava na cara dele e mostrava o punho. O cara entrava em pânico: "Opa, opa, opa. Desculpa, desculpa".

Quando Abel entrou em casa naquela noite, sentou no sofá e percebeu que eu tinha chorado.

— O que aconteceu? — perguntou.

Comecei a explicar. Minha mãe me interrompeu:

— Não fala nada.

Ela sabia o que podia acontecer. Sabia melhor que eu.

— Não fala o quê? — perguntou ele, intrigado.

— Não é nada — respondeu ela.

— Como assim, nada? — exclamei.

Ela me fuzilou com os olhos.

— Fique quieto.

Abel começou a se irritar.

— O que foi? O que vocês estão escondendo de mim?

Ele tinha bebido. Abel nunca voltava para casa sóbrio, e isso o deixava com o humor ainda pior. Foi estranho, mas naquele momento entendi que, se eu dissesse a coisa certa, ele se meteria na história e tomaria algum tipo de satisfação. Éramos quase como uma família, e eu sabia que, se ele sentisse que a família dele tinha sido insultada, ajudaria a me vingar daqueles garotos. Eu sabia que ele tinha um demônio dentro dele e odiava isso; era aterrorizante perceber quanto ele podia ser violento e perigoso quando perdia a cabeça. Mas, naquele momento, eu sabia exatamente o que precisava dizer para que o monstro ficasse do meu lado.

Contei toda a história: os xingamentos, a forma como me atacaram. Minha mãe continuou fazendo graça, falando que eu tinha que superar o que aconteceu, que não era nada de mais, só um bando de moleques. Ela tentava acalmar a situação, mas não percebi nada disso. Estava com raiva dela.

— Você acha engraçado? Mas não foi nada engraçado! *Nada engraçado!*

Abel não estava rindo. Enquanto eu contava o que os valentões tinham feito, percebia a fúria crescendo dentro dele. Quando estava enraivecido, Abel não gritava nem tinha acessos de cólera, nada de punhos cerrados. Ele ficou ali, sentado no sofá, escutando a minha história, sem dizer uma palavra. Então, num movimento calmo e calculado, ele se levantou.

— Me leva até esses meninos — ordenou.

Isso, pensei, *é isso aí. Meu irmão mais velho vai se vingar por mim.*

Entramos no carro dele e subimos a rua, parando a algumas casas de distância da árvore. Já estava escuro, com exceção da luz que vinha dos postes, mas dava para ver os garotos ainda ali, brincando embaixo da árvore. Apontei para o líder do grupo.

— Foi aquele ali. Ele que começou tudo.

Abel acelerou o carro e subiu no gramado em direção à árvore. Ele saiu do carro. Eu saí do carro. Quando os meninos me viram, sabiam exatamente o que estava acontecendo. Saíram correndo feito baratas.

Abel era rápido. Deus do céu, como era rápido. O líder saiu em disparada e tentou escalar um muro. Abel o agarrou, puxou-o de volta e o arrastou até a árvore. Então pegou um galho mais fino e começou a dar uma surra no menino. Ele deu o *maior couro*, eu estava vibrando por dentro. Nunca tinha curtido tanto um momento. A vingança sem dúvida é doce. Você descobre que existe um lugarzinho sombrio dentro de você, que sacia a sua sede como nenhuma outra coisa.

Foi então que tudo mudou. Percebi o terror nos olhos do garoto e entendi que Abel não estava mais tirando satisfação por mim. Não estava mais dando uma lição no menino. Estava espancando o garoto. Era um adulto descarregando toda a sua raiva em uma criança de doze anos. Em um instante, fui de *Sim, vingança!* para *Não, não, não. Já chega. Já chega. Ai, merda. Merda. Merda. Meu Deus, o que foi que eu fiz?*

Depois da surra violenta, Abel o arrastou até o carro e o colocou na minha frente:

— Pede desculpa.

O menino estava tremendo, soluçando. Ele me olhou nos olhos, eu nunca tinha visto medo nos olhos de ninguém como vi nos dele. Tinha sido espancado por um estranho como nunca tinha apanhado antes. Ele se desculpou, mas foi como se a desculpa não fosse pelo que ele fez comigo. Foi como se estivesse se desculpando por tudo que já tivesse feito de errado na vida, pois não sabia que punições como aquela existiam.

Ao olhar nos olhos daquele garoto, percebi quanto tínhamos em comum. Ele era só uma criança. Eu era só uma criança. Ele estava chorando. Eu estava chorando. Ele era um garoto mestiço na África do Sul que aprendeu a odiar os outros e a si mesmo. Quem o tinha intimidado tanto a ponto de precisar me intimidar? Ele me causou medo, e, para me vingar, fiz com que ele experimentasse um pouco do meu próprio inferno. Mas eu sabia que tinha feito algo terrível.

Depois das desculpas, Abel empurrou o garoto e deu um chute nele:

— Vai embora.

Ele saiu correndo, e nós voltamos em silêncio. Em casa, Abel e minha mãe tiveram uma briga horrível. Ela sempre reclamava do temperamento explosivo dele:

— Você não pode sair por aí batendo no filho dos outros! Você não é da polícia! Essa raiva toda, não dá pra viver assim!

Algumas horas depois, o pai do menino veio até nossa casa confrontar Abel. Ele foi até o portão, e eu assisti toda a cena de dentro. Àquela altura, Abel estava realmente bêbado. O pai do garoto não tinha ideia de onde estava se metendo. Era um homem calmo de meia-idade. Não lembro muito bem dele, porque fiquei observando Abel o tempo todo. Não tirei os olhos dele nem por um segundo, pois sabia que era ali que morava o perigo.

Abel ainda não tinha uma arma; ele comprou uma mais tarde. Mas não precisava de uma arma para aterrorizar ninguém. Observei quando ele ficou cara a cara com o homem. Não conseguia escutar o que o outro estava falando, mas escutei o que Abel disse:

— Não se mete comigo. Ou eu te mato.

O cara voltou rapidinho para o carro e foi embora. Ele achou que defenderia a honra de sua família. Sorte a dele ter escapado com vida.

* * *

Conforme eu crescia, minha mãe se dedicava a tentar me ensinar sobre as mulheres. Ela sempre me dava lições de moral, contava casos, dava conselhos. Os ensinamentos não foram passados de uma vez só, numa grande conversa sobre relacionamentos. Eram mais como pequenos lampejos de informação. E eu não entendia a razão disso, porque era criança. As únicas mulheres na minha vida eram minha mãe, minha avó, minha tia e minha prima. Não tinha nenhum tipo de atração por ninguém, mas minha mãe insistia. Ela falava sobre qualquer assunto.

"Trevor, lembre-se de que o valor de um homem não se define pelo dinheiro que ele tem. Você pode ser o homem da casa e ganhar menos que a mulher. Ser um homem não depende do que você tem, mas de quem você é. Para ser um homem, a sua mulher não precisa ser inferior a você."

"Trevor, a mulher que você escolher deve ser a mulher da sua vida. Não seja um desses homens que colocam a esposa em competição com a mãe. Um homem casado não pode depender da mãe."

O mais irrelevante dos atos podia despertar nela a necessidade de passar um ensinamento. Eu podia estar andando pela casa, a caminho do quarto, e dizer "Oi, mãe", sem olhar para ela. Ela diria: "Não, Trevor! Olhe para a sua mãe. Reconheça que estou aqui. Mostre que eu existo para você, pois a forma como você me trata é a forma como vai tratar a sua mulher. As mulheres gostam de ser notadas. Você precisa me ver e deixar claro para mim que está me vendo. Não venha falar comigo só quando precisa de alguma coisa".

O engraçado é que os ensinamentos eram sempre sobre relacionamentos de adultos. Ela estava tão preocupada em me ensinar a ser um homem que nunca me ensinou a ser um menino. Como falar com as meninas ou passar bilhetinhos durante a aula — esse tipo de conselho ela não dava. Só me falava das coisas de adultos. Chegava até a me dar sermão sobre sexo. Como eu era só uma criança, as conversas eram muito desconfortáveis.

"Trevor, não se esqueça: você faz sexo com a mente da mulher antes mesmo de chegar à vagina."

"Trevor, as preliminares começam ao longo do dia, não na cama."

A minha reação era: "Quê? Preliminares? O que é isso?"

* * *

10

A LONGA, EMBARAÇOSA, OCASIONALMENTE TRÁGICA E FREQUENTEMENTE HUMILHANTE EDUCAÇÃO AMOROSA DE UM JOVEM, PARTE 1: DIA DOS NAMORADOS

Era meu primeiro ano na Escola de Ensino Fundamental H. A. Jack, para onde fui transferido depois de sair da Maryvale. O Dia dos Namorados se aproximava rapidamente. Eu tinha doze anos e nunca havia celebrado o Dia dos Namorados. Não comemorávamos a data na escola católica. Mas eu entendia o conceito. Um bebê nu atirava uma flecha e você se apaixonava. Essa parte eu entendia. Porém aquela era minha primeira vez participando das comemorações. Na H. A. Jack, o Dia dos Namorados era usado para arrecadar fundos. Os alunos vendiam flores e cartões, e tive que perguntar a uma amiga o que estava acontecendo.

— O que é isso? — perguntei. — O que estamos fazendo?

— Ah, o de sempre — disse ela. — É Dia dos Namorados. Você escolhe alguém especial e diz que a ama, e a outra pessoa te ama em troca.

Uau, pensei, *parece intenso*. Mas eu não tinha sido flechado pelo Cupido e não conhecia ninguém que tivesse sido e, por causa disso, gostasse de mim. Não fazia ideia do que estava acontecendo. A semana inteira, as meninas da escola ficavam perguntando: "Quem é sua namorada? Quem é sua namorada?" Eu não sabia o que esperavam de mim. Finalmente, uma das meninas, uma branca, disse:

— Você devia pedir a Maylene em namoro.

As outras concordaram:

— Sim, a Maylene. Com certeza a Maylene. Você tem que pedir a Maylene em namoro. Vocês são *perfeitos* juntos.

Maylene era a garota que eu costumava acompanhar no caminho de volta para casa. Morávamos na cidade agora: eu, minha mãe, Abel, que agora era meu padrasto, e meu irmãozinho Andrew. Tínhamos vendido a casa em Eden Park para investir na nova oficina mecânica do Abel. Mas isso acabou não dando certo, e tivemos que nos mudar para um bairro chamado Highlands North, uma caminhada de trinta minutos até a escola. Um grupo de alunos saía junto da escola todas as tardes, cada um seguindo seu caminho à medida que passávamos pela casa de alguém. Maylene e eu éramos os que moravam mais longe, então sempre ficávamos por último. Andávamos juntos até onde dava, depois ia cada um para o seu canto.

Ela era legal. Era boa no tênis, esperta e bonita. Eu gostava dela. Mas não tinha uma queda por ela; ainda nem pensava nas meninas dessa forma. Só gostava de passar um tempo com ela. Maylene também era a única menina *coloured* da escola. E eu era o único menino mestiço. Éramos as duas únicas crianças que se pareciam. As meninas brancas insistiram que eu pedisse Maylene em namoro. Elas diziam: "Trevor, você *tem* que falar com ela. *Só* tem vocês *dois* de mestiços. A *responsabilidade* é sua". Era como se nossa espécie fosse entrar em extinção se não cruzássemos para dar continuidade à linhagem. A vida me ensinou que isso era algo que os brancos faziam sem se dar conta. "Vocês são parecidos, portanto temos que dar um jeito de vocês fazerem sexo."

Para ser honesto, eu não tinha pensado em pedir Maylene em namoro, mas, quando as meninas tocaram no assunto, a ideia ficou plantada na minha cabeça e aquilo mudou a minha percepção das coisas.

— Certeza que a Maylene gosta de você.
— Sério?
— Óbvio! Vocês formam um casal lindo!
— *Formamos?*
— É claro.
— Tá bom, então. Se vocês estão dizendo...

Acho que eu gostava da Maylene da mesma forma que gostava de qualquer outra pessoa. Talvez gostasse mais da ideia de alguém gostar de mim. Decidi que a pediria em namoro, mas não fazia ideia de como. Não tinha a menor ideia do que significava ter uma namorada. Precisei que me ensinassem toda a burocracia do amor da escola. Tinha aquele lance de você não falar direto com a pessoa. Você tem o seu grupo de amigos e ela tem o dela; o seu grupo precisa falar com o dela:

— Então, o Trevor gosta da Maylene. Ele quer pedi-la em namoro. Somos a favor. Estamos prontos para fechar negócio com a sua aprovação.

As amigas dela diriam:

— Tudo bem. Parece que está tudo em ordem. Mas temos que perguntar para a Maylene.

Elas iam até ela. Conversavam. Transmitiam a opinião do grupo:

— O Trevor disse que gosta de você. Nós aprovamos. Achamos que vocês formam um belo casal. O que você acha?

Maylene responderia:

— Eu gosto do Trevor.

Elas exclamariam:

— Tá bom. Então, vamos em frente.

E voltariam a falar conosco:

— A Maylene disse que está de acordo e espera que o Trevor dê o próximo passo no Dia dos Namorados.

As garotas me explicaram que esse era o processo que precisava acontecer. Eu disse:

— Legal. Vamos nessa.

As amigas organizaram tudo, Maylene concordou, estava tudo arranjado.

Na semana antes do Dia dos Namorados, Maylene e eu caminhávamos juntos para casa, e eu tentava encontrar coragem para falar com ela. Estava tão nervoso. Nunca tinha feito nada parecido. Eu já sabia a resposta; as amigas dela já tinham me dito que seria sim. Era como estar no Congresso. Você sabe que tem os votos antes de pedir a palavra, mas ainda é difícil, pois qualquer coisa pode acontecer. Eu não sabia como agir, só sabia que tinha que ser perfeito, então esperei até chegarmos ao McDonald's. Juntei toda a minha coragem e olhei para ela:

— Então, o Dia dos Namorados tá chegando e eu estava pensando: quer ser minha namorada?

— Sim. Eu quero ser sua namorada.

E assim, embaixo dos arcos dourados, nós nos beijamos. Foi a primeira vez que beijei uma garota. Foi apenas um estalinho, nossos lábios se tocaram por alguns segundos, mas senti uma explosão de sensações na minha cabeça. *Sim! É isso. Não sei o que é isso, mas tô gostando.* Alguma coisa despertou dentro de mim. E foi bem ali, na frente do McDonald's, então foi ainda mais especial.

Agora eu estava empolgado de verdade. Eu tinha uma namorada. Passei a semana inteira pensando em Maylene, na expectativa de tornar o Dia dos Namorados dela inesquecível. Economizei minha mesada e comprei flores, um ursinho de pelúcia e um cartão. Escrevi um poema com o nome dela no cartão, o que foi bem difícil, porque não tinha muitas palavras boas que rimassem com Maylene. (Sirene? Higiene? Querosene?) Então chegou o grande dia. Peguei o cartão do Dia dos Namorados, as flores e o ursinho de pelúcia, deixei tudo pronto e fui para a escola. Eu era o garoto mais feliz da face da Terra.

Os professores tinham reservado um período antes do recreio para que todos trocassem presentes. Havia um corredor perto das salas de aula onde eu sabia que Maylene estaria, então esperei por ela ali. O amor estava em toda parte. Meninos e meninas trocando cartões e presentes, gargalhando, dando risadinhas e roubando beijinhos. Esperei e esperei. Finalmente, Maylene veio caminhando na minha direção. Eu estava prestes a dizer "Feliz Dia dos Namorados!" quando ela me interrompeu:

— Oi, Trevor. Olha só, não posso mais ser sua namorada. O Lorenzo me pediu em namoro, e não posso ter dois namorados, então agora eu sou namorada dele, não sua.

Ela disse isso com tamanha naturalidade que não tive ideia de como processar a informação. Era a primeira vez que eu tinha uma namorada e de início pensei: *Ah, vai ver é assim mesmo que funciona.*

— Tá bom — respondi. — Então... feliz Dia dos Namorados.

Entreguei o cartão, as flores e o ursinho de pelúcia. Ela pegou os presentes, agradeceu e foi embora.

Senti como se tivessem atirado em mim e meu corpo estivesse coberto de buracos. Ao mesmo tempo, parte de mim justificava aquilo: *Até que faz sentido.* Lorenzo era tudo que eu não era. Ele era popular. Ele era *branco*. Ele alteraria o equilíbrio de tudo ao pedir a única menina *coloured* da escola em namoro. As garotas eram apaixonadas por ele, mesmo sendo burro como uma porta. Um cara legal, mas que fazia o tipo mau. As meninas faziam a lição de casa dele; era esse tipo de garoto. Também era bonitão. Era como se, ao criar seu personagem, ele tivesse trocado todos os pontos de inteligência por pontos de beleza. Eu não tinha a menor chance.

Por mais arrasado que estivesse, entendi por que Maylene tomou aquela decisão. Eu também escolheria Lorenzo em vez de mim. Todas as outras crianças estavam correndo para cima e para baixo no corredor, saindo para o parquinho, rindo e sorrindo com seus cartões vermelhos e rosa e suas flores, já eu voltei para a sala de aula e me sentei sozinho para esperar o sinal tocar.

* * *

Assim como comprar comida, colocar gasolina no carro era um gasto que não tínhamos como evitar, mas minha mãe conseguia tirar mais quilômetros de um tanque de gasolina que qualquer outro ser humano que já rodou por uma estrada na história dos automóveis. Ela conhecia todos os truques. Enquanto dirigíamos por Johannesburgo em nosso Fusquinha enferrujado, sempre que parávamos em um semáforo ela desligava o carro. Quando os outros veículos voltavam a se mover, ela dava partida novamente. Sabe aquela tecnologia que usam hoje em dia em carros híbridos? Então, era isso que minha mãe fazia. Ela era um carro híbrido antes mesmo de os carros híbridos existirem. Sabia usar o ponto morto como ninguém. Conhecia todas as ladeiras entre o trabalho e a escola, entre a escola e nossa casa. Sabia exatamente onde a descida começava para colocar o carro em ponto morto. Conseguia sincronizar nossa descida com os semáforos para passar pelos cruzamentos sem ter que usar o freio nem perder o impulso.

Em algumas ocasiões, o trânsito ficava tão intenso, e tínhamos tão pouco dinheiro para gasolina, que eu tinha que empurrar o carro. Se ficássemos presos no engarrafamento, minha mãe desligava o carro, e era tarefa minha sair para empurrá-lo uns quinze centímetros por vez. As pessoas que passavam ofereciam ajuda:

— O carro quebrou?
— Não, tá tudo bem.
— Tem certeza?
— Tenho.
— Querem uma ajuda?
— Não.
— Precisa de um guincho?

O que dizer em uma situação como essa? A verdade? "Obrigado, mas somos tão pobres que minha mãe obriga o filho dela a empurrar o carro."

Essa foi uma das situações mais embaraçosas que enfrentei na vida, ter que empurrar o carro para a escola como nos Flintstones. Pois outros alunos passavam por aquela mesma avenida a caminho da escola. Eu tirava o blazer, para que ninguém soubesse em qual escola estudava, e escondia a cabeça entre os braços enquanto empurrava o carro, na esperança de que ninguém me reconhecesse.

* * *

11
UM ESTRANHO NO NINHO

Ao terminar o ensino fundamental na H. A. Jack, fui para a Escola de Ensino Médio Sandringham. Mesmo depois do apartheid, a maioria dos negros ainda vivia nas favelas e nas áreas antes chamadas de terras nativas, onde as únicas escolas públicas disponíveis ofereciam um ensino que ainda guardava vestígios do sistema bantu. As crianças brancas ricas — bem como as poucas negras, *coloured* e indianas que tinham dinheiro ou conseguiam bolsa de estudos — frequentavam as escolas particulares, que eram extremamente caras, mas praticamente garantiam a entrada em uma universidade. Sandringham era o que chamavam de escola modelo C, o que significava que era um misto de escola pública com particular, uma espécie de escola autônoma. O lugar era imenso, com milhares de alunos espalhados pelo pátio, que tinha quadra de tênis, campo esportivo e uma piscina.

Por ser uma escola modelo C, e não uma escola pública, Sandringham atraía crianças de todas as partes, formando um microcosmo quase perfeito do que era a África do Sul pós-apartheid — um exemplo primoroso do potencial que o país tinha. Havia crianças brancas ricas, várias de classe média e algumas da classe operária. Havia crianças negras de famílias que tinham acabado de enriquecer, da classe média e das favelas. Havia crianças mestiças e crianças indianas, e até algumas chinesas. Considerando que o apartheid tinha recém-terminado, a escola até que estava bem integrada. Na H. A. Jack, as raças se separavam por blocos. Sandringham era mais colorida.

As escolas sul-africanas não têm refeitório. Em Sandringham, tínhamos que comprar nosso lanche no que chamávamos de *tuck shop*, uma pequena cantina, e depois podíamos sentar em qualquer lugar da escola para comer — na quadra, no pátio, no parquinho, em qualquer lugar. Os alunos se dividiam e formavam suas panelinhas e grupos. As pessoas ainda se juntavam de acordo com a cor na maioria dos casos, mas já dava para perceber que todos se misturavam e se integravam. Aqueles que jogavam futebol eram, na maioria, negros. Os que jogavam tênis eram, na maioria, brancos. Os que jogavam críquete eram uma mistura. Os chineses ficavam perto das salas de aula pré-fabricadas. Os *matrics*, como eram chamados os alunos do último ano do ensino médio na África do Sul, ficavam na quadra. As garotas bonitas e populares ficavam por aqui e os nerds ficavam por ali. De certo modo, os grupinhos tinham algum perfil racial, já que a raça coincidia com a classe social e a localização geográfica no mundo real. As crianças dos bairros ricos formavam um grupinho. As crianças das favelas formavam outro.

Na hora do recreio, como eu era o único mestiço, enfrentei o mesmo problema que tive no pátio da minha escola anterior: onde eu me encaixava? Mesmo com tantos grupos para escolher, eu não era um elemento natural em nenhum deles. Era óbvio que eu não era indiano nem chinês. As crianças *coloured* me humilhavam o tempo todo por ser negro demais. Então, ali eu não era aceito. Como sempre, eu me dava bem o suficiente com as crianças brancas para evitar bullying, mas elas costumavam frequentar o shopping center, ir ao cinema, fazer viagens... atividades que exigiam dinheiro. Não tínhamos dinheiro, então eu também não me enquadrava. O grupo com o qual eu tinha mais afinidade era o dos negros pobres. Era com eles que eu me dava bem, mas a maioria vinha de longe, das favelas de Soweto, Tembisa e Alexandra, e, para vir à escola, pegavam as vans. Vinham juntos como amigos e voltavam para casa como amigos. Tinham seus próprios grupos. Nos fins de semana e férias escolares, passavam o tempo juntos, e eu não tinha como visitá-los. Soweto ficava a quarenta minutos de carro da minha casa. Não tínhamos dinheiro para a gasolina. Depois da escola, eu ficava sozinho. Nos fins de semana, ficava sozinho. Por ser o excluído, criei meu próprio mundinho bizarro. Fiz isso por necessidade. Precisava encontrar um jeito de me encaixar. Também precisava de dinheiro, uma forma de comprar os mesmos lanches e fazer aquilo que as outras crianças estavam fazendo. Foi assim que me tornei o cara da cantina.

Graças às minhas longas caminhadas até a escola, eu sempre chegava atrasado. Tinha que parar na sala do monitor para colocar meu nome na lista de detenção. Eu era o santo padroeiro da detenção. Já atrasado, corria para assistir às aulas da manhã — matemática, inglês, biologia, enfim. O último período antes do recreio era a reunião da escola. Os alunos se reuniam no auditório, cada ano se sentava em uma fileira, e os professores e monitores subiam no palco para falar sobre o que estava acontecendo na escola — anúncios, premiações, esse tipo de coisa. O nome dos alunos em detenção era anunciado em cada reunião, e o meu sempre estava na lista. Sempre. Todos os dias. Aquilo já tinha virado piada. O monitor dizia "As detenções de hoje são...", e eu me levantava automaticamente. Era como se fosse a premiação do Oscar e eu fosse a Meryl Streep. Houve apenas uma ocasião em que me levantei, mas meu nome não estava entre as cinco pessoas em detenção. Todos caíram na gargalhada. Alguém gritou:

— Mas e o Trevor?!

O monitor checou a lista e balançou a cabeça. O auditório inteiro começou a gritar e a aplaudir.

— Uhuuu!!!

Em seguida, logo depois da reunião, era uma corrida para ver quem chegava primeiro à cantina, porque a fila para comprar comida era enorme. Cada minuto na fila era mais um minuto perdido do intervalo. Quem conseguisse sua comida rapidinho teria mais tempo para comer, jogar futebol ou só ficar à toa por ali. Além disso, se você ficasse para o fim, as melhores opções acabavam.

Naquela idade, eu tinha duas características importantes. Uma: ainda era o garoto mais rápido da escola. A outra: não tinha orgulho. Assim que éramos dispensados da reunião, eu corria como um louco para a cantina para ser o primeiro a chegar. *Sempre* era o primeiro da fila. Ganhei fama por isso, a ponto de as pessoas me procurarem na fila para pedir favores. "Oi, você pode comprar uma coisinha pra mim?" Isso deixava os outros atrás de mim com raiva, afinal aquilo era basicamente um jeito de furar a fila. Então, começaram a me procurar durante a reunião da escola. Diziam: "Eu tenho dez rands. Se você comprar a minha comida, te dou dois". Foi aí que aprendi a lição: tempo é dinheiro. Entendi que as pessoas estavam dispostas a me pagar para comprar comida para elas, já que eu não me importava de correr. Comecei, então, a fazer anúncios na reunião: "Façam seus pedidos. É só me passar uma lista do que você quer. Por uma pequena taxa, eu compro a comida para você".

Foi sucesso da noite para o dia. Os gordinhos eram meus principais clientes. Eles adoravam comer, mas não conseguiam correr. Eram riquinhos brancos com o seguinte raciocínio: "Que demais! Meus pais me mimam, eu tenho dinheiro, agora tenho um jeito de conseguir minha comida sem precisar me esforçar por ela — e ainda não perco o meu recreio". Eram tantos clientes que eu tinha que recusar alguns. A regra era a seguinte: eu aceitava cinco pedidos por dia, só as melhores ofertas. Tinha tanto lucro que passei a comprar meu lanche com o dinheiro dos outros alunos e guardava o que minha mãe me dava. Assim, conseguia pegar o ônibus para voltar para casa, em vez de andar, ou economizar para o que quer que eu precisasse. Todos os dias recebia os pedidos, a reunião terminava e eu corria como um louco para comprar cachorro-quente, Coca-Cola e bolinhos. Se me pagassem um extra, era só me dizer onde e eu fazia a entrega.

Encontrei o meu nicho. Como não me encaixava em nenhum lugar, aprendi a navegar de um grupo a outro com perfeição. Eu flutuava. Era como um camaleão, um camaleão cultural. Sabia como me entrosar com as pessoas. Praticava esportes com os atléticos. Falava nerdices com os nerds. Entrava nas rodas e dançava com a turma das favelas. Estava sempre me misturando com todos, fosse trabalhando, conversando, contando piadas ou fazendo entregas.

Eu era um tipo de traficante, mas de comida. O cara da maconha é sempre bem-vindo nas festas. Ele não faz parte do círculo de amigos, mas é temporariamente convidado por causa do que oferece. Esse era eu. Sempre o estranho no ninho. Por ser o excluído, eu podia me recolher à minha concha, permanecer anônimo, invisível. Ou seguir pelo caminho oposto. Você se protege ao se abrir para as pessoas. Não precisa pedir para ser aceito por tudo que você é, só por aquela pequena parte sua que está disposto a compartilhar. No meu caso, essa parte era o humor. Aprendi que, embora não pertencesse a um grupo, eu podia ser parte de qualquer grupo que desse risada. Eu chegava, entregava o lanche e contava umas piadas. Fazia umas graças. Conversava um pouco, aprendia mais sobre aquele grupinho e ia embora. Nunca ficava mais tempo do que o necessário. Eu não era popular, mas também não era um excluído. Estava em todas as partes com todos e, ao mesmo tempo, estava sozinho.

* * *

Não me arrependo de nada que fiz na vida, de nenhuma das minhas escolhas. Mas aquilo que não fiz, as escolhas que deixei para trás, as palavras que não foram ditas, isso me corrói por dentro. Passamos tanto tempo com medo do fracasso, com medo da rejeição. Mas o arrependimento deveria ser o maior dos temores. Fracasso é uma resposta. Rejeição é uma resposta. O arrependimento é uma eterna pergunta, impossível de ser respondida. "E se..." "Se pelo menos..." "Fico imaginando..." Você nunca terá uma resposta, e isso vai te assombrar pelo resto dos seus dias.

* * *

12

A LONGA, EMBARAÇOSA, OCASIONALMENTE TRÁGICA E FREQUENTEMENTE HUMILHANTE EDUCAÇÃO AMOROSA DE UM JOVEM, PARTE 2: O CRUSH

No ensino médio, as garotas não prestavam muita atenção em mim. Eu não era o bonitão da classe. Nem mesmo o fofinho da classe. Era o feioso. A puberdade não foi gentil comigo. Eu tinha tanta espinha que as pessoas costumavam perguntar qual era o meu problema, como se eu tivesse alguma forma de alergia. Era o tipo de acne considerado um problema médico. *Acne vulgaris*, era assim que o médico chamava. Não estou falando de qualquer espinha, mas de pústulas — espinhas e cravos enormes, cheios de pus. Elas começaram pela testa e desceram pelas laterais do rosto, cobrindo minhas bochechas, pescoço e se espalhando por toda parte.

A pobreza não ajudava. Além de não ter como pagar um corte de cabelo decente (eu tinha um penteado afro rebelde e gigante), minha mãe costumava ficar brava por eu crescer muito rápido e meus uniformes não servirem mais, então para economizar ela passou a comprar uniformes três números maiores. O blazer ficava comprido demais, as calças não tinham caimento e os sapatos saíam dos pés. Eu parecia um palhaço. E, naturalmente, como dita a lei de Murphy, o ano em que minha mãe começou a comprar roupas maiores que meu tamanho foi o ano em que parei de crescer. Sendo assim, eu nunca mais cresceria o bastante para caber nas minhas roupas de palhaço, então só me restava assumir o papel. A única coisa a meu favor era o fato de ser alto, e mesmo assim eu era desengonçado e esquisitão. Pés de pato. Bunda empinada. Nada funcionava.

Depois que Maylene e o charmoso Lorenzo partiram meu coração no Dia dos Namorados, aprendi uma lição valiosa sobre encontros. Entendi que os caras populares ficam com as garotas, e os engraçados saem com os populares e suas garotas. Eu não era popular, portanto não tinha garotas. Entendi rapidinho essa fórmula e sabia qual era o meu lugar. Eu não convidava garotas para sair comigo. Não tinha namorada. Nem tentei ter uma.

Se eu tentasse arranjar uma namorada, isso perturbaria a ordem natural das coisas. Parte do meu sucesso como o cara da cantina se devia ao fato de ser bem-vindo em todos os lugares, e eu só era bem-vindo porque não era ninguém. Era o palhaço cheio de espinha na cara, com pés de pato e sapatos folgados. Não era uma ameaça aos garotos. Não era uma ameaça às garotas. Na hora em que eu me tornasse alguém, arriscaria não ser mais bem-vindo. As garotas bonitas já tinham sido escolhidas. Os populares já tinham marcado território. Eles diziam: "Eu gosto da Zuleika", e você sabia que, se tentasse algo com a Zuleika, era briga. Para sobreviver, o mais inteligente a fazer era se manter à margem, longe de encrenca.

Em Sandringham, a única maneira de as garotas olharem para mim era quando queriam que eu passasse um bilhetinho para o bonitão da classe. Mas tinha uma garota que eu conhecia que se chamava Johanna. Johanna e eu estudamos na mesma escola, de maneira intermitente, a vida toda. Fizemos a pré-escola juntos em

Maryvale. Então ela mudou de escola. Depois, fizemos o ensino fundamental juntos na H. A. Jack. Então ela mudou de escola. Finalmente, estávamos mais uma vez juntos em Sandringham. Por causa disso, ficamos amigos.

Johanna era uma das garotas populares. A melhor amiga dela se chamava Zaheera. Johanna era bonita. Zaheera era deslumbrante, mestiça, da linhagem malaia do cabo. Ela se parecia com a Salma Hayek. Johanna já saía e beijava os meninos, então todos estavam caidinhos por ela. Zaheera, por mais linda que fosse, era extremamente tímida, por isso não havia muitos garotos atrás dela.

Johanna e Zaheera estavam sempre juntas. Elas estavam um ano atrás de mim, mas, em termos de popularidade, estavam três à frente. Mesmo assim, eu andava com elas porque conhecia Johanna e havia essa ligação por termos estudado juntos em diferentes escolas. Namorar garotas talvez não fosse para mim, mas eu ainda podia falar com elas, afinal sabia fazê-las rir. Seres humanos gostam de rir, e sorte a minha que as garotas eram seres humanos. Assim, minha relação com elas podia ser de amizade, nada mais. Eu sabia disso porque, sempre que paravam de rir das minhas piadas e histórias, elas começavam: "E aí, o que você acha que eu devo fazer para o Daniel me chamar para sair?" Sempre esteve bem claro qual era o meu lugar.

Por fora, eu tinha cultivado cuidadosamente meu status de palhaço da turma, aquele que não é uma ameaça, mas, secretamente, estava caidinho por Zaheera. Ela era tão bonita e engraçada. Passávamos o tempo juntos e tínhamos conversas incríveis. Eu pensava nela o tempo todo, mas nem em um milhão de anos achava ser digno de sair com ela. Eu me convenci de que teria uma queda por ela para sempre, nada além disso.

Em determinado momento, decidi adotar uma estratégia. Eu seria o melhor amigo de Zaheera e permaneceria próximo dela até o baile de formatura do último ano. Vale lembrar que estávamos no nono ano. Ainda levaria três anos para o baile de formatura. Mas decidi investir em longo prazo. Estava fazendo o tipo *É isso aí, de-*

vagar e sempre. Afinal, é assim que acontece nos filmes, não é? Assisti a minha cota de filmes adolescentes americanos. Basta ser o amigo da mocinha por tempo suficiente enquanto ela sai com um monte de bonitões imbecis, até que um dia ela olha para você e diz: "Uau, é você. Sempre foi você. É com você que eu sempre quis ficar".

Esse era o meu plano. Não tinha erro.

Sempre que havia oportunidade, eu passava um tempo com Zaheera. Conversávamos sobre garotos, de quais ela gostava e quais gostavam dela. Eu dava conselhos. Em determinado momento, ela teve um encontro com um cara chamado Gary. Eles começaram a sair. Gary era popular, mas um pouco tímido, e Zaheera também era popular, mas um pouco tímida, então os amigos dele esquematizaram com as amigas dela para que ficassem juntos, como um casamento arranjado. Mas Zaheera não gostava de Gary. Ela me contou. Conversávamos sobre tudo.

Um dia, não sei como, reuni coragem e pedi o número de telefone dela, o que era uma grande coisa, pois não era como um número de celular, que todo mundo tem registrado no aparelho para enviar mensagens e tudo o mais. Era telefone fixo. O número da casa dela. Onde os pais dela podiam atender. Estávamos conversando certa tarde na escola quando soltei: "Me passa seu telefone? Assim eu posso te ligar de casa e a gente pode conversar". Ela concordou e minha cabeça explodiu. *Como assim???!!! Uma garota está me dando o telefone dela???!!! Insano!!! O que eu faço agora??!!* Estava tão nervoso. Nunca vou me esquecer de Zaheera dizendo os números, um por um, enquanto eu anotava, tentando evitar que minha mão tremesse. Nós nos despedimos e cada um foi para a sua classe, e eu fiquei, tipo: *É isso aí, Trevor. Mantenha a calma. Não ligue imediatamente.* Eu liguei na mesma noite. Às sete. Ela me deu o número às duas da tarde. Esse era eu tentando bancar o desencanado. *Cara, não liga pra ela às cinco. Vai dar na cara. Liga às sete.*

Liguei naquela mesma noite. A mãe dela atendeu. Eu disse: "Posso falar com a Zaheera, por favor?" A mãe foi chamá-la, ela atendeu o telefone e nós conversamos. Por quase uma hora. Depois disso, passamos a conversar mais, na escola, pelo telefone. Nunca contei a ela o que sentia. Nunca dei o primeiro passo. Nada. Sempre tive muito medo.

Zaheera e Gary terminaram o namoro. Depois voltaram. E terminaram de novo. Depois voltaram. Eles se beijaram uma vez, mas ela não gostou, então nunca mais se beijaram. Até que terminaram de verdade. Eu segurei as pontas o tempo todo. Assisti ao popular Gary cair no esquecimento, e eu ainda era o amigão. *É isso aí. Próximo passo, baile de formatura. Faltam só dois anos e meio...*

Então chegaram as férias de julho. Na volta às aulas, Zaheera não estava na escola. No dia seguinte, também não. A mesma coisa dois dias depois. Foi quando fui atrás de Johanna na quadra.

— Oi, cadê a Zaheera? — perguntei. — Faz um tempo que ela não aparece. Ela está doente?

— Não — Johanna respondeu. — Ninguém te contou? Ela saiu da escola. Não estuda mais aqui.

— O quê?

— Pois é, ela saiu da escola.

A primeira coisa que pensei foi: *Tá tudo bem. Nada de mais. Depois eu ligo para ela pra saber das novidades.*

— Em qual escola ela está estudando agora? — perguntei.

— Nenhuma. O pai dela conseguiu um emprego nos Estados Unidos. Eles se mudaram durante as férias. Eles emigraram.

— O quê?

— É, ela foi embora. Era uma ótima amiga. Fiquei bem triste. Você também ficou triste?

— Hum... claro — eu disse, ainda tentando processar o que estava acontecendo. — Eu gostava da Zaheera. Ela era demais.

— Ela também ficou bem triste, porque estava a fim de você. Tava sempre esperando que você a chamasse pra sair. Bom, preciso ir pra aula! Tchau!

Johanna foi embora e me deixou ali, em choque. Despejou tanta informação em cima de mim de uma só vez. Primeiro, que Zaheera tinha ido embora, depois que ela tinha se mudado para os Estados

Unidos, e finalmente que ela gostava de mim. Foi como se meu coração se partisse em três ondas sucessivas, uma pior que a outra. Comecei a relembrar todas as horas que passamos conversando na quadra, por telefone, todas as vezes que eu poderia ter dito: "Então, Zaheera, eu gosto de você. Quer ser minha namorada?" Dez palavrinhas que poderiam ter mudado a minha vida se eu tivesse tido coragem de dizê-las. Mas não tive, e agora Zaheera tinha ido embora.

* * *

Em todo bairro bacana tem uma família branca que não tá nem aí pra nada. Você sabe de que tipo de família estou falando. São aqueles que não aparam a grama, não pintam a cerca, não consertam o telhado. A casa é uma espelunca. Minha mãe encontrou esse tipo de casa para comprar, e foi assim que ela infiltrou uma família negra em um bairro de brancos como Highlands North.

A maioria dos negros que buscavam moradia em bairros de brancos se mudava para lugares como Bramley e Lombardy East. Mas, por algum motivo, minha mãe escolheu Highlands North. Era um bairro residencial, cheio de shoppings. Classe trabalhadora, na maioria. Pessoas de classe média, estáveis, nada de ricaços. Casas antigas, mas, ainda assim, um bom lugar para viver. Em Soweto, eu era a única criança branca em uma favela de negros. Em Eden Park, era o único mestiço em uma área *coloured*. Em Highlands North, era o único negro em um bairro de brancos — e quando digo "único" quero dizer único mesmo. Em Highlands North, os brancos nunca foram embora. Era um bairro predominantemente de judeus, e judeus não abandonam seu lar. Estão cansados de fugir. Já fugiram demais. Quando chegam a um lugar, constroem uma sinagoga e ali se estabelecem. Como os brancos do bairro não pretendiam sair, não havia muitas famílias como a minha seguindo o nosso exemplo.

Por muito tempo, não tive amigos em Highlands North. Para ser honesto, era mais fácil fazer amigos em Eden Park. Nos bairros de classe média, todos viviam atrás de muros. Os bairros de brancos de Johannesburgo eram construídos com base no medo — medo dos criminosos negros, medo dos levantes e da represália negra —, e, como resultado, praticamente todas as casas tinham muros de dois metros de altura e, no topo deles, cercas elétricas. Todos viviam em uma luxuosa e extravagante prisão de segurança máxima. Ninguém sentava na varanda da frente, ninguém cumprimentava os vizinhos, nenhuma criança corria de um lado para o outro entre as casas. Eu andava de bicicleta por horas pelo bairro sem encontrar nenhuma criança. Mas podia escutá-las. Estavam todas reunidas atrás dos muros de tijolinhos brincando, só que eu não era convidado. Eu ouvia as risadas e brincadeiras dos vizinhos, então descia da bicicleta, escalava o muro e espiava lá dentro, onde havia várias crianças brancas nadando na piscina de alguém. Eu era um voyeur de amizade.

Só depois de cerca de um ano descobri o segredo para encontrar amigos negros nos bairros residenciais: os filhos das empregadas. Muitas das empregadas domésticas na África do Sul eram demitidas quando engravidavam. Ou, se tivessem sorte, a família da casa onde trabalhavam as deixava ficar e ter o bebê, mas a criança ia morar com os parentes nas terras nativas. Assim, a mãe negra criava as crianças brancas, vendo o próprio filho apenas uma vez ao ano, durante as férias. Algumas famílias, porém, deixavam as empregadas morarem com os filhos no quartinho de empregada ou na casa dos fundos.

Por muito tempo, essas crianças foram meus únicos amigos.

* * *

13

DALTONISMO

Em Sandringham, conheci um garoto chamado Teddy. Cara engraçado, sempre encantador. Minha mãe o chamava de Pernalonga; ele tinha um sorriso descarado, com dois dentões na frente, saindo da boca. Teddy e eu éramos unha e carne, uma daquelas amizades que começam do nada e que, daquele dia em diante, torna duas pessoas inseparáveis. Nós dois aprontávamos poucas e boas. Com Teddy, finalmente conheci alguém com quem me sentia normal. Eu era o terror da minha família. Ele era o terror da família dele. Quando estávamos juntos, era confusão na certa. No caminho de casa para a escola, atirávamos pedras nas janelas, só para vê-las se estilhaçar e sair correndo. Pegávamos detenção juntos o tempo todo. Os professores, os alunos, o diretor, todos na escola sabiam: Teddy e Trevor, parceiros no crime.

A mãe de Teddy era empregada de uma família em Linksfield, um bairro de luxo perto da escola. Para chegar a Linksfield da minha casa, era uma caminhada de quarenta minutos, longa, mas não impossível. Caminhar era tudo que eu fazia naquela época. Não tinha escolha, pois não podia pagar nenhuma outra forma de transporte. Se você gostasse de caminhar, virava meu amigo automaticamente. Teddy e eu caminhávamos por todos os lados de Johannesburgo. Eu andava até a casa dele e passávamos um tempo por lá. Depois, caminhávamos de volta para minha casa e passávamos um tempo por lá também. Andávamos da minha casa até o centro da cidade, o que levava umas três horas, só para passar o tempo, depois andávamos de volta.

Às sextas e sábados, íamos caminhando até o shopping. O Balfour Park Shopping Mall ficava a alguns quarteirões da minha casa. Não era muito grande, mas tinha de tudo — fliperama, cinema, restaurantes, a versão sul-africana da Target, a versão sul-africana da Gap. Quando chegávamos, como não tínhamos dinheiro para fazer compras, assistir a um filme ou comer alguma coisa, ficávamos perambulando lá dentro.

Certa noite estávamos no shopping, que permanecia aberto, mesmo com a maioria das lojas fechada, pois o cinema ainda estava funcionando. Lá havia uma papelaria que vendia cartões e revistas e não tinha porta. À noite, para fechar a loja, havia apenas uma grade de metal, como uma treliça, que trancava a entrada com um cadeado. Ao passar pela loja, Teddy e eu percebemos que, se esticássemos o braço através da treliça, dava para alcançar a prateleira de chocolates. E não era qualquer chocolate — eram bombons com recheio alcoólico. Eu adorava bebida alcoólica. Adorava com todas as minhas forças. Toda a minha vida eu tentava roubar goles das bebidas dos adultos sempre que podia.

Esticamos o braço, pegamos alguns, bebemos o conteúdo e depois comemos os chocolates. Tínhamos tirado a sorte grande. E começamos a voltar sempre para roubar mais. Esperávamos as lojas fecharem para nos sentarmos encostados na grade, como se nada estivesse acontecendo. Verificávamos se a barra estava limpa antes de um de nós esticar o braço para pegar um chocolate e beber o uísque. Esticar o braço, pegar um chocolate, beber o rum. Esticar o braço, pegar um chocolate, beber o conhaque. Fizemos isso todos os fins de semana por pelo menos um mês, nos divertindo ao máximo. Até que fomos longe demais.

Era sábado à noite. Estávamos na entrada da papelaria, encostados na grade. Eu estava com o braço inteiro dentro da loja quando, naquele exato momento, um segurança do shopping virou a esquina e me pegou no ato. Puxei o braço com a mão cheia de chocolates. Parecia uma cena de filme. Eu olhei para ele. Ele olhou para mim. Os olhos dele se arregalaram. Tentei sair andando, agindo naturalmente. Foi quando ele gritou: *"Ei, pare!"*

E assim começou a perseguição. Disparamos em direção às portas de saída. Eu sabia que, se um segurança chegasse à entrada, seríamos emboscados, então corremos o máximo possível. Alcançamos a saída. Ao chegarmos ao estacionamento, os seguranças estavam atrás da gente, vindo de todas as direções, pelo menos uma dezena deles. Eu corria de cabeça baixa. Os seguranças me conheciam, eu estava no shopping o tempo todo. Também conheciam a minha mãe. Ela pagava contas no banco do shopping. Se eles me reconhecessem, eu estaria morto.

Cruzamos o estacionamento correndo, ziguezagueando entre os carros estacionados, os seguranças bem atrás de nós, gritando. Atravessamos o posto de gasolina chegando à rua, viramos à esquerda na avenida principal. Foi uma perseguição implacável, e eu estava *adorando*. O risco de ser pego é parte da diversão quando se é um moleque travesso, e agora era hora da perseguição. Aquilo era incrível. Estava morrendo de medo, mas adorando cada segundo. Aquele era o meu território. Era o meu bairro. Não tinha como alguém me pegar no meu bairro. Eu conhecia cada beco, cada rua, cada muro que podia escalar, cada cerca com uma brecha por onde me esgueirar. Conhecia todos os atalhos possíveis e imagináveis. Quando criança, não importava aonde eu fosse ou em que prédio estivesse, estava sempre planejando minha rota de fuga. No caso de alguma coisa dar errado. Na realidade eu era um nerd sem quase nenhum amigo, mas, na minha cabeça, era alguém importante e perigoso que precisava saber onde ficavam todas as câmeras e pontos de saída.

Eu sabia que não tínhamos como correr para sempre. Precisávamos de um plano. Quando Teddy e eu passamos pelo corpo de bombeiros, vimos uma rua à esquerda que levava para um beco sem saída com uma cerca de metal no fim. Eu sabia que havia um buraco na cerca por onde podíamos nos esgueirar; do outro lado, um terreno baldio que ficava atrás do shopping. De lá, alcançaríamos a avenida principal e depois minha casa. Um adulto não conseguiria passar pelo buraco, mas uma criança, sim. Todos aqueles anos me imaginando como um agente secreto finalmente valeram a pena. Agora que eu precisava de uma saída, tinha uma.

— Teddy, por aqui! — gritei.

— É um beco sem saída!

— Dá pra passar! Me segue!

Ele não me seguiu. Entrei correndo no beco sem saída. Teddy foi por outra direção. Metade dos seguranças me seguiu, a outra metade seguiu Teddy. Cheguei à cerca e sabia exatamente como me contorcer para atravessá-la. Cabeça, depois ombros, passava uma perna, dava uma torcida, depois a outra... pronto. Tinha conseguido. Os seguranças chegaram à cerca bem atrás de mim, mas não conseguiram passar. Corri pelo terreno baldio até a cerca do outro lado, passei por ela e já estava na avenida, a três quadras da minha casa. Coloquei as mãos nos bolsos e comecei a andar casualmente, fingindo ser mais um pedestre dando um passeio.

Ao chegar em casa, fiquei esperando o Teddy. Ele não apareceu. Esperei por trinta minutos, quarenta minutos, uma hora. Nada.

Ferrou.

Fui até a casa dele em Linksfield. Nada. Segunda de manhã, fui para a escola. Ainda nada do Teddy.

Ferrou.

Agora eu estava preocupado. Depois da escola, fui para casa ver se ele tinha passado por lá; nada. Na casa dele, nada. Então voltei correndo para casa.

Uma hora depois, os pais dele apareceram. Minha mãe abriu a porta para eles.

— O Teddy foi preso por furto — explicaram.

Ferrooou.

Escutei a conversa toda escondido, do outro quarto. Desde o começo, minha mãe tinha certeza de que eu estava envolvido.

— Onde o Trevor estava? — ela perguntou.

— O Teddy disse que eles não estavam juntos — responderam.

Minha mãe estava cética.

— Humm. Tem *certeza* de que o Trevor não está envolvido?

— Parece que não. Os policiais disseram que havia outro garoto, mas que ele escapou.

— Só *pode ser* o Trevor.

— Não, nós perguntamos para o Teddy, ele disse que não era o Trevor. Disse que era outro garoto.

— Hum... tá certo.

Minha mãe me chamou:

— Você sabe alguma coisa sobre isso?

— Sobre o quê?

— O Teddy foi preso por furto.

— *O quêêêêê?* — Fingi não saber de nada. — Nãããão. Que loucura. Não acredito. O *Teddy?* Não é possível.

— Onde você estava? — minha mãe perguntou.

— Estava em casa.

— Mas você está sempre com o Teddy.

Dei de ombros.

— Não dessa vez.

Por um momento, minha mãe achou que tinha me pegado no flagra, mas Teddy me deu o álibi perfeito. Voltei para o quarto, achando que tinha me livrado.

No dia seguinte, durante a aula, anunciaram meu nome pelo alto-falante. "Trevor Noah, apresente-se na diretoria." Os alunos exclamaram: "Ooooohhh". Os anúncios eram transmitidos em todas as salas de aula. Resultado? A escola toda sabia que eu estava encrencado. Levantei, fui até a diretoria e esperei ansiosamente, sentado em um banco de madeira desconfortável do lado de fora da porta.

Finalmente, o diretor Friedman abriu a porta.

— Trevor, pode entrar.

Dentro da diretoria estavam o chefe de segurança do shopping, dois policiais uniformizados e a sra. Vorster, professora minha e do Teddy. A sala estava em total silêncio, figuras autoritárias impassíveis bem na minha frente, um moleque negro cheio de culpa. Meu coração estava prestes a sair pela boca. Eu me sentei.

— Trevor, não sei se você ficou sabendo — disse o diretor Friedman —, mas o Teddy foi preso faz uns dias.

— O quê? — Fiz toda a minha ceninha novamente. — O Teddy? Ah, não. O que ele fez?

— Furtou uma loja. Ele foi expulso e não vai mais voltar à escola. Nós sabemos que tem outro garoto envolvido, e estes policiais estão visitando as escolas da região para investigar. Nós te chamamos aqui porque a sra. Vorster nos disse que você é o melhor amigo do Teddy e nós temos algumas perguntas. Você sabe alguma coisa sobre isso?

Fiz que não com a cabeça.

— Não sei de nada, não.

— Você sabe com quem o Teddy estava?

— Não.

— Tudo bem. — Ele se levantou e caminhou até a televisão no canto da sala. — Trevor, a polícia tem uma gravação de tudo que aconteceu. Gostaríamos que você assistisse.

Ferroooooooooou.

Já estava com o coração na mão. *Tive uma boa vida*, pensei. *Vou ser expulso. Vão me mandar pra cadeia. É o fim da linha.*

O diretor apertou play no videocassete. A fita começou a rodar. Era uma gravação de segurança em preto e branco, com a imagem toda granulada, mas dava para ver com clareza o que estava acontecendo. Tinham o crime gravado de diferentes ângulos: Teddy e eu enfiando o braço pela treliça. Teddy e eu correndo para a porta. Eles tinham toda a sequência registrada. Depois de alguns segundos, o diretor pausou o vídeo com a minha imagem a alguns metros, congelada bem no meio da tela. Na minha cabeça, essa era a hora em que ele ia se virar para mim e dizer: "Já está pronto para confessar?" Mas ele não fez isso.

— Trevor — disse ele —, você conhece algum garoto branco que ande com o Teddy?

Eu quase caguei na calça.

— *O quê?!*

Olhei para a tela e entendi o que estava acontecendo. Teddy era escuro. Eu era claro, moreno-claro. Mas a câmera não tinha como capturar claro e escuro ao mesmo tempo. Então, ao me colocar em uma tela em preto e branco ao lado de um negro, a câmera não sabe o que fazer. Se ela tiver que escolher uma cor, a cor para mim é branca. A minha cor fica distorcida. Naquele vídeo havia uma pessoa negra e outra branca. Mesmo assim, era eu. A imagem não era clara, minhas feições estavam um pouco borradas, mas, se olhasse com cuidado, era eu. Eu era o melhor amigo do Teddy. Eu era o único amigo do Teddy. Eu era *a única possibilidade de cúmplice*. Não tinha como não suspeitar de mim. Mas eles não suspeitaram. Eles me seguraram por uns dez minutos, só porque tinham certeza de que eu devia saber quem era o garoto branco no vídeo.

— Trevor, você é o melhor amigo do Teddy. Diga a verdade. Quem é o garoto?

— Não sei.

— Tem certeza que não o reconhece?

— Tenho.

— O Teddy nunca falou dele para você?

— Nunca.

Num determinado momento, a sra. Vorster começou a citar nomes de garotos brancos que ela achava que poderiam ser o cúmplice:

— É o David?

— Não.
— Rian?
— Não.
— Frederik?
— Não.

Eu ainda achava que aquilo tudo era um truque, que a qualquer momento alguém diria: "É *você*!" Mas isso não aconteceu. Chegou uma hora em que me senti tão invisível que quase quis assumir o crédito. Queria me levantar e apontar para a TV dizendo: "Tá todo mundo cego?! Sou eu! Não conseguem enxergar que sou eu?!" Mas é claro que eu não fiz isso. E eles não tinham como enxergar. Aquelas pessoas tinham noções tão zoadas sobre raça que não conseguiam ver que o garoto branco que estavam procurando estava bem na frente delas.

Depois de um tempo, me deixaram voltar para a classe. Passei o restante do dia e as semanas seguintes esperando que a ficha caísse, esperando que minha mãe recebesse uma ligação. "Pegamos ele! Descobrimos tudo!" Mas a ligação nunca aconteceu.

* * *

A África do Sul tem onze idiomas oficiais. Com a chegada da democracia, as pessoas se questionavam: "Como criar ordem sem que os diferentes grupos se sintam excluídos novamente?" O inglês é o idioma internacional e a língua do mundo financeiro e midiático, então tinha que ficar. Muitos foram forçados a aprender pelo menos um pouco de africâner, por isso valia a pena manter essa língua também. Além disso, não queríamos que a minoria branca se sentisse marginalizada na nova África do Sul, senão ela iria embora do país levando todo o seu dinheiro.

Das línguas africanas, o zulu tem o maior número de nativos falantes, mas não dava para oficializar o zulu sem fazer o mesmo com o xhosa, o tswana e o ndebele. Também tinha o swazi, o tsonga, o venda, o sotho e o pedi. Tentamos agradar todos os principais grupos. Resultado? Onze idiomas oficiais. E esses são apenas os idiomas grandes o suficiente para serem reconhecidos; há muito mais que isso.

A África do Sul é uma Torre de Babel. Todos os dias encontramos pessoas completamente perdidas, tentando conversar sem ter a menor ideia do que o outro está dizendo. Zulu e tswana são relativamente comuns. Tsonga e pedi já são mais raros. Quanto mais comum for seu idioma, menos chance você tem de aprender os outros. Quanto mais raro, mais chance de aprender outros dois ou três. Nas cidades, as pessoas falam pelo menos um pouco de inglês e, geralmente, um pouco de africâner, o suficiente para se virar. É comum ir a uma festa com uma dúzia de convidados e as conversas serem em dois ou três idiomas diferentes. Parte da conversa se perde, alguém talvez traduza às pressas para dar uma ideia, o restante é entendido no contexto, e assim todos se inteiram sobre o assunto. Parece loucura, mas, de alguma forma, funciona. A sociedade funciona. Exceto quando não funciona.

* * *

14

A LONGA, EMBARAÇOSA, OCASIONALMENTE TRÁGICA E FREQUENTEMENTE HUMILHANTE EDUCAÇÃO AMOROSA DE UM JOVEM, PARTE 3: O BAILE

No fim do ensino médio, eu já era um magnata. O meu negócio da cantina cresceu a ponto de virar um mini-império que incluía a venda de CDs piratas que eu fazia em casa. Tinha convencido minha mãe, a mulher mais econômica que eu conhecia, de que precisava de um computador para a escola. Não era verdade. Eu queria um para poder navegar pela internet e jogar *Leisure Suit Larry*. Mas eu era muito convincente, ela então concordou e comprou um para mim. Graças ao computador, à internet e ao gravador de CDs que ganhei de um amigo, ampliei meus negócios.

Eu tinha formado minha clientela e estava no topo do mundo. Minha vida era tão boa sendo o excluído que eu nem pensava em namorar. As únicas garotas na minha vida eram as nuas no meu computador. Enquanto baixava músicas e perdia tempo nas salas de bate-papo, também fazia buscas em sites pornôs. Nada de vídeo, é claro, apenas fotos. Hoje em dia, a pornografia online é incrivelmente acessível, mas, com a conexão discada, levava um tempão para carregar as imagens. Chegava a ser cavalheiresco se comparado com os dias de hoje. Primeiro você encarava o rosto da modelo por uns bons cinco minutos, para conhecê-la melhor. Depois de mais alguns minutos, dava para ver os peitinhos. Ao chegar à vagina, vocês já tinham compartilhado um tempo valioso juntos.

No terceiro ano do ensino médio, estávamos no mês de setembro e o baile de formatura se aproximava. Era o baile mais importante de todos. Novamente eu enfrentava o dilema do Dia dos Namorados: encarar mais um estranho ritual que não entendia. A única coisa que eu sabia sobre bailes de formatura era que, de acordo com os filmes norte-americanos, você perdia a virgindade nesse dia. O casal ia para o baile de limusine e, depois, os dois faziam *aquilo*. Essa era literalmente minha única referência. Mas eu conhecia a regra: os caras populares ficam com as garotas, e os engraçados saem com os populares e suas garotas. Então concluí que não iria ao baile, ou se fosse não seria com uma garota.

Eu tinha dois ajudantes trabalhando para mim no negócio dos CDs: Bongani e Tom. Eles vendiam os CDs que eu copiava em troca de uma comissão. Conheci Tom no fliperama do shopping Balfour Park. Como Teddy, ele morava nas redondezas porque sua mãe era empregada doméstica. Tom era da mesma série que eu, mas frequentava uma escola pública, a Northview, uma verdadeira escola do gueto. Cuidava da venda de CDs por lá.

Tom era tagarela, hiperativo, estava sempre com pressa. Também era um grande malandro, sempre tentando tirar vantagem, dar golpes. Convencia as pessoas a fazer qualquer coisa. Um cara legal, mas completamente maluco e mentiroso. Fui com ele uma vez até Hammanskraal, um assentamento parecido com as terras nativas, mas não exatamente. Hammanskraal, como o nome em africâner sugere, significa *kraal*, ou aldeia, de Hamman, o que costumava ser a fazenda de um homem branco. As terras nativas de fato, como Venda, Gazankulu e Transkei, eram lugares em que os negros realmente viviam, e o governo definiu fronteiras ao redor e disse: "Fiquem aí dentro". Hammanskraal e outros assentamentos do gênero eram lugares abandonados no mapa para onde os negros exilados eram realocados. Era isso que o governo fazia. Eles encontravam um pedaço de terra árido, poeirento, imprestável e cavavam fileiras e mais fileiras de buracos no chão — mil latrinas para atender a quatro mil famílias. Então forçavam a saída de pessoas de ocupações ilegais em alguma área de brancos e as despejavam no meio do nada, com alguns paletes de compensado e chapas de ferro corrugado. "Aqui. Este é o seu novo lar. Construam algumas casas. Boa sorte." Acompanhávamos tudo isso pelo noticiário. Era um tipo cruel de reality show de sobrevivência; a diferença era que ninguém ganhava um prêmio.

Certa tarde em Hammanskraal, Tom me disse que iríamos assistir a um show de talentos. Na época, eu tinha um par de botas da Timberland que havia comprado. Era o único item decente que eu tinha no armário. Naquele tempo, quase ninguém na África do Sul tinha botas dessa marca. Era impossível conseguir, mas todo mundo queria, porque os rappers americanos usavam. Eu economizei e guardei cada centavo do meu negócio na cantina e com os CDs para comprar aquelas botas. Quando estávamos saindo, Tom me disse: "Não se esqueça de usar suas Timberlands".

O show de talentos foi organizado em um pequeno centro comunitário bem no meio do nada. Quando chegamos lá, Tom cumprimentou e falou com todos por onde passava. Tinha canto, dança e um pouco de poesia. Em determinado momento, o apresentador subiu ao palco e disse: *"Re na le modiragatsi yo o kgethegileng. Ka kopo amogelang... Spliff Star!"* "Temos uma apresentação especial, um rapper vindo diretamente dos Estados Unidos. Quero muitas palmas para... Spliff Star!"

Spliff Star era o hype man do rapper Busta Rhymes na época. Eu estava confuso. *O quê? Spliff Star? Em Hammanskraal?* Então, todos no centro se viraram para mim. Tom veio e sussurrou no meu ouvido:

— Cara, sobe no palco.
— O quê?
— Sobe no palco.
— Do que você tá falando, cara?
— Por favor, Trevor, assim você vai me deixar encrencado. Eles já deram o dinheiro.
— *Dinheiro*? Que dinheiro?

O que Tom tinha esquecido de me contar era que ele disse a todas aquelas pessoas que traria um rapper famoso dos Estados Unidos para se apresentar no show de talentos. Ele exigiu ser pago adiantado para isso, e eu, calçando minhas Timberlands, era o tal rapper famoso dos Estados Unidos.

— Vai se ferrar — exclamei. — Não vou fazer nada disso.
— Por favor, cara, tô te implorando. Me faz esse favor. Vai. Tem uma garota que eu quero impressionar. Eu disse pra ela que conheço todos esses rappers... Por favor. Tô te implorando.
— Cara, eu não sou o Spliff Star. O que você quer que eu faça?!
— Canta os raps do Busta Rhymes.
— Mas eu não sei nenhuma letra.
— Não importa. Esse pessoal não fala inglês.
— Mas que merda.

Subi no palco, e Tom começou a mandar um beatbox horrível — "*Bff ba-dff, bff bff ba-dff*" — enquanto eu me atrapalhava todo com as letras do Busta Rhymes que inventei à medida que cantava. O público começou a gritar e a aplaudir. Um rapper americano em Hammanskraal. Aquele era o acontecimento mais épico que eles já tinham visto.

Tom era assim.

Uma tarde, ele veio até minha casa e começamos a conversar sobre o baile. Falei que não tinha uma garota para ir comigo, que não conseguiria arranjar uma e que não pretendia ir acompanhado.

— Eu posso arranjar uma garota pra ir ao baile com você — ele ofereceu.
— Não pode, não.

— Posso, sim. Vamos fazer um trato.

— Não quero me meter em nenhum dos seus esquemas, Tom.

— Me escuta primeiro, cara. Se você aumentar a minha comissão na venda dos CDs e me der umas músicas de graça pra eu curtir, vou te arranjar a garota mais linda que você já viu na vida, e ela vai com você ao baile.

— Tá bom. Só vou aceitar a proposta porque isso nunca vai acontecer.

— Trato feito?

— Trato feito, mas você não vai conseguir.

— Mas tá *fechado*?

— Fechado.

— Certo, vou te arranjar uma garota. Ela vai ser a mais bonita que você já viu, e você vai levar a menina no baile e vai ser a estrela da festa.

O baile seria só dali a dois meses. Logo esqueci Tom e a proposta ridícula dele. Então, uma tarde qualquer, ele veio até minha casa e apareceu na porta do meu quarto.

— Consegui uma garota.

— Mesmo?

— Mesmo. Você tem que vir comigo pra conhecer a menina.

Eu sabia que Tom era um mentiroso compulsivo, mas o segredo do sucesso de um malandro é guardar a informação. Ele libera apenas o suficiente para que você continue acreditando. Tom já tinha me apresentado a muitas meninas bonitas. Estava sempre rodeado delas; não havia nada romântico acontecendo, mas ele adorava se gabar. Então, quando ele disse que tinha conseguido uma garota para mim, não duvidei. Nós dois subimos no ônibus e fomos para a cidade.

A garota morava em um prédio caindo aos pedaços no centro da cidade. Encontramos o edifício, e uma moça estava debruçada na varanda, acenando para nós.

— Essa é a irmã dela, Lerato — explicou Tom.

Acabei descobrindo que ele estava tentando sair com Lerato, e arranjar um encontro para mim com a irmã dela era o jeito de ele conseguir o que queria — como sempre, Tom tinha seus próprios interesses em jogo.

Estava escuro na entrada do prédio. O elevador estava quebrado, então tivemos que subir vários lances de escada. A tal Lerato nos deixou entrar no apartamento. Na sala de estar, havia uma mulher enorme. Sério, ela era gigantesca. Pensei: *Ah, Tom. Entendi tudo agora. Me pegou.* Tom também adorava uma pegadinha.

— É essa a minha garota? — perguntei.

— Não, não, não — respondeu. — Não é ela. Essa é a irmã mais velha. Você vai ao baile com a Babiki. A Babiki tem três irmãs mais velhas, e a Lerato é a mais nova. A Babiki teve que ir ao mercado. Ela já vai voltar.

Nós esperamos, conversamos com a irmã mais velha. Dez minutos depois, a porta se abriu e a garota mais linda que eu já vi na vida entrou. Ela era... Deus do céu. Olhos atraentes, uma pele marrom-dourada espetacular. Era como se ela brilhasse. Nenhuma garota na minha escola tinha essa aparência.

— Oi — disse ela.

— Oi — respondi.

Eu estava pasmo. Não tinha ideia de como falar com uma garota linda como aquela. Ela era tímida e também não falou muito. Houve uma pausa desconfortável. Por sorte, Tom é do tipo que fala pelos cotovelos. Ele não perdeu tempo em nos apresentar:

— Trevor, Babiki. Babiki, Trevor.

Ele não parou de falar em como eu era incrível, como ela estava ansiosa para ir ao baile, a hora em que eu iria buscá-la para o encontro, todos os detalhes. Ficamos ali por um tempo, depois Tom precisava ir embora, então fomos para a porta. Babiki se virou para mim e sorriu, acenando enquanto partíamos.

— Tchau.

— Tchau.

Saímos do prédio, e eu me sentia o homem mais feliz da face da Terra. Não conseguia acreditar no que tinha acontecido. Eu era o cara da escola que não tinha como conseguir uma garota para o baile.

Já tinha me conformado que nunca namoraria ninguém, não me considerava digno de nenhuma garota. Mas agora iria ao baile de formatura com a menina mais linda do mundo.

Nas semanas seguintes, fomos a Hillbrow algumas vezes para passar um tempo com Babiki, suas irmãs e amigas. A família dela era pedi, uma das menores tribos sul-africanas. Como eu gostava de conhecer pessoas de diferentes culturas, aquelas visitas eram divertidas. Babiki e suas amigas eram o que chamamos de *amabhujua*. Eram tão pobres quanto qualquer outro negro, mas tentavam fingir que não eram. Vestiam-se na moda e agiam como ricas. Um *amabhujua* é capaz de comprar uma só camisa a prazo e pagar em sete parcelas. Moravam em barracos, mas vestiam sapatos de couro italiano que custavam um dinheirão. Um grupo interessante.

Babiki e eu nunca saíamos sozinhos. Era sempre nós dois dentro de um grupo. Ela era tímida, e eu ficava nervoso demais a maior parte do tempo, mas a gente se divertia. Tom mantinha o clima descontraído, e todos curtiam o momento. Sempre que nos despedíamos, Babiki me dava um abraço, e uma vez ela chegou a me dar um beijinho. Eu estava no paraíso. Só pensava uma coisa: *É isso aí. Tenho uma namorada. Demais.*

O dia do baile estava chegando, e comecei a ficar nervoso. Não tinha carro. Não tinha nada legal para vestir. Era a primeira vez que saía com uma garota bonita e queria que fosse perfeito.

Nós nos mudamos para Highlands North quando a oficina do meu padrasto fechou e ele passou a trabalhar em casa. Tínhamos um quintal grande e uma garagem nos fundos, que basicamente virou a nova oficina dele. Sempre havia pelo menos de dez a quinze carros na entrada da garagem, no quintal, na rua, tanto carros de clientes para consertar como velharias que Abel guardava para testes. Uma tarde, Tom e eu estávamos em casa. Tom estava contando a Abel sobre meu encontro, e Abel decidiu ser generoso. Disse que eu podia escolher um carro para ir ao baile.

Havia um Mazda vermelho que estava ali já fazia um tempo, um lixo completo, mas funcionava. Eu já o tinha usado antes, mas o carro que eu realmente queria era o BMW de Abel. Também estava caindo aos pedaços, como o Mazda, mas um BMW é um BMW. Implorei que ele me deixasse usá-lo:

— Por favor, me deixa ir de BMW.

— De jeito nenhum.

— Por favor. Este vai ser o momento mais incrível da minha vida. Por favor. Tô te implorando.

— Não.

— Por favor.

— Não. Você pode usar o Mazda.

Tom, como o enrolador que era, entrou na conversa.

— Mano Abie — disse ele. — Acho que você não tá entendendo. Se você visse a garota que o Trevor vai levar ao baile, entenderia por que isso é tão importante. Vamos fazer um acordo. A gente traz ela aqui. Se você concordar que ela é a garota mais linda que você já viu na vida, o Trevor pode pegar o BMW.

Abel pensou no assunto.

— Tá bom. Fechado.

Fomos ao apartamento de Babiki, dissemos que meus pais queriam conhecê-la e a levamos até minha casa. Então fomos até a oficina nos fundos, onde Abel e seus ajudantes trabalhavam. Tom e eu a apresentamos.

— Abel, Babiki. Babiki, Abel.

Meu padrasto abriu um sorrisão, sempre charmoso.

— Prazer em conhecê-la — disse ele.

Eles conversaram por alguns minutos. Tom e Babiki foram embora. Abel olhou para mim.

— É essa a garota?

— É.

— Pode pegar o BMW.

Agora que já tinha o carro, eu precisava desesperadamente de uma roupa. Ia sair com uma garota que entendia de moda, e, fora minhas Timberlands, minhas roupas eram uma porcaria. Minhas opções eram limitadas, pois eu só podia comprar roupa nas lojas que minha mãe permitia, e ela não achava que valia a pena gastar dinheiro com isso. Ela me levava a alguma loja de roupas baratas e me dizia qual era o limite, e eu tinha que encontrar algo para vestir.

Na época, eu não sabia nada sobre roupas. Para mim, estar na moda era usar uma marca chamada Powerhouse. Era o tipo de roupa que os halterofilistas usavam em Miami ou em Venice Beach, calças esportivas e camisetas folgadas. O logotipo era um buldogue forte e gigante usando óculos de sol, fumando charuto e flexionando os bíceps. Nas calças, o buldogue exibia os músculos descendo pelas pernas. Nas camisetas, mostrava os músculos no peito. Na cueca, mostrava os músculos bem na virilha. Eu achava que Powerhouse era a marca mais descolada de todas, não posso mentir. Eu não tinha amigos, adorava cachorros e músculos eram o máximo — dá para entender minha linha de raciocínio? Tudo que eu tinha era da Powerhouse, tinha a coleção completa, as mesmas combinações em cinco cores diferentes. Era fácil. As calças vinham com a camiseta, então não tinha como errar.

Bongani, meu outro ajudante no negócio dos CDs, descobriu que eu levaria uma garota ao baile, então fez de mim sua missão: "Você precisa dar um tapa no visual", sugeriu ele. "Não pode ir ao baile com essa aparência... pelo bem dela, não o seu. Vamos fazer compras."

Procurei minha mãe e implorei que ela me desse dinheiro para comprar uma roupa para o baile. Ela finalmente concordou e me deu dois mil rands. Nunca tinha me dado tanto dinheiro assim para nada na vida. Informei Bongani quanto eu tinha para gastar, e ele disse que daria um jeito. Explicou que o segredo de parecer rico é ter um item caro; os outros podem ser peças básicas e bonitas, desde que sejam de qualidade. O item caro vai atrair todos os olhares, parecendo que você gastou mais do que realmente gastou.

Na minha cabeça, nada era mais descolado que o casaco de couro que todos usavam em *Matrix*. Eu estava no ensino médio quando *Matrix* fez sucesso, e era o meu filme favorito de todos os tempos. Eu adorava o Neo. No meu coração, eu sabia: *Eu sou o Neo*. Ele é nerd. É um desastre em tudo, mas secretamente é um super-herói fodão. Tudo o que eu precisava era que um homem negro misterioso e careca surgisse na minha vida e me mostrasse o caminho. E agora eu tinha Bongani, negro, de cabeça raspada, me dizendo: "Você consegue. Você é o escolhido". E eu, me achando: "*Sim. Eu sempre soube*".

Falei para Bongani que queria um casaco de couro como o do Keanu Reeves, daqueles compridos, até os tornozelos. Bongani logo cortou o meu barato.

— Não. Não é prático. É irado, mas você nunca mais vai usar.

Fomos às compras e escolhemos um casaco de couro preto até a panturrilha, que hoje seria ridículo, mas na época, graças ao Neo, era o máximo. Só essa peça custou mil e duzentos rands. Para finalizar o visual, compramos uma calça simples preta, sapatos de camurça com ponta quadrada e um suéter de tricô creme.

Depois que resolvemos a roupa, Bongani deu uma boa olhada no meu cabelo afro. Sempre tentei alcançar o corte afro perfeito de Michael Jackson nos anos 70. Mas o que eu tinha não passava de um cabelo rebelde e impossível de pentear, como um ninho de rato.

— Temos que dar um jeito nesse seu cabelo — disse Bongani.

— Como? — indaguei. — Meu cabelo é assim mesmo.

— *Temos* que fazer alguma coisa com ele.

Bongani morava em Alexandra. Ele me arrastou até lá, e fomos falar com umas garotas da rua dele que estavam conversando na esquina.

— O que vocês fariam com o cabelo desse cara? — ele perguntou para elas.

As garotas me olharam de cima a baixo.

— Tem cabelo demais — disse uma delas. — Por que você não faz umas trancinhas?

— É isso — elas concordaram. — Ótima ideia!

Eu exclamei:

— O quê? Trança no meu cabelo? De jeito nenhum!

— Não, não — elas retrucaram. — Faz, sim.

Bongani me levou para um salão de beleza no fim da rua. Entramos e nos sentamos. A mulher tocou minha cabeleira, balançou a cabeça e se virou para ele.

— Não tenho como trabalhar com essa ovelha — disse ela. — Tem que dar um jeito nisso primeiro.

— Como?

— Tem que fazer relaxamento. Não faço isso aqui.

— Tudo bem.

Bongani me arrastou para um segundo salão de beleza. Sentei na cadeira, e a mulher começou a passar um treco branco e cremoso no meu cabelo. Ela usava luvas de borracha para evitar que o produto químico encostasse na pele dela. Talvez esse fosse o primeiro sinal de que aquilo não era uma boa ideia. Quando meu cabelo já estava todo coberto com o relaxante, ela disse: "Você precisa tentar manter isso na cabeça o máximo possível. Vai arder. Quando começar a arder, me avisa que a gente enxágua. Mas, quanto mais você aguentar, mais liso seu cabelo vai ficar".

Eu queria fazer a coisa certa, então fiquei ali sentado, esperando e esperando o máximo que podia.

Esperei tempo demais.

Ela me disse para avisar quando começasse a arder. Ela devia ter dito quando começasse a formigar, porque, quando começou a arder de verdade, o produto já tinha arrancado várias camadas do meu couro cabeludo. Já tinha passado muito tempo desde o formigamento quando perdi o controle. *"Tá queimando! Tá queimando!"* Ela correu comigo até a pia e começou a tirar o relaxante. O que eu não sabia era que o produto só queimava de verdade em contato com a água. Parecia que alguém estava despejando fogo líquido na minha cabeça. Quando ela terminou, havia queimaduras ácidas espalhadas por todo o meu couro cabeludo.

Eu era o único homem no salão; só tinha mulher no lugar. Aquela foi uma pequena amostra do que as mulheres passam para ficar bonitas regularmente. *Pra que isso?*, pensei. *Que coisa horrível*. Mas funcionou. Meu cabelo estava completamente liso. A mulher o penteou para trás, e fiquei parecendo um cafetão — um cafetão chamado Cabelo Lambido.

Bongani então me levou de volta ao primeiro salão, e a cabeleireira concordou em fazer as tranças. Ela trabalhou lentamente. Levou seis horas. Finalmente, ela disse: "Pode olhar no espelho". Virou a cadeira e eu me vi no espelho e... nunca tinha me visto daquela maneira. Foi como uma daquelas cenas de transformação dos filmes americanos, em que eles pegam o garoto ou a garota atrapalhada, dão um jeito no cabelo, trocam as roupas, e o patinho feio vira um cisne. Eu estava tão convencido de que nunca teria uma namorada que nem tentei cuidar do meu visual, então não fazia ideia de que era possível. O cabelo ficou legal. Minha pele não estava aquela perfeição, mas estava melhorando — as pústulas tinham retrocedido a simples espinhas. Meu visual estava... até que bom.

Voltei para casa, e minha mãe deu um grito ao me ver entrando pela porta:

— Ahhhhh! Transformaram meu bebê em uma linda garotinha! Agora eu tenho uma menininha! Está tão linda!

— Mãe! Para com isso.

— É esse o seu jeito de me contar que é gay?

— O quê? Não. Por que você tá dizendo uma coisa dessas?

— Tudo bem se você for.

— Não, mãe. Não sou gay.

Todos na minha família gostaram. Todo mundo achou que ficou incrível. Mas a minha mãe não perdeu a oportunidade de pegar no meu pé.

— Está bem feito — disse ela —, mas tá bonitinho demais. Você parece mesmo uma garota.

A grande noite finalmente chegou. Tom veio me ajudar a me arrumar. O cabelo, a roupa, tudo funcionava com perfeição. Quando eu já estava pronto, fomos falar com Abel para pegar as chaves do BMW, e foi aí que a noite começou a dar errado.

Era sábado à noite, fim da semana, o que significava que Abel estava bebendo com o pessoal da oficina. Fui caminhando até a garagem, mas, quando vi os olhos dele, já sabia: ele estava bêbado. *Ferrou.* Quando ele ficava bêbado, era uma pessoa completamente diferente.

— Uau, você tá ótimo! — exclamou com um grande sorriso, admirando o visual. — Aonde vai desse jeito?

— Como assim, aonde... Abie, hoje é o dia do baile.

— Tá bem. Divirta-se.

— Hum... e as chaves?

— As chaves do quê?

— Do carro.

— Que carro?

— Do BMW. Você prometeu que eu poderia usar o BMW para ir ao baile.

— Primeiro compra umas cervejas pra mim — ordenou ele.

Então me deu as chaves do carro, e Tom e eu dirigimos até a loja de bebidas. Comprei alguns pacotes de cerveja, voltei e entreguei o pedido.

— Pronto — disse. — Agora posso usar o BMW?

— Não.

— Como assim, "não"?

— Eu disse "não". Vou precisar do carro hoje.

— Mas você prometeu. Disse que eu podia usá-lo.

— Sim, mas preciso do carro.

Aquilo me desmoralizou. Fiquei ali, sentado com Tom, implorando por quase meia hora.

— Por favor.

— Não.

— *Por favor.*

— Não.

Finalmente entendemos que aquilo não ia dar em nada. Pegamos o Mazda decrépito e fomos até a casa de Babiki. Já estava uma hora atrasado. Ela estava completamente irritada. Tom teve que entrar e convencê-la a sair; depois de um tempo, ela apareceu.

Estava ainda mais linda que antes, com um vestido vermelho incrível, mas era claro que não estava de bom humor. Por dentro, comecei a entrar em pânico, mas sorri e continuei tentando ser o mais cavalheiro de todos, abrindo a porta para ela, dizendo como estava bonita. Tom e a irmã se despediram de nós, e seguimos nosso caminho.

Então, eu me perdi. O baile seria numa parte da cidade que eu não conhecia muito bem, e em algum momento virei no lugar errado e não tinha mais a menor ideia de onde estava. Dirigi por quase uma hora no escuro, indo para a esquerda e a direita, voltando para o mesmo lugar. Ficava no celular o tempo todo, ligando desesperadamente para todo mundo, tentando entender onde estava, tentando conseguir alguma orientação. Babiki ficou sentada ao meu lado, o tempo todo em silêncio, claramente achando aquilo tudo uma *furada*. Eu estava perdendo o controle. Estava atrasado. Não sabia para onde ir. Eu era o pior encontro da vida dela.

Finalmente descobri onde estava e chegamos ao baile, com quase duas horas de atraso. Estacionei, saí do carro e dei a volta para abrir a porta para ela, mas ela não se mexeu.

— Tá pronta? — perguntei. — Vamos lá.

— Não.

— Não? Como assim... "não"?

— Não.

— Tudo bem... mas por quê?

— Não.

— Mas nós temos que entrar. O baile é lá dentro.

— Não.

Fiquei lá por mais vinte minutos, tentando convencê-la a entrar comigo, mas ela só dizia "não". Ela não ia sair do carro.

Finalmente, desisti.

— Tá certo. Já volto.

Fui lá dentro atrás de Bongani.

— O que aconteceu com você? — ele perguntou.

— Eu estou aqui. Mas a garota está no carro e não quer sair.

— Como assim, não quer sair?

— Não sei o que tá acontecendo. Me ajuda.

Voltamos para o estacionamento. Levei Bongani até o carro e, no segundo em que a viu, ele ficou embasbacado.

— Jesus, Maria, José! Essa é a mulher mais linda que eu já vi na vida. Você disse que ela era bonita, mas isso é insano.

Por um instante, ele esqueceu completamente que eu precisava de ajuda com Babiki. Voltou para dentro do salão e chamou os outros caras:

— Galera! Vocês precisam ver isso! O Trevor trouxe uma garota! E ela é um arraso! Galera! Venham ver!

Vinte caras vieram correndo até o estacionamento. Eles cercaram o carro.

— Uau, ela é uma gata!

— Mano, essa garota veio com o *Trevor*?

Eles a encaravam com cara de bobos, como se ela fosse algum animal de zoológico. Pediam para tirar fotos com ela. Estavam chamando mais gente lá dentro para vê-la:

— Que maluquice! Olha a garota do Trevor! Não, você tem que ver isso!

Eu estava mortificado. Tinha passado os últimos quatro anos do ensino médio evitando cuidadosamente qualquer tipo de humilhação romântica, e agora, na noite do baile de formatura, a noite mais importante de todas, minha humilhação tinha se transformado em um circo maior que o próprio evento: Trevor, o palhaço que ninguém quer, achou que teria a garota mais bonita do baile, mas fracassou miseravelmente, então vamos todos lá fora assistir.

Babiki ficou lá, sentada no banco do passageiro, com o olhar perdido no horizonte, recusando-se a se mexer. Eu estava fora do carro, andando de um lado para o outro, estressado. Um amigo meu tinha uma garrafa de conhaque que conseguiu trazer escondido.

— Toma — disse ele —, bebe um pouco disso.

Nada mais importava àquela altura, então comecei a beber. Já estava tudo perdido mesmo. A garota não gostava de mim. A noite já era.

Depois de um tempo, a maioria dos garotos voltou para dentro. Eu estava sentado na calçada, bebendo da garrafa de conhaque, sentindo o barato me dominar. Num determinado momento, Bongani foi até o carro tentar mais uma vez convencer Babiki a sair. Depois de um minuto, ele levantou a cabeça, parecendo confuso.

— Ei, Trevor — disse ele —, sua garota não fala inglês.
— O quê?
— A garota. Ela não sabe nada de inglês.
— Não é possível.

Levantei e fui até o carro. Fiz uma pergunta em inglês e ela só ficou me encarando.

Bongani olhou para mim.

— Como é possível você não saber que a sua garota não fala inglês?
— Eu... sei lá.
— Vocês nunca conversaram?
— Claro que conversamos... ou será que não?

Comecei a ter flashbacks dos momentos em que estive com Babiki, quando a conheci no apartamento, o tempo que passamos com as amigas dela, ela sendo apresentada a Abel. Eu conversei com ela? Não. E depois? Conversei com ela? Não. Foi como na cena de *Clube da luta* em que o personagem do Edward Norton tem uns flashbacks e percebe que ele e o Brad Pitt nunca estiveram no mesmo lugar com a Helena Bonham Carter ao mesmo tempo. Ele se dá conta de que estava se batendo o tempo todo. *Ele é* Tyler Durden. Com toda a empolgação de conhecer Babiki, em todos os momentos em que estivemos juntos, na verdade não estávamos conversando um com o outro. Era sempre por intermédio de Tom.

Maldito Tom.

Ele tinha prometido que me arranjaria uma garota bonita para o baile, mas não fez nenhuma promessa quanto às outras qualidades dela. Sempre que estávamos juntos, ela falava em pedi com Tom, e ele falava em inglês comigo. Mas ela não falava inglês, e eu não falava pedi. Abel falava pedi. Ele tinha aprendido várias das línguas sul-africanas para poder negociar com os clientes, então os dois conversaram fluentemente quando se conheceram. Naquele momento, percebi que nunca tinha escutado uma palavra em inglês saindo da boca de Babiki além de: "Sim". "Não." "Oi." "Tchau." Só isto: "Sim". "Não." "Oi." "Tchau."

Babiki era tão tímida que não falava muita coisa mesmo, e eu era tão despreparado com as mulheres que não sabia falar com ela. Nunca tinha tido uma namorada; nem sequer entendia o que "namorada" significava. Alguém colocou uma linda mulher nos meus braços e eu pensei: *Ela é minha namorada*. Fiquei hipnotizado pela beleza dela, pela ideia de tê-la — não sabia que tinha que falar com ela. As mulheres nuas no meu computador, nunca tive que falar com elas, perguntar a opinião delas, entender os sentimentos delas. Tinha medo de abrir a boca e arruinar tudo, então simplesmente concordava com a cabeça e sorria, deixando Tom assumir a conversa.

As três irmãs mais velhas de Babiki falavam inglês, e a mais nova, Lerato, falava um pouco. Então, sempre que estávamos com Babiki, as irmãs e as amigas, boa parte da conversa era em inglês. O restante era em pedi ou sotho, sem ninguém se incomodar comigo, o que era completamente normal na África do Sul, por isso nem me importei; eu conseguia acompanhar a conversa considerando o inglês que os outros diziam. Meu cérebro processa diferentes línguas passando tudo por um filtro, ou seja, mesmo escutando diferentes idiomas, o resultado final para mim chega em inglês. Minha mente registra tudo em inglês. Quando minha avó e minha bisavó rezaram histericamente para Deus destruir o demônio que tinha defecado no chão da cozinha, tudo aquilo foi dito em xhosa, mas eu registrei em inglês na memória. Na minha cabeça, foi tudo em inglês. Então, sempre que me deitava na cama sonhando com Babiki e os momentos que passamos juntos, a *sensação* era de ter sido tudo em inglês, pois era assim que eu me lembrava. E Tom nunca disse nada sobre o idioma que ela falava ou não falava, afinal por que deveria se preocupar? Ele só queria seus CDs de graça e se dar bem com a irmã. E foi assim que saí com uma garota por quase um mês — alguém que eu realmente acreditava ser minha primeira namorada — sem nunca ter tido uma única conversa com ela.

Foi então que repassei mentalmente os acontecimentos daquela noite e analisei tudo do ponto de vista dela. Agora estava perfeitamente claro por que Babiki não queria sair do carro. Talvez ela nem quisesse ir ao baile comigo desde o início — provavelmente devia algum favor a Tom, e ele conseguia convencer qualquer um a fazer qualquer coisa. Depois eu a deixei esperando por quase uma hora; ela estava irritada. Então ela entrou no carro, e era a primeira vez que nós dois ficávamos sozinhos. Foi quando ela percebeu que não tínhamos como manter uma conversa. Ficamos dirigindo por um tempão, perdidos na escuridão da noite — uma jovem sozinha em um carro no meio do nada, com um desconhecido, sem ter a menor ideia de aonde estavam indo. Babiki possivelmente estava aterrorizada. Depois, ao chegar ao baile, ninguém falava a língua dela. Ela não conhecia ninguém. Ela nem sequer me conhecia.

Bongani e eu ficamos ali, de pé ao lado do carro, olhando um para a cara do outro. Eu não sabia o que fazer. Tentei falar com ela em todos os idiomas que conhecia. Nada funcionou. Ela só falava pedi. Fiquei tão desesperado que comecei a tentar falar com ela usando linguagem de sinais.

— Por favor. Você. Eu. Lá dentro. Baile. Sim?
— Não.
— Lá dentro. Dançar. Por favor?
— Não.

Perguntei a Bongani se ele falava pedi. Ele não falava. Corri para dentro e comecei a procurar alguém que falasse pedi para me ajudar a convencê-la a entrar.

— Você fala pedi? Você fala pedi? Você fala pedi?

Ninguém falava pedi.

Resultado: nunca fui ao meu baile de formatura. Se não contar os três minutos que fiquei correndo de um lado para o outro atrás de alguém que falasse pedi, passei a noite toda no estacionamento. Quando o baile terminou, entrei no Mazda vermelho caindo aos pedaços e levei Babiki de volta para casa. Ficamos em total silêncio durante todo o caminho.

Parei na frente do prédio em Hillbrow, estacionei o carro e fiquei sentado por um tempo, tentando pensar em uma forma educada e gentil de terminar aquela noite. Então, do nada, ela se inclinou na minha direção e me deu um beijo. Tipo, um beijo de verdade. O tipo de beijo que me fez esquecer de todo o desastre que tinha acabado de acontecer. Eu estava tão confuso. Não sabia o que devia fazer. Ela se afastou, eu olhei profundamente dentro dos olhos dela e pensei: *Não faço ideia do que se passa na cabeça das mulheres*.

Saí do carro e dei a volta para abrir a porta para ela. Babiki levantou a barra do vestido e deslizou para fora, caminhando em direção ao seu prédio. Ao se virar antes de partir, dei meu último aceno para ela:

— Tchau.

— Tchau.

PARTE III

* * *

Na Alemanha, nenhuma criança termina o ensino médio sem aprender sobre o Holocausto. Não apenas os fatos, mas o como e o porquê, a gravidade do ocorrido — o que significou. Como resultado, os alemães crescem devidamente conscientes e pesarosos. As escolas britânicas tratam o colonialismo da mesma forma, até certo ponto. As crianças aprendem a história do império com uma espécie de ressalva. "Pois é, foi *vergonhoso*, não foi?"

Na África do Sul, as atrocidades do apartheid nunca foram ensinadas dessa forma. Não aprendemos sobre reprovação ou vergonha. A história nos foi passada da forma como é feito nos Estados Unidos. Lá a história do racismo é ensinada assim: "Primeiro foi a escravidão, depois a segregação, depois Martin Luther King Jr., e agora não tem mais racismo". O mesmo aconteceu conosco. "O apartheid foi ruim. Libertaram Nelson Mandela. Agora, vamos em frente." Apenas fatos, mas não muitos, e sem dimensão emocional ou moral. Era como se os professores, muitos deles brancos, tivessem recebido uma instrução: "Não importa o que você faça, não deixe as crianças com raiva".

* * *

15

VAI, HITLER!

Quando eu estava no nono ano, três alunos chineses foram transferidos para Sandringham: Bolo, Bruce Lee e John. Eram os únicos chineses da escola, em um universo de mil alunos. Bolo ganhou seu apelido porque se parecia com Bolo Yeung, do filme de Jean-Claude Van Damme *O grande dragão branco*. O nome verdadeiro de Bruce Lee era mesmo Bruce Lee, o que fez a nossa cabeça explodir. Um chinês quietão, boa-pinta, em forma, como o Bruce Lee. Para nós foi, tipo: *Que momento mágico. Obrigado, Jesus, por nos dar Bruce Lee.* John era só John, o que era estranho, considerando os outros dois.

Conheci Bolo porque ele era um dos meus clientes no negócio da cantina. Os pais dele eram pirateadores profissionais. Pirateavam videogames e vendiam nos mercados de pulgas. Como filho de pirateadores, Bolo fazia o mesmo — começou vendendo jogos de PlayStation na escola. Os alunos entregavam o console para ele e alguns dias depois o aparelho era devolvido com um chip instalado que liberava o uso de jogos piratas, que ele então vendia. Bolo era amigo de um garoto branco, companheiro de pirataria, chamado Andrew, que atuava no ramo de CDs. Andrew estava duas séries na minha frente e era um verdadeiro nerd dos computadores. Ele até tinha um gravador de CDs em casa, quando ninguém tinha esse tipo de equipamento.

Um dia, enquanto pegava os pedidos da cantina, escutei Andrew e Bolo reclamando dos alunos negros da escola. Eles sacaram que podiam pegar as mercadorias de Andrew e Bolo, dizer que pagariam mais tarde e não pagar nada, porque os dois tinham medo demais dos negros para cobrar. Resolvi me intrometer na conversa: "Olha só, não adianta ficar irritado. Os negros não têm dinheiro, por isso tentam conseguir o máximo de produtos pelo menor preço. Mas eu posso ajudar. Posso ser o seu revendedor. Vocês me dão a mercadoria e eu revendo; podem deixar a cobrança por minha conta. Em troca, vocês me pagam uma comissão". Eles gostaram da ideia imediatamente, e nos tornamos parceiros.

Por ser o cara da cantina, eu estava no lugar certo para fazer negócios. Já tinha minha rede estabelecida. Só precisava tirar proveito dela. Com o dinheiro que fiz vendendo CDs e videogames, consegui economizar e instalar novos componentes e mais memória no meu computador. Andrew, o nerd dos computadores, me mostrou como fazer, onde comprar as peças mais baratas, como montá-las e consertá-las. Ele também me mostrou como o negócio dele funcionava, como baixar as músicas e onde conseguir CDs regraváveis a granel. O único item que faltava era meu próprio gravador de CDs, pois era o componente mais caro. Na época, custava quase o mesmo que todo o computador, uns dois mil rands.

Trabalhei como revendedor para Bolo e Andrew por um ano. Quando Bolo saiu da escola, os rumores eram que seus pais tinham sido presos. Então comecei a trabalhar para Andrew, e depois, como estava prestes a se formar, ele decidiu sair do negócio. "Trevor", disse ele, "você foi um parceiro fiel." Em agradecimento, ele deixou seu gravador de CDs para mim. Para começo de conversa, na época os negros nem sequer tinham acesso a computadores. Um gravador de CDs? Só em sonho. Era uma coisa mítica. O dia em que Andrew me deu o gravador, aquilo mudou minha vida. Graças a ele, agora eu controlava a produção, a venda e a distribuição — tinha tudo de que precisava para dominar o ramo da pirataria.

Eu era um capitalista nato. Adorava vender coisas, e estava vendendo algo que todos queriam e ninguém mais tinha como fornecer. Vendia meus CDs por trinta rands, cerca de três dólares. Um CD original custava de cem a cento e cinquenta rands na loja. Quando as pessoas começavam a comprar comigo, nunca mais voltavam para os CDs originais — era uma barganha boa demais.

Eu tinha instinto para os negócios, mas na época não sabia nada de música, o que era estranho para alguém no ramo da pirataria de CDs. O único gênero musical que conhecia até então era música cristã da igreja, o único tipo permitido na casa da minha mãe. O gravador de CDs que Andrew me deu era de velocidade 1x, ou seja, a gravação acontecia na mesma velocidade em que o som era reproduzido. Todos os dias eu saía da escola, ia para o meu quarto e ficava sentado de cinco a seis horas copiando CDs. Tinha meu próprio sistema de som estéreo, construído com alto-falantes velhos que recuperei das carcaças de carros que Abel guardava no quintal e instalei ao redor do quarto. Embora tivesse que ficar lá, sentado, esperando enquanto cada CD era reproduzido, por muito tempo eu não os escutava de fato. Eu sabia que isso ia contra o código do distribuidor: nunca fique viciado no seu próprio produto.

Graças à internet, eu podia chegar a qualquer lugar. Nunca julgava o gosto musical de ninguém. Se você quisesse o CD novo do Nirvana, eu tinha o CD novo do Nirvana. Se quisesse o CD novo do DMX, eu tinha o CD novo do DMX. A música sul-africana estava em alta, mas no que as pessoas estavam realmente desesperadas para pôr as mãos era música afro-americana, hip-hop e R&B. Jagged Edge era um grande sucesso. A banda 112 também. Vendi muito Montell Jordan. Muito mesmo.

Quando comecei, eu tinha uma conexão discada e um modem 24k. Levava um dia inteiro para baixar um álbum. Mas a tecnologia continuou evoluindo, e eu continuava investindo no negócio. Melhorei meu modem para um de 56k. Comprei gravadores de CDs mais rápidos, que gravavam mais de um CD ao mesmo tempo. Comecei a fazer mais downloads, copiar mais, vender mais. Foi quando arranjei dois revendedores: meu amigo Tom, que estudava na Northview, e meu amigo Bongani, que morava em Alexandra.

Certo dia, Bongani veio até mim e disse: "Sabe o que daria muito dinheiro? Em vez de copiar os álbuns inteiros, por que você não coloca as melhores faixas de diferentes álbuns em um CD? As pessoas só querem escutar as músicas que elas gostam". Aquela era uma ótima ideia, então comecei a fazer coletâneas. Venderam muito bem. Algumas semanas depois, Bongani voltou e disse: "Tem como fazer uma faixa fundir na outra de um jeito mais suave? Sem parada entre elas, mantendo o compasso da música? Seria como se um DJ estivesse tocando um set completo a noite toda". Essa também foi uma ótima ideia. Fiz o download de um programa de computador chamado BPM, "batidas por minuto". Tinha uma interface gráfica que parecia com dois discos de vinil, um ao lado do outro, e dava para mixar e fundir as músicas, basicamente tudo que um DJ faz ao vivo. Comecei a fazer CDs para festas que também vendiam como água.

Os negócios estavam crescendo. No último ano do ensino médio, eu estava nadando em dinheiro: conseguia quinhentos rands por semana. Para se ter uma perspectiva do que estou falando, ainda hoje algumas empregadas domésticas ganham menos que isso na África do Sul. É um salário miserável para alguém que precisa sustentar a família, mas, para um garoto de dezesseis anos morando com a mãe e sem nenhuma despesa real, era um sonho.

Pela primeira vez na vida eu tinha dinheiro, e essa era a sensação mais libertadora do mundo. A primeira coisa que aprendi sobre ter dinheiro é que você tem opções. As pessoas não querem ser ricas. Elas querem poder escolher. Quanto mais rico você for, mais opções terá. Essa é a liberdade que o dinheiro proporciona.

Com dinheiro, experimentei a liberdade em um novo nível: eu comia no McDonald's. Os americanos não entendem isso, mas, quando uma rede de lanchonetes dos Estados Unidos abre uma loja em um país de terceiro mundo, as pessoas ficam malucas. Isso vale até hoje. O Burger King abriu sua primeira loja na África do Sul em 2015, e as filas davam voltas no quarteirão. Foi um acontecimento. Todo mundo comentava: "Eu tenho que comer no Burger King. Já ouviu falar? *É dos Estados Unidos*". O engraçado era que na fila só tinha gente branca. Os brancos ficaram alucinados com o Burger King. Já os negros nem deram bola. Os negros não precisavam de Burger King. Já tínhamos o KFC e o McDonald's. O interessante sobre o McDonald's é que conhecíamos a lanchonete antes mesmo de ela chegar, provavelmente por causa do cinema. Nem passava pela nossa cabeça que um dia teríamos um na África do Sul; o McDonald's para nós era algo exclusivamente americano, que não vai a nenhum outro lugar. Mesmo antes de comer o hambúrguer de lá, já sabíamos que adorávamos, e assim foi. Em determinado momento, havia mais McDonald's na África do Sul que em qualquer outro país do mundo. Com Mandela, veio a liberdade — e com a liberdade veio o McDonald's. A duas quadras da minha casa abriu um McDonald's, logo depois que nos mudamos para Highlands North, mas minha mãe nunca pagaria para comer lá. Já com meu próprio dinheiro, não tive dúvida: *Vamos nessa*. E eu ia com tudo. Na época, ainda não existia "extragrande"; "grande" era o maior tamanho. Então eu ia até o caixa, muito impressionado comigo mesmo, colocava meu dinheiro no balcão e dizia: "Um número 1 grande".

Eu me apaixonei pelo McDonald's. McDonald's, para mim, tinha gosto de Estados Unidos. McDonald's *é* Estados Unidos. É só ver a propaganda; tudo é tão maravilhoso. Você deseja. Você compra. É só dar a primeira mordida para ser conquistado. É ainda melhor do que você imaginava. Mas aí, na metade do sanduíche, você percebe que não é tudo isso. Mais algumas mordidas e você começa a se questionar: *Humm, tem muita coisa errada nisso aqui*. E então acaba, e você fica louco de vontade, por isso sempre volta querendo mais.

Depois de provar o gostinho dos Estados Unidos, nunca mais comi em casa. Era só McDonald's. McDonald's, McDonald's, McDonald's, McDonald's. Todas as noites, minha mãe tentava preparar uma refeição para mim.

— Hoje vamos comer fígado de galinha.
— Não, vou comer no McDonald's.
— Hoje vamos comer ossos de cachorro.
— Acho que vou de McDonald's mais uma vez.
— Hoje vamos comer pé de galinha.
— Hummmmm... Ok, tô nessa. Mas amanhã vou comer no McDonald's.

Eu continuava ganhando dinheiro e esbanjava sem controle. Para se ter uma ideia de quanto eu desperdiçava, cheguei a comprar um telefone sem fio. Isso foi bem antes de todos terem celular. O alcance desse telefone era tão grande que eu podia colocar a base do lado de fora da janela e ir até o McDonald's, a duas quadras de casa, pedir meu número 1 grande, voltar para casa, subir para o meu quarto, ligar o computador e manter uma conversa por telefone durante todo o trajeto. Eu era aquele cara que caminhava na rua com um telefone gigante no ouvido, a antena totalmente esticada, falando com um amigo. "Então, tô indo ao McDonald's..."

Tinha uma vida boa, e tudo isso graças ao Andrew. Sem ele, eu nunca teria dominado a arte da pirataria musical e tido uma vida de McDonald's todos os dias. O que ele fez por mim me levou a entender, em menor escala, como é importante dar autonomia aos desprovidos e necessitados após um período de opressão. Andrew era branco. A família dele teve acesso a educação, recursos, computadores. Por gerações, enquanto seu povo se preparava para ingressar na universidade, meu povo se amontoava em cabanas de palha declamando: "Dois vezes dois, quatro. Três vezes dois, seis. Lá lá lá lá lá". À minha família foi negado aquilo que a família dele tinha naturalmente. Eu tinha talento nato para vendas, mas, sem conhecimento e recursos, de que isso me adiantaria? É comum as pessoas passarem sermão nos pobres: "Tome o controle da sua vida!

Busque o sucesso!" Mas qual a matéria-prima que o pobre tem para alcançar o sucesso?

As pessoas adoram dizer: "Dê ao homem o peixe, e ele comerá por um dia. Mas ensine o homem a pescar, e ele comerá por toda a vida". O que não é dito é: "Seria uma boa ideia dar a ele a vara de pescar". Essa é a parte da analogia que está faltando. Trabalhar com Andrew me fez perceber pela primeira vez que é preciso que alguém privilegiado venha até você e diga: "Aqui está o que você precisa, e é assim que funciona". Só talento não me levaria a lugar algum se não fosse o gravador de CDs que Andrew me deu. As pessoas dizem: "Ah, isso é esmola". Não. Eu ainda tinha que trabalhar para conseguir algum lucro. Mas, sem aquele empurrãozinho, não teria a menor chance.

Certa tarde, estava eu no meu quarto gravando um CD quando Bongani veio repor o seu estoque. Ele me viu fazendo a mixagem das músicas no meu computador.

— Isso é incrível — exclamou. — Você está fazendo isso tudo em tempo real?

— Sim.

— Trevor, você faz ideia da mina de ouro que tem nas mãos? Precisamos fazer isso para um público. Você precisa organizar apresentações como DJ na favela. Ninguém nunca viu um DJ tocando com um computador.

Bongani morava em Alexandra. Enquanto Soweto é um gueto disperso, planejado pelo governo, Alexandra é um pequeno bolsão concentrado de barracos, resquícios do período pré-apartheid. Fileiras e mais fileiras de construções de blocos de concreto cinza e chapas de ferro corrugado, praticamente umas sobre as outras. O apelido dessa favela é Gomorra, por ter as festas mais delirantes e os crimes mais violentos.

As festas de rua eram o que havia de melhor em Alexandra. Bastava ter uma tenda, montá-la no meio da rua e encher a área de pessoas para começar uma festa. Nada de convites formais ou listas de convidados. Só precisava contar para algumas pessoas, o boca a boca fazia seu trabalho, e o público aparecia. Nada de permissões ou coisa parecida. Se você tivesse uma tenda, tinha o direito de organizar uma festa na sua rua. Quando os carros se aproximavam do cruzamento e o motorista percebia que a festa bloqueava o caminho, simplesmente dava de ombros e fazia a volta. Ninguém se irritava. A única regra era que, se a festa fosse organizada na frente da casa de alguém, os moradores podiam participar e consumir a sua bebida. As festas só terminavam quando alguém levava um tiro ou uma garrafada na cara. Era assim que tinha que terminar, senão não era uma festa.

Na época, a maioria dos DJs conseguia manter a festa rolando por apenas algumas horas; a quantidade de discos de vinil que podiam comprar era limitada. Como as festas seguiam a noite inteira, talvez fosse preciso de cinco a seis DJs para manter todo mundo dançando. Mas eu tinha um disco rígido lotado de mp3, razão pela qual Bongani ficou tão entusiasmado quando me viu mixando — ele enxergou uma forma de dominar o mercado.

— Quantas músicas você tem no computador? — ele perguntou.

— O Winamp diz que posso tocar por uma semana.

— Vamos fazer uma fortuna.

Nossa primeira apresentação foi numa festa de Ano-Novo, no verão em que me formei em Sandringham. Bongani e eu empacotamos minha torre, meu monitor gigante, todos os cabos, o teclado e o mouse. Colocamos tudo em uma van e fomos para Alexandra. Fechamos a rua na frente da casa dele, usamos as tomadas da casa, montamos o computador, colocamos os alto-falantes, pegamos uma tenda emprestada e as pessoas vieram. Foi um estouro. À meia-noite, a rua inteira estava lotada, de uma ponta à outra. A nossa foi a maior festa de Ano-Novo em Alexandra naquele ano, e organizar a maior festa de Alexandra não era brincadeira. A noite toda, de todos os lados, as pessoas não paravam de chegar. A notícia se espalhou: "Tem um cara de pele clara que toca música num computador. Você nunca viu nada igual". Eu fui o DJ da festa até o amanhecer. Àquela altura, meus amigos e eu já estávamos tão bêbados e exaustos que desmaiamos no gramado da casa do Bongani. A festa foi tão incrível que fizemos nossa reputação instantaneamente. Logo estávamos recebendo agendamentos de todas as partes.

O que era excelente.

Quando Bongani e eu nos formamos no ensino médio, não conseguimos emprego. Não havia empregos disponíveis. A única maneira que eu tinha de ganhar dinheiro era pirateando CDs e trabalhando como DJ em festas, e, agora que eu não estava mais em Sandringham, os motoristas de van e a molecada nas esquinas em Alexandra eram o principal mercado para os meus CDs. Também era onde acontecia a maioria das minhas apresentações. Então, para continuar tendo uma renda, acabei gravitando naturalmente nessa direção. A maioria dos alunos brancos que eu conhecia estava tirando o ano para viajar antes de ir para a faculdade. "Vou passar o ano viajando pela Europa." Era isso que os jovens brancos estavam dizendo. Então eu disse: "Também vou tirar o ano pra mim. Vou tirar o ano pra ir à favela e ficar de bobeira nas esquinas". E foi o que eu fiz.

Havia uma mureta de tijolos bem no meio da via em frente à casa do Bongani em Alexandra, e todos os dias eu, ele e a nossa turma ficávamos ali sentados. Eu trazia os meus CDs. Ouvíamos música e praticávamos passos de dança. Vendíamos CDs durante o dia e trabalhávamos nas festas à noite. Começamos a receber agendamentos para apresentações em outras favelas, outros bairros.

Graças ao meu computador e ao modem, eu conseguia faixas exclusivas a que poucos tinham acesso, mas isso criava um problema para mim. Às vezes eu tocava uma música nova nas festas e as pessoas ficavam se perguntando: "O que é isso? Como se dança essa música?" Por exemplo, se o DJ toca uma música como "Watch Me (Whip/Nae Nae)", ela pode até ser cativante, mas o que quer dizer *whip*? E que diabo é *nae nae*? Para a música se tornar popular, é preciso saber fazer o *whip* e o *nae nae*. Uma música nova só funciona nas festas se o público souber dançar. Bongani decidiu que precisávamos de um grupo de dançarinos para mostrar os passos das canções que estávamos tocando. Como passávamos o dia todo ouvindo CDs e criando passos de dança, nossa turma da esquina já conhecia todas as músicas, então eles viraram nossos dançarinos. E, definitivamente, o melhor, mais carismático e mais talentoso dançarino da trupe era o vizinho do Bongani, Hitler.

Hitler era um grande amigo meu e sabia dançar como ninguém. Era hipnotizante vê-lo dançar. Ele tinha uma leveza e fluidez que desafiavam as leis da física — imagine o que uma água-viva faria se pudesse andar em terra firme. Também era um tremendo boa--pinta, alto, flexível e musculoso, com uma pele aveludada e bonita, dentes grandes, um sorriso largo, sempre dando risada. E só o que ele fazia era dançar. Ele acordava de manhã, colocava house music ou hip-hop para tocar e praticava os passos o dia inteiro.

Na periferia, todos sabem quem é o melhor dançarino do pedaço. Ele é um símbolo de prestígio. Quando se é pobre, você não tem carros ou roupas maneiras, mas os melhores dançarinos ficam com as garotas, então é com esse tipo de cara que você quer andar. Hitler era o nosso cara. Algumas festas organizavam competições de dança. Jovens de todos os bairros vinham com seus melhores dançarinos. Nós levávamos o Hitler, e ele quase sempre ganhava.

Quando Bongani e eu criávamos uma coreografia para o nosso grupo de dança, ninguém tinha dúvida de quem seria a atração principal. Criávamos toda a dança pensando no Hitler. Eu animava o público primeiro com algumas músicas, depois os dançarinos vinham e faziam algumas apresentações. Quando a festa já estava esquentando, eles abriam um semicírculo em torno do palco com um espaço atrás para Hitler entrar. Eu tocava "Let's Get Dirty", do Redman, e mandava uma atrás da outra, sem dar trégua à multidão. *"Querem mais?! Não tô escutando! Quero ouvir a galera fazer barulho!"* O povo começava a gritar, Hitler pulava no meio do semicírculo e a multidão perdia o controle. Ele dava o seu show enquanto os outros dançarinos faziam um círculo em volta, gritando: *"Vai, Hi--tler! Vai, Hi-tler! Vai, Hi-tler! Vai, Hi-tler!"* Por ser um hip-hop, a galera fazia aquele movimento com o braço, esticando-o com a palma da mão para baixo, movendo-o para cima e para baixo, seguindo a batida do som. "*Vai, Hi-tler! Vai, Hi-tler! Vai, Hi-tler! Vai, Hi-tler!*" A multidão em peso entrava em delírio, mil pessoas na rua cantando todas juntas, com as mãos no ar. "*Vai, Hi-tler! Vai, Hi-tler! Vai, Hi-tler! Vai, Hi-tler!*"

Hitler, embora seja um nome incomum, não é algo tão inusitado na África do Sul. Isso se deve, em parte, à forma como muitos negros escolhem seus nomes. O nome tradicional dos negros é escolhido com cuidado, pois carrega um profundo significado pessoal. Mas, desde os tempos da colônia até os dias do apartheid, a população negra na África do Sul tinha que ter também um nome inglês ou europeu — basicamente, um que os brancos conseguissem pronunciar. Então, a ordem era o nome ocidental, o nome tradicional e o sobrenome. Patricia Nombuyiselo Noah. Para nove em cada dez pessoas, o nome ocidental era escolhido aleatoriamente, tirado da Bíblia, de alguma celebridade de Hollywood ou de uma figura política famosa no noticiário. Conheci gente batizada de Mussolini e Napoleão. E, é claro, Hitler.

Os ocidentais ficam chocados e confusos com isso, mas, na verdade, é só o Ocidente colhendo o que plantou. As potências coloniais dividiram a África, colocaram o homem negro para trabalhar e não o educaram apropriadamente. Os brancos não falavam com os negros. Então por que o negro deveria saber o que estava acontecendo no mundo dos brancos? Por conta disso, muitos negros sul-africanos não sabem realmente quem foi Hitler. Meu próprio avô achava que "um hitler" era um tipo de tanque do exército que estava ajudando os alemães a ganhar a guerra. Afinal, foi o que ele entendeu do que viu no noticiário. Para muitos negros sul-africanos, a história da guerra fala de alguém chamado Hitler, e ele era o motivo de os Aliados estarem perdendo a guerra. Esse tal Hitler era tão poderoso que, num determinado momento, os negros tiveram que ir ajudar os brancos a lutar contra ele — e, se o branco teve que se rebaixar a ponto de pedir ajuda ao negro, isso quer dizer que aquele cara era o mais durão de todos os tempos. Então, se você quer que o seu cachorro seja durão, vai batizá-lo de Hitler. Se quer que o seu filho seja durão, vai batizá-lo de Hitler. As chances de ter alguém na família chamado Hitler eram grandes. Era só uma dessas coisas que aconteciam.

Em Sandringham, aprendemos mais sobre a Segunda Guerra Mundial que um típico aluno negro nas favelas, mas de forma básica. Não fomos ensinados a pensar criticamente sobre Hitler, o antissemitismo e o Holocausto. Não fomos ensinados, por exemplo, que os arquitetos do apartheid eram grandes partidários de Hitler, que as políticas racistas adotadas foram em parte inspiradas nas políticas racistas do Terceiro *Reich*. Não fomos ensinados a pensar sobre a relação de Hitler com o mundo em que vivíamos. Não fomos ensinados a pensar e pronto. Tudo que nos ensinaram foi que em 1939 Hitler invadiu a Polônia e, em 1941, a União Soviética e, em 1943, fez alguma outra coisa. Apenas fatos. Memorizados, escritos no papel para a prova e esquecidos.

Há mais um fator a considerar: o nome Hitler não é ofensivo aos negros sul-africanos porque Hitler não é a pior figura histórica que um negro sul-africano pode imaginar. Cada país acredita que sua história é a mais importante, e isso vale especialmente para os ocidentais. Mas, se os negros sul-africanos pudessem voltar no tempo e matar uma pessoa, Cecil Rhodes viria antes de Hitler. Se o povo congolense pudesse voltar no tempo e matar uma pessoa, o rei Leopoldo da Bélgica viria muito antes de Hitler. Se os nativos norte-americanos pudessem voltar no tempo e matar uma pessoa, provavelmente seria Cristóvão Colombo ou Andrew Jackson.

É comum encontrar ocidentais que insistem que o Holocausto foi, sem sombra de dúvida, a pior atrocidade da história humana. Sim, foi algo terrível mesmo. Mas fico me perguntando: E as atrocidades cometidas na África, como as do Congo, também não foram terríveis? O que os africanos não têm, mas os judeus têm, é documentação. Os nazistas mantiveram registros meticulosos, tiraram fotos, fizeram filmes. E aí está a explicação de tudo. As vítimas do Holocausto contam porque Hitler as contou. Seis milhões de mortos. Podemos todos verificar os números e nos horrorizar, com razão. Mas, ao analisar a história das atrocidades contra os africanos, não há números, apenas suposições. Fica mais difícil ficar horrorizado com um palpite. Quando Portugal e a Bélgica estavam saqueando Angola e o Congo, eles não contaram os negros que foram massacrados. Quantos negros morreram retirando látex das seringueiras no Congo? E nas minas de ouro e diamante do Transvaal?

Portanto, na Europa e na América, sim, Hitler é o maior lunático da história. Na África, ele é apenas um homem poderoso dos livros de história. Durante o tempo que passei com Hitler, nunca me perguntei: "*Por que* o nome dele é Hitler?" Ele era Hitler porque esse foi o nome que a mãe dele escolheu.

Quando Bongani e eu adicionamos os dançarinos às nossas apresentações, viramos sucesso imediato. O nome do nosso grupo era Black and White Boys. Os dançarinos eram chamados de Springbok Boys. Tínhamos agendamentos em todas as partes. As famílias negras de sucesso estavam se mudando para os bairros residenciais, mas seus filhos ainda queriam as festas de rua e se manter conectados à cultura das favelas, então éramos chamados para tocar nessas festas também. O boca a boca era nossa propaganda. Estávamos fazendo cada vez mais festas nos bairros residenciais, conhecendo brancos e tocando para eles.

A mãe de um dos garotos que eu conhecia da favela estava envolvida na criação de programas culturais para escolas. Nos Estados Unidos, são chamados de "programas de diversidade". Eles estavam brotando por toda a África do Sul, pois deveríamos aprender sobre como aceitar uns aos outros na era pós-apartheid. A mãe desse garoto perguntou se a gente não queria se apresentar no dia cultural de uma escola em Linksfield, o bairro de luxo a sul de Sandringham, onde meu amigo Teddy havia morado. Ia ter todos os tipos de dança e música, e seria uma grande confraternização para fazer coisas culturais. Ela disse que pagava, então aceitamos. Ela nos mandou as informações, com a hora, o local e o nome do lugar: Escola Rei Davi. Uma escola judaica.

No dia do evento, alugamos uma van, carregamos o equipamento no veículo e fomos para lá. Ao chegar, esperamos atrás do auditório da escola, assistindo às apresentações no palco antes da nossa, em que diferentes grupos se exibiam: dançarinos de flamenco, dançarinos gregos, artistas de música tradicional zulu. Então chegou a nossa vez. Fomos apresentados como os Pantsula Hip Hop Dancers — os street dancers sul-africanos. Montamos o sistema de som no palco. Olhei para o público e só havia garotos judeus com seus quipás, prontos para se divertir.

Peguei o microfone.

— Estão prontos para dançar?!

— Siiimmmmm!

— Então façam barulho!

— Aaaahhhhhh!

Comecei a tocar. O baixo estava pulsando, minha gangue estava dançando, e todos estavam se divertindo. Professores, acompanhantes, pais, centenas de adolescentes — todos dançando como loucos. Nosso tempo estava definido em quinze minutos, e, chegando aos dez, era hora de colocar "Let's Get Dirty" e chamar nosso principal dançarino para fechar com chave de ouro.

Coloquei a música, os dançarinos abriram o semicírculo e falei no microfone:

— E aí? Querem mais?!

— Siiimmmmmm!

— Tô achando que não! Querem mais ou não querem?!

— *Siiimmmmmmm!*

— Muito bem, então! Quero ver a animação para receber *HIIIIIITTTTLLLLEERRRRRRRRRR!!!*

Hitler pulou no meio do círculo e começou a arrasar no palco. Os caras ao redor dele gritavam:

— *Vai, Hi-tler! Vai, Hi-tler! Vai, Hi-tler! Vai, Hi-tler!* — Os braços no ar, balançando para cima e para baixo, no ritmo da música. — *Vai, Hi-tler! Vai, Hi-tler! Vai, Hi-tler! Vai, Hi-tler!*

E eu acompanhava no microfone, liderando a cantoria.

— *Vai, Hi-tler! Vai, Hi-tler! Vai, Hi-tler! Vai, Hi-tler!*

Todos no auditório pararam. Ninguém mais estava dançando. Professores, acompanhantes, pais, centenas de adolescentes judeus com seus quipás — ficaram ali, parados, pasmos, olhando para nós no palco. Nem me dei conta. Muito menos Hitler. Nós continuamos. Por uns bons trinta segundos, o único som no auditório era a batida da música e eu no microfone gritando:

— *Vai, Hi-tler! Vai, Hi-tler! Vai, Hi-tler! Quero ver as mãos para o alto para receber Hitler, yo!*

Uma professora subiu no palco correndo e puxou da tomada o cabo do meu sistema de som. O auditório ficou em total silêncio. Ela olhou para mim, furiosa.

— Como você tem *coragem*?! Isso é repulsivo! Sua criatura desprezível, revoltante, horrível! Como você tem *coragem*?!

Minha mente estava a mil por hora, tentando entender do que ela estava falando. Então entendi. Hitler tinha um passo de dança especial chamado *spana va*. Significa "onde você trabalha" e era bem sensual: os quadris giravam e ele movia a virilha para a frente e para trás, como num ato sexual. Era esse movimento que ele estava fazendo no momento em que a professora subiu no palco, então era óbvio que ela estava revoltada com a dança. Mas aquele passo é algo que os africanos fazem o tempo todo. É parte da nossa cultura. E estávamos ali para compartilhar a nossa cultura no dia cultural, e essa mulher vinha chamar a gente de repulsivo? Ela estava ofendida, e eu estava ofendido por ela ter se ofendido.

— Minha senhora — exclamei —, acho que você precisa se acalmar.

— Me acalmar coisa *nenhuma*! Como se atreve a vir aqui nos insultar?!

— Isso não é um insulto a ninguém. É quem nós somos!

— Deem o fora daqui! Seu tipo de gente me dá nojo.

Pronto. *Seu tipo de gente*. Agora eu estava entendendo qual era o problema: a mulher era racista. Ela não podia aceitar um homem negro dançando de forma sugestiva na escola dela. Enquanto eu guardava meu equipamento, continuei com a discussão:

— Olha só, minha senhora. Agora nós somos livres. A gente faz o que quiser. Ninguém vai nos impedir.

— Fique sabendo que o meu povo já conseguiu impedi-los uma vez, e é capaz de impedi-los de novo.

Naturalmente, ela estava falando de impedir os nazistas na Segunda Guerra Mundial, mas não era isso que eu estava escutando. Os judeus na África do Sul são todos brancos. Tudo que eu estava escutando era uma mulher branca gritando que os brancos nos derrotaram antes e nos derrotariam novamente. Eu disse:

— Vocês *nunca mais* vão nos dominar, senhora. — E foi então que dei a cartada final. — Vocês nunca mais vão nos dominar, porque agora nós temos *Nelson Mandela* do nosso lado! E ele nos *disse* que podemos tudo!

— *O quê?!*

Ela estava confusa. Eu já tinha perdido a cabeça. Comecei a xingá-la:

— Vai se ferrar. Você e esse seu programa. Que se dane esta escola. Que se dane todo mundo. Vamos nessa, rapaziada!

Não saímos caminhando da escola. Nós saímos dançando. Dançamos por toda a rua, com os punhos no ar.

— *Vai, Hi-tler! Vai, Hi-tler! Vai, Hi-tler! Vai, Hi-tler!*

Porque Hitler era o maioral. Hitler tinha os passos de dança mais sinistros, e aqueles branquelos não sabiam de nada.

* * *

Alexandra, ou Alex, era originalmente uma fazenda batizada em homenagem à esposa do homem branco dono da propriedade. Da mesma forma que Sophiatown e outros assentamentos de negros em áreas de brancos antes do apartheid, Alex começou como uma área invadida onde negros se reuniam e moravam quando vinham para Johannesburgo em busca de trabalho. O interessante sobre Alex é que esse fazendeiro vendeu lotes de sua propriedade a alguns negros antes de ser ilegal a posse de terras por eles. Então, enquanto Sophiatown e outros guetos negros eram derrubados e reconstruídos como bairros de brancos, Alex continuou onde estava, afirmando seu direito de existir. Bairros de luxo de brancos como Sandton cresceram ao seu redor, mas Alex resistiu. Mais e mais invasores foram chegando, construindo seus barracos e casebres improvisados. Pareciam os cortiços de Mumbai e as favelas do Brasil. A primeira vez que eu vi as favelas do Rio, disse: "Sim, igualzinho a Alexandra, só que no morro".

O bonito em Soweto era ver seu crescimento com a democracia. Soweto se tornou uma verdadeira cidade. De casas com três cômodos, agora havia casas com cinco cômodos e até três quartos com garagem. Havia espaço para crescer, pois as terras do governo ao redor permitiam a construção de mais casas. Em Alexandra, isso não é possível. Alex não tem como se expandir, pois está cercada por todos os lados, e não tem como crescer verticalmente, pois é quase tudo barraco.

Com a chegada da democracia, Alex foi invadida pelas pessoas das terras nativas, que construíam novos barracos no quintal de outros barracos, que já tinham puxadinhos construídos atrás desses barracos. Ficou tudo mais denso e comprimido, quase duzentas mil pessoas vivendo em uns poucos quilômetros quadrados. Se você for visitar Alex hoje em dia, pouca coisa terá mudado por lá. Não tem como mudar. É fisicamente impossível. Só pode ser o que já é.

* * *

16
OS GAROTOS QUEIJO

Meu amigo Bongani era baixinho, careca e supermusculoso. Mas nem sempre foi assim. A vida toda ele foi magrelo, até o dia em que pôs as mãos em uma revista de fisiculturismo que mudou sua vida. Bongani era o tipo de sujeito que despertava o que havia de melhor nas pessoas. O tipo de amigo que acreditava em você e via um potencial que ninguém mais via, por isso tantos jovens da favela buscavam a companhia dele, inclusive eu. Bongani sempre foi popular, mas sua reputação ganhou novas proporções quando ele deu uma surra no maior valentão da escola. Aquilo consolidou seu status de líder e protetor da garotada da favela.

Bongani morava em Alexandra, mas eu nunca o visitei enquanto ainda estávamos na escola; ele sempre vinha até minha casa em Highlands North. Fui até Alex algumas vezes, passagens rápidas, mas nunca passava um tempo de verdade por lá. Nunca estava lá durante a noite, para ser mais claro. Visitar Alex durante o dia é algo totalmente diferente de visitá-la à noite. O apelido do lugar era Gomorra, e havia uma razão para isso.

Certo dia, depois da escola, um pouco antes da nossa formatura, Bongani e eu caminhávamos pela quadra.

— Então, vamos ali na perifa — disse ele.

— Perifa?

De início eu não fazia ideia do que ele estava falando. Eu conhecia a palavra "perifa" usada nos raps, e conhecia as diferentes favelas em que os negros moravam, mas nunca tinha usado aquela palavra para me referir às favelas.

Os muros do apartheid estavam caindo enquanto o hip-hop americano estourava nas paradas, e esse gênero musical tornou descolado fazer parte da periferia. Antes, morar na favela era algo de que se envergonhar; era o fundo do poço. Mas, com o lançamento de filmes como *Os donos da rua* e *Perigo para a sociedade*, a periferia passou a ser um lugar irado. Os personagens desses filmes, das músicas, eram os donos do pedaço. A molecada das favelas começou a fazer o mesmo, mostrar sua identidade com orgulho: você não era mais da favela — era da perifa. Ser de Alex te dava mais reputação que morar em Highlands North. Então, quando Bongani disse "Vamos ali na perifa", fiquei curioso para descobrir o que ele queria dizer. Queria saber mais.

Bongani me levou a Alex e entramos por onde a maioria entra, por Sandton. Você atravessa um dos bairros mais ricos de Johannesburgo, passando por verdadeiros palácios, muita grana mesmo. Depois percorre o cinturão industrial de Wynberg, que separa os ricos e brancos dos pobres e negros. Na entrada de Alex, tem um enorme estacionamento de vans de transporte e o terminal de ônibus. Muito parecido com os mercados caóticos e barulhentos de terceiro mundo retratados nos filmes de James Bond e Jason Bourne. Parece a Estação Grand Central de Nova York, mas ao ar livre. É tudo muito dinâmico. Está tudo em movimento. A sensação é a de que nada daquilo estava ali ontem e nada vai estar ali amanhã, mas todos os dias é tudo a mesma coisa.

Bem ao lado das vans, é claro, tinha um KFC. Isso é típico da África do Sul: um KFC em cada esquina. O KFC era o preferido dos negros. O KFC não fazia joguinhos. Chegou à periferia antes do McDonald's, antes do Burger King, antes de qualquer um. O KFC era tipo "Mano, a gente *segura* a tua onda".

Depois do estacionamento de vans, chegava-se de fato a Alex. Em poucos lugares senti no ar uma energia parecida com a que senti em Alex. É uma colmeia de atividade humana ininterrupta, o dia todo um vaivém de pessoas: malandros fazendo trambiques, gente nas esquinas sem ter o que fazer, crianças correndo por todos os lados. Toda aquela energia não tem para onde ir, nenhum mecanismo para dissipá-la, então, de tempos em tempos, ela explode em atos épicos de violência e festas alucinantes. De uma hora para outra, uma tarde tranquila de pessoas cuidando da própria vida, levando sua rotina, vira uma perseguição policial atrás de bandidos correndo pelas ruas, tiro para todo lado, helicópteros sobrevoando a área. Dez minutos mais tarde, é como se nada tivesse acontecido — todos estão de volta à sua vidinha, de volta aos trambiques, o vaivém de pessoas, crianças por todo lado.

O acesso a Alex se dá por meio de avenidas dispostas em forma de grade. As ruas são pavimentadas, mas as calçadas são quase sempre de terra. As cores predominantes vêm dos blocos de cimento e chapas de ferro corrugado, cinza e cinza-escuro, com manchas ocasionais de cores chamativas. Sempre tem alguém que pinta uma parede de verde-limão, ou coloca um letreiro vermelho em cima do boteco, ou talvez alguém que tenha conseguido por sorte uma chapa de metal de um azul intenso. Em termos de saneamento básico, a situação é precária. Lixo para todos os lados, geralmente com uma fogueira queimando os detritos em alguma ruela. Sempre tinha alguma coisa queimando na periferia.

Ao caminhar pela área, sente-se todo tipo de cheiro que se pode imaginar. Pessoas cozinhando, comendo quentinhas na rua. Uma família pode ter um barraco temporário montado nos fundos do barraco de outra pessoa, e, como não há água corrente, eles tomam banho de balde usando a torneira externa, depois a água suja é despejada na rua, que corre para o rio de esgoto que já está lá, porque o fornecimento de água parou novamente. Sempre tem alguém

consertando carros, achando que sabe o que está fazendo, mas (
não sabe nada. O óleo de motor usado é despejado no chão, e e
óleo se mistura à água suja do banho, formando um rio de suje
que corre pela rua. Geralmente tem uma cabra por perto — sem
tem uma cabra. Ao caminhar pela área, os sons chegam de todos
lados, um barulho constante de atividade humana, pessoas falar
em dezenas de línguas diferentes, conversando, negociando,
gando. Tem sempre música tocando em algum lugar. Seja mús
tradicional sul-africana em uma esquina, Dolly Parton na outra
alguém passando de carro com Notorious B.I.G. no volume máxi

A periferia era uma completa sobrecarga de sensações para m
mas dentro do caos havia ordem, um sistema, uma hierarquia so
baseada no local onde você morava. A First Avenue não era n
legal, porque estava bem ao lado do alvoroço das vans de transpo
A Second Avenue era agradável, porque tinha umas casas construí
quando ainda existia algum tipo de assentamento formal no loca
Third, Fourth e Fifth Avenues eram ainda melhores — para os padr
da favela. Ali estavam as famílias tradicionais, dinheiro antigo.
Sixth Avenue em diante, a situação piorava muito, mais barrac
casebres improvisados. Havia algumas escolas e campos de fute
Havia também alguns alojamentos, prédios gigantes construídos p
governo para acomodar trabalhadores imigrantes. Esse era um lu
a ser evitado. Era onde os verdadeiros marginais estavam. Só and
naquele pedaço quem quisesse comprar uma AK-47.

Depois da Twentieth Avenue, estava o rio Jukskei, e do ou
lado, atravessando a ponte da Roosevelt Street, estava East Ban
parte mais nova e moderna da periferia. East Bank era onde o
verno pôs a mão, derrubando os assentamentos informais e s
barracos para construir casas de verdade. Ainda eram casas
baixo custo, mas acomodações decentes com dois quartos e
quintal minúsculo. As famílias que ali viviam tinham um pouc
dinheiro e geralmente mandavam os filhos para estudar em esc
melhores fora da periferia, como Sandringham. Os pais de Bon
moravam em East Bank, na esquina da Roosevelt com a Spring

Crescent. Tínhamos que caminhar do estacionamento de vans, atravessando todo o bairro, para chegar à casa dele, onde passávamos o dia sentados na mureta de tijolos no meio da Springbok Crescent, fazendo nada e jogando conversa fora. Eu ainda não sabia, mas passaria os próximos três anos da minha vida naquele exato lugar.

Eu me formei no ensino médio quando tinha dezessete anos, e, àquela altura, o clima na minha casa já era tóxico, por causa do meu padrasto. Eu não queria mais estar lá, e minha mãe concordava que eu deveria me mudar. Ela me ajudou a conseguir um apartamento meia-boca, infestado de baratas, em um prédio no fim da rua. Meu plano — sim, eu tinha um — era ir para a faculdade e me tornar programador de computadores, mas eu não tinha como pagar a mensalidade. Precisava ganhar dinheiro. A única forma que eu conhecia de ganhar dinheiro era vendendo CDs piratas, e um dos melhores lugares para fazer isso era a periferia, onde ficavam as vans de transporte. Os motoristas de van estavam sempre em busca de novas músicas, pois era algo que eles usavam para atrair a clientela.

Outro aspecto interessante sobre a periferia é que tudo lá custa superbarato. Dá para se virar sem praticamente nada. Uma das opções para comer na periferia é o *kota*. Você pega um quarto de um pão grande, remove o miolo, depois recheia com batata frita, uma fatia de mortadela e um molho de manga chamado *achar*. Custa poucos rands. Se tiver mais dinheiro, é possível dar uma incrementada. Se tiver dinheiro sobrando, pode colocar uma salsicha. Se tiver ainda mais, em vez de salsicha, uma linguiça de verdade, por exemplo uma *bratwurst*, ou talvez um ovo frito. O maior deles, com todos os extras, dá para alimentar três pessoas.

Para nós, o extra mais desejado era uma fatia de queijo. Queijo era um objeto de desejo porque era caro demais. Quem se importa com o padrão ouro? Na periferia, tínhamos o padrão queijo. Colocar queijo em qualquer coisa era sinal de riqueza. Um hambúrguer tudo bem, mas um cheeseburger significava que você tinha mais dinheiro que o cara que comprou só um hambúrguer. Queijo no sanduíche, queijo na geladeira, isso era um indício de que você levava uma vida boa. Em qualquer favela da África do Sul, se tivesse um pouco mais de dinheiro, as pessoas diziam: "Ah, você é um garoto queijo". Ou seja: você não é perifa, porque sua família tem dinheiro suficiente para comprar queijo.

Em Alex, como Bongani e sua gangue moravam em East Bank, eram considerados garotos queijo. Ironicamente, como moravam na primeira rua ao lado do rio, eram a escória de East Bank, e os rapazes das melhores casas, na zona mais alta de East Bank, eram os mais queijeiros dos garotos queijo. Bongani e sua gangue nunca admitiriam que eram garotos queijo. Eles afirmavam:

— A gente não é queijo. A gente é perifa.

Mas então os verdadeiros caras da perifa diziam:

— Até parece. Vocês não são perifa. Vocês são queijo.

— A gente não é queijo — insistiam os camaradas de Bongani, apontando para a zona alta de East Bank. — Eles são queijo.

Era só um bando de babacas fazendo tipo e provocando uns aos outros sobre quem era perifa e quem era queijo.

Bongani era o líder da gangue, o cara que juntou a turma e fazia as coisas acontecerem. Mzi era o braço-direito dele. Baixinho, só queria participar, fazer parte da turma. Bheki era o cara das biritas, sempre arranjando bebida e uma desculpa para beber. Tinha também Kakoatse. O apelido dele era G., de Mr. Nice Guy. A única coisa que G. tinha na cabeça era mulher. Se tivesse alguma mulher na parada, ele estava dentro. Finalmente Hitler, a alma da festa. Hitler só queria dançar.

Os garotos queijo ficaram em uma situação especialmente complicada quando o apartheid terminou. Uma coisa é nascer na periferia e saber que não vai deixar a periferia. Mas um garoto queijo conhece o mundo exterior. Sua família tem uma vida boa. Tem uma casa. Ele frequentou uma escola decente, talvez tenha até se formado. Ele tem mais potencial, mas não tem mais oportunidades. Ele tem consciência do mundo lá fora, mas não tem os meios para alcançá-lo.

A taxa de desemprego, tecnicamente, era "mais baixa" na África do Sul durante o apartheid, o que fazia sentido. Havia escravidão — por isso todos tinham emprego. Com a chegada da democracia, todos tinham que receber um salário mínimo. O custo da mão de obra aumentou, e, de repente, milhões de pessoas estavam sem trabalho. A taxa de desemprego entre os jovens negros pós-apartheid disparou para cerca de cinquenta por cento. O que acontece é que muitos dos rapazes terminam o ensino médio e não têm como bancar a universidade, e mesmo bicos em lojas são difíceis de conseguir quando você mora na periferia, tem determinada aparência e fala de um jeito diferente. Então, para muitos jovens das favelas da África do Sul, a liberdade é mais ou menos assim: todas as manhãs eles acordam, talvez seus pais trabalhem, talvez não. Depois saem de casa e ficam de bobeira na esquina o dia inteiro, jogando conversa fora. Eles são livres, foram ensinados a pescar, mas ninguém vai lhes dar uma vara.

Uma das primeiras lições que aprendi na periferia foi que há uma linha tênue entre ser civilizado e ser um criminoso. Gostamos de acreditar que vivemos em um mundo dividido entre bons e maus, e é fácil acreditar nisso nos bairros de classe média, pois as chances de conhecer um criminoso profissional nessas regiões são mínimas. Mas, ao frequentar a periferia, você percebe que há diferentes nuances entre um e outro.

Na periferia, os marginais eram seus amigos e vizinhos. Você os conhecia. Eles conversavam com você nas esquinas, participavam das festas. Faziam parte do seu mundo. Você já os conhecia antes de virarem bandidos. Em vez de "Olha só aquele traficante de crack", a reação era: "Uau, o pequeno Jimmy agora vende crack". O estranho sobre esses marginais era que, de relance, todos eram idênticos. Eles dirigiam o mesmo carro esportivo vermelho. Saíam com as mesmas garotas bonitas de dezoito anos. Era esquisito. Era como se não tivessem personalidade própria; eles compartilhavam a mesma personalidade. Um podia ser o outro e vice-versa. Todos aprenderam a ser o *mesmo* tipo de bandido.

Na periferia, mesmo não sendo um criminoso de verdade, o crime estava na sua vida de alguma forma. Há diferentes níveis de criminalidade. Todo mundo, desde a mãe que compra comida que caiu de um caminhão para alimentar a família até as gangues que vendem armamento e equipamento militar. A periferia me fez perceber que o crime prevalece porque faz a única coisa que o governo não faz: o crime cuida dos seus. O crime é uma organização. O crime cuida dos jovens que precisam de apoio e uma mão amiga. O crime oferece programas de estágio, trabalhos de verão e oportunidades de promoção. O crime se envolve com a comunidade. O crime não discrimina.

Minha vida no crime começou aos poucos, vendendo CDs piratas nas esquinas. Isso por si só já era um crime, e hoje eu sinto que devo dinheiro a todos esses artistas por ter roubado a música deles, mas, para os padrões da periferia, aquilo nem se enquadrava como ilegal. Na época, nunca ocorreu a nenhum de nós que o que estávamos fazendo era errado — se copiar CDs era crime, por que fabricavam gravadores de CDs?

A garagem da casa de Bongani tinha saída para a Springbok Crescent. Todas as manhãs, abríamos o portão, puxávamos uma extensão até a rua, montávamos uma mesa e tocávamos música. As pessoas passavam e perguntavam: "O que é isso? Posso ter um desse, por favor?" A nossa esquina também era onde vários motoristas de van terminavam suas rotas e faziam a volta para o estacionamento. Eles davam uma passadinha na nossa mesa, deixavam o pedido e voltavam mais tarde para pegar os CDs. Dar uma passadinha, fazer o pedido, voltar mais tarde e pegar os CDs. Passávamos o dia todo correndo até eles, voltando para a garagem para copiar mais CDs e retornando para vendê-los. Havia um contêiner convertido em barraco na esquina para onde íamos quando nos cansávamos da mureta. Tinha um telefone público instalado lá dentro que usávamos para ligações. Quando os negócios estavam fracos, íamos da mureta para o contêiner e vice-versa, conversando, passando o tempo com outras pessoas sem nada para fazer no meio do dia. Conversávamos com traficantes, com marginais. De tempos em tempos, a polícia aparecia para dar uma pressionada. Um dia normal na periferia. No dia seguinte, a mesma coisa.

O negócio dos CDs lentamente evoluiu para trapaças, pois Bongani conhecia todos os truques e sabia usá-los. Como Tom, Bongani era um malandro. Mas Tom pensava pequeno, e Bongani bolava grandes esquemas: se fizermos isso, conseguimos aquilo, depois trocamos aquilo por outra coisa, o que nos coloca na posição que precisamos para conseguir algo maior. Alguns motoristas de van não tinham como pagar na hora, por exemplo. "Não tenho dinheiro, porque acabei de começar as corridas", eles diziam. "Mas preciso de novas músicas. Posso ficar devendo e pagar de outra forma? Te dou uma corrida de graça. Pago no final do turno, no fim da semana." Assim, dávamos crédito aos motoristas, cobrando um pouco de juros.

Começamos a ganhar mais dinheiro. Algumas centenas a mais, nada além disso, talvez mil rands em uma ocasião, mas sempre dinheiro na mão. Bongani logo percebeu a posição em que estávamos. Dinheiro é algo de que todo mundo na periferia precisa. Sempre tinha alguém em busca de um empréstimo em curto prazo para alguma coisa: pagar uma conta, uma multa ou apenas segurar as pontas. As pessoas começaram a nos procurar pedindo dinheiro. Bongani fechava um negócio e depois vinha falar comigo: "Mano, vamos fechar negócio com esse cara. A gente empresta cem pilas, e ele vai pagar cento e vinte no fim da semana". Eu concordava. Então o cara voltava e nos pagava cento e vinte rands. E fazíamos tudo de novo. E depois mais ainda. Começamos a dobrar nossos ganhos, depois a triplicar.

Ter dinheiro também nos dava uma vantagem na economia de escambo da periferia. Todo mundo sabe que, se você estiver parado na esquina de uma rua principal na periferia, alguém vai tentar te vender alguma coisa. "E aí, mano. Quer maconha?" "Quer comprar um videocassete?" "Quer comprar um aparelho de DVD?" "Olha só, tô vendendo uma TV." É assim que as coisas funcionam.

Vamos imaginar dois caras negociando na esquina, um viciado em crack tentando vender um aparelho de DVD e um trabalhador interessado em comprar o aparelho, mas que não tem dinheiro porque ainda não recebeu o pagamento. A negociação continua, mas o viciado quer o dinheiro na hora. Viciados não esperam. Nada de pagamento a prazo com um viciado. Então, Bongani se metia na parada e puxava o trabalhador de lado.

— Olha só, ouvi você dizendo que não pode pagar o DVD agora — Bongani explicava. — Mas quanto você pretende dar no aparelho?

— Cento e vinte rands — o outro respondia.

— Beleza.

Aí Bongani chamava o viciado de lado.

— Quanto você quer pelo aparelho de DVD?

— Quero cento e quarenta rands.

— É o seguinte, você é crackeiro, não é? Este DVD é roubado. Vou te dar cinquenta rands.

O viciado reclamava um pouco, mas depois aceitava o dinheiro, porque é um viciado, e o que ele precisava no momento era de dinheiro para comprar crack. Bongani então falava com o trabalhador:

— Tudo bem, fechamos por cento e vinte rands. Tá aqui o seu aparelho de DVD. Ele é todo seu.

— Mas eu não tenho cento e vinte rands.

— Sem problemas. Pode levar agora, mas, em vez de cento e vinte, você me dá cento e quarenta quando receber o pagamento.

— Fechado.

Assim, investíamos cinquenta rands com o viciado e pegávamos cento e quarenta com o trabalhador. Mas Bongani conseguia aumentar ainda mais nossa margem de lucro. Vamos supor que o cara que comprou o DVD trabalhasse numa loja de sapatos.

— Quanto você paga por um tênis Nike com o seu desconto de funcionário? — Bongani perguntava.

— Posso conseguir um par por cento e cinquenta rands.

— Certo. Em vez de pagar cento e quarenta pra gente, a gente te dá dez e você compra um par de tênis da Nike com o seu desconto.

Agora o cara está indo embora com um aparelho de DVD e dez rands no bolso. Na cabeça dele, fez um grande negócio. Ele nos traz o Nike, e vamos atrás de um dos mais queijeiros dos garotos queijo, na parte alta de East Bank. Fazemos a proposta:

— Fala, mano. Estou sabendo que você quer o novo Nike Jordan. Tá custando trezentos na loja. A gente te vende por duzentos.

Vendemos os tênis, e agora transformamos sessenta rands em duzentos.

É assim que a periferia funciona. Sempre tem alguém comprando ou vendendo alguma coisa, e o lance é tentar estar metido nessa tramoia toda. Nada disso era legal. Ninguém sabia de onde vinha a mercadoria. O cara do tênis, será que ele realmente tem um "desconto de funcionário"? Você não sabe, e é melhor não perguntar. Alguém dizia: "Olha o que eu encontrei", e o outro respondia: "Legal, quanto você quer?" Esse é o código internacional.

No começo, eu não sabia que não deveria perguntar nada. Lembro uma vez que compramos um som de carro ou algo parecido.

— Mas de quem é isso? — perguntei.

— Ah, não se liga nessas coisas — um dos caras respondeu. — Os brancos têm seguro.

— Seguro?

— É, cara. Quando um branco perde alguma coisa, ele tem apólices de seguro que pagam pelo que ele perdeu, então é como se não perdesse nada.

— Tá certo — concordei. — Então tá tudo bem.

E era assim que justificávamos o que estávamos fazendo: quando os brancos perdem algo, eles recebem dinheiro. Só mais uma das vantagens de ser branco.

É fácil ser intolerante com o crime quando se vive em um mundo de riquezas que o afasta de toda essa realidade. A periferia me ensinou que todos têm diferentes noções do que é certo e errado, diferentes definições do que representa um crime e de quais níveis de criminalidade estão dispostos a participar. Se um viciado aparece vendendo caixas de cereal que ele roubou de um supermercado, a pobre mãe não vai pensar: *Estou ajudando e encorajando um criminoso ao comprar esse cereal*. Nada disso. Ela vai pensar: *Minha família precisa de comida e este cara está vendendo cereal*. Portanto ela compra o cereal.

Minha própria mãe, super-religiosa, cumpridora da lei, que costumava pegar no meu pé sobre respeitar as regras e aprender a me comportar... Nunca vou esquecer o dia em que cheguei em casa e na cozinha havia uma caixa gigante de hambúrgueres congelados, uns duzentos deles, de uma lanchonete chamada Black Steer. Um hambúrguer na Black Steer custava pelo menos vinte rands.

— Que diabo é isso? — indaguei.
— Ah, um cara no trabalho estava vendendo — ela explicou. — Ele me deu um ótimo desconto.
— Mas onde ele conseguiu isso?
— Sei lá. Ele disse que conhecia alguém que...
— Mãe, isso é roubado.
— Não tem como a gente saber.
— Mas a gente *sabe*. Onde mais um cara qualquer conseguiria todos esses hambúrgueres do nada?

É claro que nós comemos os hambúrgueres. E depois agradecemos a Deus pela refeição.

Quando Bongani me disse pela primeira vez "Vamos ali na perifa", pensei que fôssemos vender CDs e dar festas. Na verdade, estávamos vendendo CDs e dando festas para financiar uma operação de agiotagem e penhora na periferia. Rapidamente, essa virou a nossa principal atividade.

Os dias na periferia eram sempre iguais. Eu acordava cedo. Bongani vinha me encontrar no meu apartamento, e pegávamos uma van até Alex com meu computador, carregando a torre gigante e o monitor enorme e pesado até lá. Montávamos tudo na garagem de Bongani e começávamos a preparar a primeira leva de CDs. Depois, fazíamos nossa caminhada. Íamos até a esquina da Nineteenth com a Roosevelt para tomar café da manhã. Quando você tenta economizar, comida é o setor em que é preciso ter cuidado. É preciso planejar, senão você acaba comendo seus lucros. Assim, todas as manhãs comíamos *vetkoek*, que é basicamente um bolinho frito. Eram bem baratos, uns cinquenta centavos cada. Dava para comprar uma porção e ter energia suficiente para nos sustentar até mais tarde.

Nós nos sentávamos na esquina para comer. Enquanto isso, recebíamos os pedidos dos motoristas de van à medida que passavam por nós. Em seguida, íamos para a garagem de Bongani ouvir música, levantar uns pesos e gravar os CDs. Por volta de dez, onze horas, os motoristas começavam a voltar das corridas matinais. Pegávamos os CDs e íamos até a esquina para entregar os pedidos. Depois disso, ficávamos lá na esquina, jogando conversa fora, conhecendo gente nova, vendo quem aparecia, tentando entender o que o dia tinha reservado para nós. Esse cara precisa disso. Aquele cara está vendendo aquilo. Nunca sabíamos o que ia acontecer.

Na hora do almoço, era sempre uma correria. Circulávamos por todos os cantos de Alexandra, indo a diferentes lojas e esquinas, fazendo negócios com todo mundo. Andávamos de graça nas vans, porque essa era uma oportunidade para falar das músicas de que eles precisavam, mas secretamente aquele era um jeito de não pagar pela viagem. "Oi, a gente veio pegar os pedidos. Vamos conversar enquanto você dirige. Do que você tá precisando? Que tipo de música você quer? Tá precisando do novo Maxwell? Beleza, nós temos o novo Maxwell. Tá certo, a gente se fala mais tarde. A gente fica aqui mesmo." Aí pegávamos outra carona para onde quer que precisássemos ir em seguida.

Depois do almoço, tudo ficava mais calmo, e era então que almoçávamos, geralmente o que tivesse de mais barato disponível, como um *smiley* acompanhado de papa de milho. *Smiley* é cabeça de cabra cozida e coberta de pimenta chili. Esse prato se chama *smiley* porque, quando você termina de comer toda a carne, parece que a cabra está sorrindo para você. As bochechas e a língua são a parte mais saborosa, mas os olhos são nojentos. Eles explodem na boca. Quando você morde, é como uma bola de pus que estoura na sua boca. Não é crocante. Não dá para mastigar. O sabor é insosso.

Depois do almoço, voltávamos para a garagem para relaxar, tirar um cochilo e fazer mais CDs. À tarde, era a vez das mães. As mães nos adoravam. Eram nossa melhor clientela. Como as mães cuidam da casa, são elas que querem comprar aquela caixa de sabão que caiu do caminhão, e prefeririam comprar conosco a lidar com algum viciado. Lidar com viciados é bem desagradável. Éramos rapazes honestos e educados de East Bank. Podíamos até cobrar um extra por agregarmos respeitabilidade à transação. As mães também são as que mais precisam de empréstimos em curto prazo, para comprar isso ou aquilo para a família. Mais uma vez, elas preferem lidar conosco a negociar com algum bandido agiota. As mães sabiam que não íamos quebrar a perna de ninguém se elas não conseguissem pagar. Essa não era nossa filosofia. Além disso, não seríamos capazes disso — é bom não esquecer essa parte. Mas era aí que entrava a genialidade de Bongani. Ele sempre sabia o que um cliente tinha a oferecer caso não conseguisse pagar.

Fizemos as trocas mais estranhas que você pode imaginar. As mães na periferia são muito protetoras em relação às filhas, especialmente se elas forem bonitas. Em Alex, algumas garotas viviam trancadas em casa. Iam à escola e voltavam direto para casa. Não tinham permissão para sair. Os garotos não tinham permissão de falar com elas, nem mesmo de andar perto da casa — nada disso. Sempre tinha algum rapaz falando de uma dessas garotas trancadas: "Ela é tão linda. Eu faria qualquer coisa pra ficar com ela". Mas ele não podia. Ninguém podia.

Um dia, a mãe daquela garota aparecia pedindo um empréstimo. Assim que o empréstimo era feito, até que o pagamento fosse realizado, ela não podia nos expulsar da casa dela. Então, passávamos pela casa para bater papo, jogar conversa fora. A filha ficava ali por perto, mas a mãe não podia dizer: "Não fale com estes garotos!" O empréstimo nos dava abertura para estabelecer uma relação com a mãe. Éramos convidados para jantar. Quando ficava estabelecido que éramos gente boa, rapazes honestos, ela concordava em nos deixar levar a filha para uma festa, desde que prometêssemos trazê-la de volta em segurança. Então, falávamos com o cara que estava desesperado para conhecer a menina:

— Ei, vamos fazer um acordo. A gente traz a garota pra sua festa e você pode conversar com ela. Quanto você pode pagar?

— Não tenho dinheiro — ele diria —, mas tenho umas caixas de cerveja.

— Beleza. Hoje à noite a gente aparece na sua festa. Pode pagar com duas caixas.

— Fechado.

Então íamos para a festa. Convidávamos a garota, que geralmente estava ansiosa para escapar da prisão da mãe. O cara trazia a cerveja e passava um tempo com a garota, nós cancelávamos a dívida da mãe dela em sinal de gratidão e conseguíamos o dinheiro de volta vendendo a cerveja. Havia uma saída para tudo. E geralmente essa era a parte mais divertida: ver a situação de diferentes ângulos, resolver problemas, entender o que vai para onde, quem precisa do que, quem podemos conectar com quem para conseguir o dinheiro.

No auge das nossas operações, provavelmente tínhamos um capital de uns dez mil rands. Era empréstimos saindo e juros entrando. Tínhamos um estoque de Jordans e aparelhos de DVD que fomos comprando para revender. Também precisávamos comprar CDs em branco, contratar as vans para trabalhar nas festas e alimentar cinco marmanjos três vezes ao dia. Tínhamos tudo registrado no computador. Por ter tido contato com o universo da minha mãe, eu sabia trabalhar com planilhas. Tínhamos montado um documento no Excel com o nome de todo mundo, indicando quanto cada um devia, a data de pagamento e se já estava pago ou não.

No fim do expediente, era a hora em que os negócios pegavam fogo. Motoristas de vans retirando um último pedido, homens chegando em casa do trabalho. Os homens não estavam atrás de sabão ou de cereais. Eles queriam tecnologia — aparelhos de DVD, tocadores de CD, jogos de PlayStation. Também chegava mais gente querendo vender alguma coisa, já que haviam passado o dia todo fazendo trambiques e roubando. Sempre tinha um cara vendendo um celular, outro vendendo jaquetas de couro, outro vendendo sapatos. Tinha um cara que parecia a versão negra do Sr. Burns, dos *Simpsons*. Ele sempre aparecia no final do turno com as coisas mais aleatórias possíveis, como uma escova de dentes elétrica sem o carregador. Uma vez ele trouxe um barbeador elétrico.

— Que diabo é isso?

— Um barbeador elétrico.

— Um barbeador elétrico? A gente é preto. Tem ideia do que uma coisa dessas é capaz de fazer com a nossa pele? Acha que tem alguém aqui que usaria um barbeador elétrico?

Ninguém sabia onde ele conseguia esses itens. Era melhor não perguntar. Depois de um tempo, juntamos as peças do mistério: ele trabalhava no aeroporto. Aquelas eram as quinquilharias que ele afanava da bagagem das pessoas.

Lentamente, a correria começava a diminuir, e nos preparávamos para encerrar o dia. Fazíamos nossas últimas cobranças, verificávamos nosso estoque de CDs, fazíamos o balanço das contas. Se tivesse alguma festa para trabalhar naquela noite, começávamos a nos preparar. Senão, comprávamos algumas cervejas e ficávamos de bobeira, bebendo, conversando sobre o dia, ouvindo os tiros ao longe. Tiroteios aconteciam todas as noites, e sempre tentávamos adivinhar que tipo de arma era aquela. "Essa é uma nove milímetros." Geralmente tinha algum tipo de perseguição policial, viaturas correndo atrás de algum cara que roubou um carro. Depois, todos iam para casa jantar com a família. Eu pegava meu computador, embarcava numa van, ia para casa, dormia e, no dia seguinte, começava tudo de novo.

Passou-se um ano. Dois anos. Parei de fazer planos de ir para a faculdade, já que não estava nem perto de conseguir o dinheiro para a matrícula.

O problema da periferia é que você está sempre trabalhando, trabalhando, trabalhando, e a sensação é de que algo está acontecendo, quando na realidade não tem nada acontecendo. Eu estava lá todos os dias, das sete da manhã às sete da noite, e todos os dias era a mesma coisa: Como transformar dez rands em vinte? Como transformar vinte rands em cinquenta? Como transformar cinquenta em cem? No fim do dia, gastávamos com comida e algumas cervejas, então voltávamos para casa e, no dia seguinte: Como transformar dez em vinte? Como transformar vinte em cinquenta? Levava o dia inteiro para fazer aquele dinheiro render. Você tinha que estar sempre em movimento, andando, pensando. Tinha que conseguir um cara, encontrar um cara, conhecer um cara. Várias vezes terminávamos o dia no zero, mas a sensação era sempre de ter sido um dia muito produtivo.

Trambique é para o trabalho o que a internet é para a leitura. Se fôssemos somar quanto lemos na internet em um ano — tuítes, posts no Facebook, listas —, seria o equivalente a uma quantidade enorme de livros, mas na realidade não lemos nenhum livro em um ano. Quando penso naquela época, vejo que o trambique era assim. Esforço máximo para obter ganho mínimo. Eu estava dando voltas sem chegar a lugar nenhum. Se tivesse usado minha energia para estudar, teria obtido um MBA. Em vez disso, eu me graduei em trambique, diploma que não conseguiria em nenhuma universidade.

Quando cheguei a Alex, fui atraído pela energia e pela agitação do lugar, mas, acima de tudo, lá eu me sentia aceito, mais que no ensino médio ou em qualquer outra parte. Quando apareci pela primeira vez, alguns acharam suspeito. "Quem é esse rapaz *coloured*?" Mas a periferia não julga ninguém. Se você quer estar lá, não tem problema nenhum. Afinal eu não morava na periferia, tecnicamente eu era um intruso ali, mas pela primeira vez na vida não me sentia assim.

A vida na periferia também é confortável, sem muito estresse. Toda a sua energia mental está focada em se virar, então não sobra muito tempo para questionar sobre o que é importante. Quem sou eu? Quem eu deveria ser? Será que estou fazendo o suficiente? Na periferia, você pode ser um homem de quarenta anos morando com a mãe, pedindo dinheiro emprestado, e ninguém vai te desprezar por isso. Você nunca se sente um fracassado na periferia, porque sempre tem alguém pior que você, e também não sente que precisa fazer mais, porque os mais bem-sucedidos também não estão muito longe de você. Assim, você vive em um estado de animação suspensa.

A periferia também tem um ótimo senso de comunidade. Todo mundo se conhece, do viciado em crack até o policial. As pessoas cuidam umas das outras. A regra na periferia é que, se alguma mãe te pede para fazer algo, você concorda. A frase era: "Me faz um favor?" Como se todas fossem sua mãe, e você fosse o filho de todas elas.

— Me faz um favor?
— Claro, precisa de quê?
— Preciso que vá comprar leite e pão.
— Firmeza.

Ela então te dá o dinheiro e você vai comprar leite e pão. Desde que você não esteja ocupado e que isso não te custe nada, não tem por que dizer não.

Na periferia, o mais importante é compartilhar. Ninguém fica rico sozinho. Tem dinheiro? Por que não está ajudando as pessoas? Se a senhora que mora naquele quarteirão precisa de ajuda, todos fazem uma vaquinha. Se você vai comprar cerveja, você compra para todo mundo. E compartilha com todos. Todos precisam saber que o seu sucesso traz benefícios para a comunidade de um jeito ou de outro, senão você vira um alvo.

A favela também cuida do seu próprio policiamento. Se alguém é pego roubando, a favela dá um jeito. Se alguém é pego invadindo uma casa, a favela dá um jeito. Se você for pego estuprando uma mulher, reze a Deus para a polícia te pegar antes que a favela te pegue. Se uma mulher está levando uma surra, ninguém se envolve. São muitas as perguntas envolvidas em uma surra. Por que estão brigando? Quem é o responsável? Quem começou a briga? Mas estupro é estupro. Roubo é roubo. Você profanou a comunidade.

A periferia era estranhamente confortável, mas conforto pode ser perigoso. Conforto proporciona chão, mas também teto. Na turma, nosso amigo G. era como todos nós, desempregado, dando bobeira por aí. Até que conseguiu um emprego em uma loja chique de roupas. Todas as manhãs ele ia trabalhar, e os rapazes zoavam com a cara dele. Ele vinha todo arrumadinho, e nós dávamos risada.

— Ei, G., olha só pra você, todo almofadinha!
— E aí, G., vai bater cartão com o homem branco hoje?
— Ô, G., vê se não esquece de trazer uns livros da biblioteca!

Certa manhã, depois de um mês que G. estava trabalhando na loja, estávamos na mureta quando ele apareceu de chinelo e meias. Não estava arrumado para o trabalho.

— Que foi que aconteceu, G.? E o seu emprego?
— Não trabalho mais lá.
— Por quê?
— Eles me acusaram de roubo e fui demitido.

Nunca vou esquecer que, na época, fiquei me questionando se ele tinha feito aquilo de propósito. Se sabotar para ser aceito de volta no grupo.

A periferia tem uma força gravitacional. Nunca te deixa para trás, mas também não te deixa partir. Afinal, quando você decide partir, está insultando o lugar que te criou e te fez quem você é, sem nunca te deixar na mão. E esse lugar revida.

Assim que as coisas começam a ir bem para você na periferia, é hora de partir. Senão, você é engolido de volta. Ela encontra um jeito. Sempre vai ter um cara que vai roubar alguma coisa e colocar essa coisa no seu carro para a polícia encontrar — algo desse tipo. Você não pode ficar. Você acha que pode. Começa a melhorar de vida e leva seus amigos da periferia para curtir uma balada da moda. Do nada, alguém começa uma briga e um dos seus amigos puxa uma arma. Alguém leva um tiro, e você lá, perdido, se perguntando: "Que diabo acabou de acontecer?"

A periferia aconteceu.

Certa noite, eu era o DJ de uma festa, não em Alex, mas logo ao lado, em Lombardy East, um bairro mais arrumadinho de negros de classe média. Alguém chamou a polícia por causa do barulho. Eles vieram paramentados para uma guerra, apontando as metralhadoras. Era assim que a polícia agia. Não tinha pequeno e depois grande. Aquilo que os americanos chamam de SWAT era a nossa polícia regular. Eles buscavam a fonte da música, e a música vinha de mim. Um dos policiais veio até onde eu estava com meu computador e me apontou um fuzil.

— Desliga esse negócio agora mesmo.
— Tá bem, tá bem — acatei. — Já tô desligando.

Mas eu usava Windows 95, que demorava uma *eternidade* para desligar. Estava fechando as janelas, desligando os programas. Eu tinha um daqueles drives Seagate enormes que danificavam facilmente, portanto não queria desligar da tomada, porque podia avariar o equipamento. O policial claramente não dava a mínima para aquilo tudo.

— Desliga agora! Desliga agora!
— Tô desligando! Tô desligando! Preciso fechar os programas!

A multidão estava ficando furiosa, e o policial, nervoso. Ele moveu a arma em direção ao computador e atirou. Mas claramente ele não sabia nada de computadores, porque atirou no monitor. A tela explodiu, mas a música continuou tocando. Aquilo virou um caos — música no último volume, e todos correndo em pânico por causa dos tiros. Puxei o cabo da tomada e desliguei a coisa toda. Os policiais, então, começaram a lançar gás lacrimogêneo na multidão.

O gás não tinha nada a ver comigo ou com a música. Gás lacrimogêneo é apenas o que a polícia usa para encerrar as festas nos bairros de negros, como numa boate, em que acendem as luzes dando sinal de que é hora de ir para casa.

Perdi meu disco rígido. Apesar de o policial ter atirado no monitor, a explosão de alguma forma queimou a coisa toda. O computador ainda ligava, mas não conseguia ler o drive. Eu tinha perdido minha biblioteca de músicas. Mesmo se conseguisse dinheiro para um novo disco rígido, ia levar anos para formar novamente meu acervo de músicas. Não havia como substituí-lo. A minha carreira de DJ tinha chegado ao fim. O negócio dos CDs foi para o saco. De repente, nossa gangue tinha perdido sua fonte de renda. Tudo que nos restava eram os esquemas, e demos muito duro para dar continuidade aos negócios, usando o pouco de dinheiro que tínhamos na mão para tentar duplicá-lo, comprando uma coisa aqui e trocando por outra ali. Nossas economias foram para o espaço, e em menos de um mês estávamos na pior.

Então certa noite, depois do trabalho, nosso amigo do aeroporto, o Sr. Burns negro, veio até nós.

— Olha só o que eu consegui — anunciou ele.

— O que você tem aí?

— Uma câmera.

Nunca vou esquecer aquilo. Era uma câmera digital. Compramos dele, e eu peguei e liguei. Estava cheia de fotos de uma família branca de férias, e eu me senti um lixo. As outras mercadorias que comprávamos não tinham importância para mim. Nikes, escovas elétricas, barbeadores. Quem se importa? Talvez alguém fosse demitido por causa de uma caixa de cereais roubada no supermercado, mas o distanciamento te protege da culpa. A gente nem pensava nisso. Mas aquela câmera tinha um rosto. Olhei para as fotos, sabendo quanto as minhas fotos de família significavam para mim, e pensei: *Não roubei uma câmera. Roubei as lembranças de alguém. Roubei parte da vida de alguém.*

Pode parecer estranho, mas, em dois anos de trambiques, nunca enxerguei o que estava fazendo como crime. Eu honestamente não achava que era errado. "São apenas coisas que as pessoas encontram." "Os brancos têm seguro." Qualquer justificativa valia. Na sociedade, fazemos coisas horríveis ao próximo porque não enxergamos aqueles que são afetados. Não olhamos na cara deles. Não os enxergamos como pessoas. E esse era o principal motivo de as periferias existirem: para manter as vítimas do apartheid longe dos olhos e do coração. Afinal, se o branco enxergasse o negro como humano, perceberia que a escravidão é inconcebível. Vivemos em um mundo onde não enxergamos os desdobramentos dos nossos atos, pois não convivemos com o outro. Seria muito mais difícil para um investidor tirar dinheiro das pessoas com hipotecas de alto risco se ele de fato tivesse que morar com aqueles que enganou. Se conseguíssemos enxergar a dor do outro e ter mais empatia, nunca valeria a pena cometer um crime, para início de conversa.

Por mais que precisássemos do dinheiro, nunca vendi a câmera. Eu me sentia culpado demais, como se aquilo fosse me trazer um carma ruim. Eu sei, parece estupidez, afinal a família continuou sem a câmera, mas simplesmente não consegui. Aquele objeto me fez encarar o fato de que havia alguém do outro lado que sofria as consequências do que eu fazia, e o que eu estava fazendo era errado.

Certa noite, nosso grupo foi convidado para dançar em Soweto, numa competição com outro grupo. Hitler competiria com o principal dançarino deles, Hector, um dos melhores na África do Sul naquela época. Aquele convite era muito importante. Estávamos representando nossa periferia. Sempre houve um tipo de rivalidade entre Alex e Soweto. Soweto era vista como a favela esnobe, e Alexandra era suja e verdadeira. Hector era de Diepkloof, a parte mais abastada de Soweto. Foi em Diepkloof que as primeiras casas de um milhão de rands foram construídas com a democracia. "Olha só, não somos mais uma favela. Agora temos casas de luxo." Era esse o pensamento. Eram eles os nossos adversários. Hitler praticou a semana toda.

Pegamos uma van até Diepkloof na noite da competição, eu, Bongani, Mzi, Bheki, G. e Hitler. Hector venceu. Depois, G. foi pego beijando uma das garotas de lá, o que virou uma briga, e a partir daí as coisas só pioraram. No retorno a Alex, por volta de uma da manhã, saindo de Diepkloof para pegar a autoestrada, policiais pararam nossa van. Fizeram todos saírem para revistar o veículo. Estávamos em pé do lado de fora, em fila ao lado da van, quando um deles veio até nós.

— Encontramos uma arma — anunciou ele. — De quem é?

Nós nos entreolhamos, confusos.

— A gente não sabe — respondemos.

— Nada disso, alguém sabe. Alguém é dono dessa arma.

— Policial, a gente não sabe de nada — disse Bongani.

Ele deu um tapa forte na cara do Bongani.

— Não mente pra mim!

Então, foi caminhando de uma ponta a outra da fila, dando um tapa na cara de cada um de nós, fazendo acusações quanto à posse da arma. Não podíamos fazer nada além de aguentar firme.

— Vocês são lixo — exclamou o policial. — De onde vocês são?

— Alex.

— Ahhhh, agora tudo faz sentido. Vira-latas de Alex. Vocês vêm aqui e assaltam pessoas, estupram mulheres e roubam carros. Um bando de vagabundos.

— Não, somos dançarinos. Não sabemos nada...

— Tô nem aí. Vocês vão pra cadeia até descobrirmos de quem é a arma.

Depois de um tempo entendemos o que estava acontecendo. O policial estava nos pressionando para conseguir propina. "Multa no ato" é o eufemismo que todos usam. Você tinha que passar por uma elaborada dança com o policial, oferecendo dinheiro sem realmente dizer as palavras.

— Será que não tem outra saída? — era a pergunta a ser feita ao policial.

— O que vocês querem que eu faça?

— Sentimos muito, policial. O que podemos fazer?

— Me digam vocês.

Essa era a deixa para você inventar uma história que indicasse ao policial quanto dinheiro você tinha ali. O problema era que não tínhamos nem um centavo na hora. Então, fomos para a cadeia. A van em que estávamos era um transporte público. A arma podia ser de qualquer um, mas apenas os caras de Alex foram presos. Todos os outros foram liberados. Os policiais nos levaram para a delegacia e nos colocaram numa cela, depois cada um de nós foi chamado para interrogatório. Quando me chamaram, tive que informar meu endereço: Highlands North. O policial me encarou, totalmente confuso.

— Você não é de Alex — disse ele. — O que está fazendo com esses bandidos? — Eu não sabia o que dizer. Ele me fuzilou com os olhos e prosseguiu: — Escuta aqui, riquinho. Tá achando divertido andar por aí com esse tipo de gente? A brincadeira acabou. Me conte a verdade sobre seus amigos e a arma e eu te libero.

Eu me recusei, e ele me mandou de volta para a cela. Passamos a noite lá. No dia seguinte, liguei para um amigo que disse que podia pegar dinheiro emprestado com o pai para nos tirar da cadeia. Mais tarde, o pai dele veio até a delegacia e pagou para sairmos. Os policiais insistiam em falar "fiança", mas era suborno. Nunca fomos formalmente presos ou processados. Nenhuma papelada.

Conseguimos sair e tudo ficou bem, mas aquilo nos abalou. Todos os dias estávamos na rua, fazendo trambiques, tentando agir como se de alguma forma fizéssemos parte das gangues, mas na verdade sempre fomos mais queijo que perifa. Criamos essa imagem sobre nós mesmos como um mecanismo de defesa para sobreviver naquele mundo. Bongani e os outros rapazes de East Bank, por causa da origem e da aparência, tinham pouca esperança. Havia apenas duas opções numa situação como aquela. Conseguir um emprego no comércio, fritar hambúrgueres no McDonald's, se tivesse sorte e fosse um dos poucos a conseguir ir tão longe. A outra opção era endurecer e assumir aquela imagem. Sair da periferia não era uma opção, então o jeito era sobreviver seguindo as regras dela.

Escolhi viver naquele mundo, mas eu não era parte dele. Na verdade, eu era um impostor. Dia após dia, eu vivia aquela realidade como todos os outros, mas a diferença era que, bem lá no fundo, eu sabia que tinha outras opções. Eu podia sair. Eles, não.

* * *

Certa vez, quando eu tinha dez anos, enquanto visitava meu pai em Yeoville, precisei de pilhas para um dos meus brinquedos. Minha mãe tinha se recusado a comprar pilhas novas para mim, é claro, já que para ela aquilo era desperdício de dinheiro, então fui escondido até a loja e afanei um pacote. Um segurança me pegou quando eu estava saindo, me levou até o escritório dele e ligou para minha mãe.

— Pegamos seu filho roubando pilhas — explicou ele. — Você precisa vir buscá-lo.

— Não — disse ela. — Pode mandá-lo para a cadeia. Se ele pretende ser desobediente, precisa aprender quais são as consequências.

Ela, então, desligou. O segurança me encarou, confuso. Depois de um tempo, ele me deixou ir embora, concluindo que eu era algum tipo de órfão indomável, afinal que mãe teria coragem de mandar seu filho de dez anos para a prisão?

* * *

17
O MUNDO NÃO TE AMA

Minha mãe nunca me deu mole. Sempre que eu me metia em confusão, ela era durona comigo, dando sermões, castigos, surras. Todas as vezes. Para todas as minhas infrações. A vida é assim mesmo em muitas famílias negras. Eles tentam disciplinar você antes que o sistema o faça. "Eu preciso ser duro assim antes que a polícia faça pior." Afinal é só nisso que os pais negros pensam a partir do momento em que você já é grande o suficiente para andar pelas ruas, onde a lei está à sua espera.

Em Alex, ser preso era uma realidade da vida. Era algo tão comum que, nas esquinas, usávamos um sinal para indicar que alguém estava na cadeia, juntando os punhos como se estivéssemos de algemas. Todos sabiam o que aquilo significava.

— Cadê o Bongani?

Sinal com os punhos.

— Fala sério. Quando?

— Sexta à noite.

— Ah, merda.

Minha mãe odiava a periferia. Não gostava dos amigos que eu tinha lá. Se eu os trouxesse para casa, ela não permitia que eles entrassem. "Não gosto desses meninos", dizia. Não é que ela os odiasse pessoalmente; odiava o que eles representavam. "Você e esses rapazes se metem em muita encrenca", criticava. "Você precisa escolher com cuidado com quem anda, porque o lugar onde você está pode determinar quem você é."

Segundo ela, o que mais odiava na periferia era que lá eu não era pressionado a me tornar uma pessoa melhor. Ela queria que eu andasse com meu primo na universidade.

— Que diferença faz se estou na universidade ou na periferia? — eu costumava argumentar. — Até parece que vou entrar na universidade.

— Verdade, mas a pressão da universidade vai ter um impacto sobre você. Eu te conheço. Você não vai aguentar ver os outros se tornando pessoas melhores que você. Se estiver em um ambiente positivo e progressivo, também vai se sentir assim. Estou sempre te dizendo para mudar de vida, mas você não me escuta. Um dia você vai ser preso, e, quando isso acontecer, não me procure. Vou mandar a polícia te deixar na cadeia pra você aprender.

E isso acontecia mesmo. Alguns pais negros não pagavam a fiança dos filhos nem contratavam um advogado — era uma forma de disciplina com amor levada às últimas consequências. Mas nem sempre isso funciona, porque você está sendo severo com seu filho quando o que ele realmente precisa é de amor. Você está tentando ensinar uma lição, mas essa lição vai ser o resto da vida dele.

Numa determinada manhã, vi um anúncio no jornal. Uma loja estava fazendo uma liquidação de celulares, e os preços eram tão ridículos que eu sabia que Bongani e eu conseguiríamos vendê-los na periferia e ter lucro. A loja ficava em um bairro residencial, longe demais para ir andando e fora das rotas das vans. Felizmente, a oficina do meu padrasto tinha vários carros velhos dando sopa no quintal.

Eu costumava "pegar emprestados" os carros de Abel desde que tinha catorze anos. Dizia que estava fazendo um teste para ver se tinham sido bem consertados. Abel não via graça nenhuma naquilo. Fui pego muitas vezes, pego e submetido à ira da minha mãe. Mas isso nunca me impediu de nada.

A maioria dos carros não estava regulamentada. Não tinha os registros devidos nem número de placa. Por sorte, Abel também tinha uma pilha de placas velhas nos fundos da garagem. Logo aprendi que só precisava colocar uma delas em um carro velho para poder rodar pela cidade. Eu tinha dezenove anos, talvez vinte, sem ponderar nenhuma das consequências dos meus atos. Passei na oficina de Abel quando não tinha ninguém por perto, peguei um dos carros, o Mazda vermelho que havia usado no baile de formatura, coloquei uma placa velha nele e fui em busca dos celulares em promoção.

Fui parado em Hillbrow. A polícia da África do Sul não precisa de motivo para te parar no trânsito. Eles te param porque são policiais com poder para isso, simples assim. Eu assistia a filmes americanos em que os policiais paravam o carro e diziam "Você não deu seta" ou "A lanterna traseira está queimada". Sempre me perguntei: *Por que os policiais americanos se dão o trabalho de mentir?* Se tem uma coisa a que eu dou valor na África do Sul é que ainda não aperfeiçoamos o sistema a ponto de sentirmos a necessidade de mentir.

— Você sabe por que foi parado?

— Porque você é da polícia e eu sou negro?

— Exatamente. Carteira de motorista e documento do carro, por favor.

Quando o policial me parou, era uma dessas situações em que eu queria dizer: "Ei, eu sei que fui parado só por causa do meu perfil racial!" Mas não podia me defender porque, naquele momento, estava de fato infringindo a lei. O policial se aproximou da minha janela e fez as perguntas típicas. Aonde você está indo? Esse carro é seu? De quem é? Não consegui responder nenhuma delas. Estava completamente petrificado.

O engraçado é que, por ser jovem, eu estava mais preocupado com a reação dos meus pais que com a justiça. Já tinha passado por desentendimentos com a polícia em Alexandra, em Soweto, mas sempre em razão das circunstâncias: uma festa que foi encerrada, uma vistoria em uma van. A lei estava sempre ao meu redor, mas nunca tinha vindo atrás de mim, Trevor, especificamente. E, quando não se tem muita experiência com a justiça, ela parece bem sensata — os policiais são quase sempre uns babacas, mas você sabe que eles estão fazendo o trabalho deles.

Já os seus pais, ali não tem nada de sensato. Eles são o juiz, o júri e o carrasco durante toda a sua infância, e a sensação é a de que você recebe a sentença de prisão perpétua para cada delito mínimo. Naquele momento, em que eu deveria estar apavorado com o policial, a única coisa que passava pela minha cabeça era: *Deu ruim, deu ruim, deu ruim. Tô ferrado quando chegar em casa.*

O policial checou o registro da placa e descobriu que o número não correspondia ao do carro. Agora a coisa ficou séria.

— Este carro não está no seu nome! O que tem de errado com essa placa?! Saia do veículo!

Foi só então que me dei conta: *Agora ferrou de vez. Tô encrencado de verdade.* Saí do carro, ele me algemou e disse que eu estava sendo preso por suspeita de roubo de veículo. Fui levado para a delegacia, e o carro foi apreendido.

A delegacia de polícia de Hillbrow é exatamente igual a qualquer outra delegacia da África do Sul. Foram todas construídas pela mesma empreiteira no auge do apartheid — ramificações do sistema nervoso central de um Estado policial. Se você fosse vendado e levado de uma delegacia para a outra, provavelmente nem notaria que não estava mais no mesmo lugar. São edifícios estéreis, institucionalizados, com lâmpadas fluorescentes e piso barato, como um hospital. O policial me levou para dentro e me colocou sentado na mesa da recepção. Fui fichado e tiraram minhas impressões digitais.

Enquanto isso, estavam verificando o carro, algo que também não estava indo muito a meu favor. Sempre que pegava um carro emprestado na oficina de Abel, eu tentava levar uma das velharias em vez do carro de um cliente de verdade; achava que assim o problema não seria tão grande. Que erro. Como o Mazda era um dos carros que Abel usava para testes, a documentação não era muito clara. Se o carro tivesse um proprietário, a polícia ligaria para essa pessoa, que por sua vez explicaria que o carro foi deixado na oficina para consertar, e a confusão toda se resolveria. Mas, como o carro não tinha um proprietário, não havia como provar que não era roubado.

O roubo de carros, naquela época, era algo comum na África do Sul. Tão comum que ninguém mais ficava surpreso quando acontecia. Você convidava um amigo para jantar na sua casa e, mais tarde, recebia uma ligação:

— Desculpa. Roubaram meu carro. Vou chegar atrasado.

— Que droga. Galera! Roubaram o carro do Dave.

— Sentimos muito, Dave!

E a festa continuava. Isso se a pessoa sobrevivesse ao roubo. Em muitos casos, não. Era comum as pessoas levarem tiros durante um roubo de carro. Além de eu não ter como provar que não tinha roubado o carro, também não tinha como provar que não havia assassinado ninguém. Os policiais estavam me pressionando:

— Você matou alguém pra pegar o carro, moleque? Hein? Você é um assassino?

A encrenca em que eu tinha me metido era realmente grande. Só tinha uma salvação: meus pais. Uma ligação resolveria todo o problema. "Este é o meu padrasto. Ele é mecânico. Eu peguei o carro emprestado dele escondido." Pronto. Na pior das hipóteses, levaria um tapa na mão por dirigir um carro sem registro. Mas o que estaria me esperando ao chegar em casa?

Fiquei ali, sentado na delegacia — todo mundo achando que eu era tipo um personagem de GTA, um suspeito plausível de roubo de carro ou assassinato —, em dúvida se ligava para os meus pais ou se ia para a prisão. Quanto ao meu padrasto, eu pensava: *É bem possível que ele me mate de verdade*. Na minha cabeça, aquele era um cenário totalmente realista. Quanto à minha mãe, o pensamento era: *Ela vai piorar ainda mais as coisas. Ela não é o tipo de testemunha de caráter de que eu preciso neste momento. Ela não vai me ajudar.* Afinal ela disse com todas as palavras que não me ajudaria. "Se algum dia você for preso, não me procure." Eu precisava de alguém solidário à minha situação e não acreditava que ela fosse essa pessoa. Então não liguei para os meus pais. Decidi que não precisava deles. Eu era um homem. Tinha como dar conta sozinho. Resolvi usar minha ligação para chamar meu primo e disse a ele para não contar a ninguém o que tinha acontecido enquanto eu pensava numa saída — agora só precisava encontrar uma.

Vieram me recolher no fim da tarde, então, quando terminaram os procedimentos de entrada, já era hora de desligar as luzes. Eu ia passar a noite na cadeia, gostando ou não. Foi naquele momento que um policial me puxou de lado e me explicou o que ia acontecer.

O sistema carcerário na África do Sul funciona da seguinte maneira: você é preso e colocado numa cela na delegacia até a audiência para fixar a fiança. Na audiência, o juiz analisa seu caso, ouve os argumentos da acusação e, depois, pode arquivar o caso ou estabelecer a fiança e a data do julgamento. Se tiver como bancar a fiança, é só pagar e ir para casa. Mas a audiência pode dar errado de várias maneiras. Você pode ter um advogado designado pela corte que não leu o seu caso e não sabe nada do que está acontecendo. Sua família não tem como pagar a fiança. Também pode acontecer de o tribunal estar ocupado demais. "Desculpe, mas estamos cheios de casos. Encerramos com as audiências por hoje." Não importa o motivo, ao sair da cela da delegacia, você não volta mais para lá. Se a sua situação não for resolvida no mesmo dia, eles te mandam para o presídio para esperar o julgamento. No presídio, você é colocado com os outros que estão esperando julgamento, não com o restante dos detentos, mas mesmo a seção de espera é incrivelmente perigosa, pois ali estão desde pessoas detidas por violações de trânsito até criminosos calejados de verdade. Ficam todos juntos, e sua audiência pode levar dias, semanas, até meses. Do mesmo jeito que acontece nos Estados Unidos. Se você for pobre ou não entender como o sistema funciona, pode acabar caindo numa dessas armadilhas e ir parar nesse estranho purgatório em que não está preso, mas está na prisão mesmo assim. Você ainda não foi condenado por nenhum crime, mas está trancado, sem poder sair.

Esse policial me puxou de lado e disse:

— Olha só, é melhor evitar a audiência de fiança. Eles vão designar um procurador do Estado que não sabe nada do que está acontecendo. Ele não vai ter tempo pra você. Vai pedir pro juiz adiar sua audiência, e você pode sair livre ou não. Escuta o que estou te dizendo, você não quer isso. Você tem o direito de ficar aqui pelo tempo que quiser. É melhor arranjar um advogado e decidir tudo antes de chegar perto de um tribunal ou de um juiz.

Ele não estava me dando esse conselho porque era bonzinho. Tinha um esquema com o advogado de defesa — mandava clientes em troca de comissão. Ele me passou o cartão do homem e eu liguei para ele, que concordou em pegar o meu caso. O advogado me disse para segurar as pontas enquanto cuidava da situação.

Agora eu precisava de dinheiro, pois advogados, por mais gentis que sejam, não fazem nada de graça. Liguei para um amigo e perguntei se ele podia pedir ao pai dele para me emprestar dinheiro. Ele disse que daria um jeito. Falou com o pai dele, e o advogado recebeu seu adiantamento no dia seguinte.

Com o advogado resolvido, pensei que tivesse a situação sob controle. Estava me sentindo o máximo. Tinha lidado com a situação e, o mais importante, sem que minha mãe e Abel soubessem de nada.

Quando chegou a hora de desligar as luzes, um policial veio até mim para pegar os meus pertences. Meu cinto, minha carteira, meus cadarços.

— Por que você precisa dos meus cadarços?

— Para você não se enforcar.

— Tudo bem.

Mesmo depois de ele ter dito isso, eu ainda não tinha entendido a gravidade da situação. Enquanto caminhava para a cela da delegacia, olhando para os outros seis sujeitos detidos ali, pensava: *Nada de mais*.

Vai ficar tudo bem. Vou sair desta furada. Era esse o meu pensamento até a porta da cela ser trancada atrás de mim e o guarda gritar: "Desligar luzes!" Foi então que me desesperei. *Ai, merda. Isto é real.*

Os guardas me deram um colchonete e um cobertor áspero. Estiquei os dois no chão de concreto e tentei me acomodar. Todos os filmes de presídio a que eu já tinha assistido passavam pela minha mente. A única coisa que eu pensava era: *Vou ser estuprado. Vou ser estuprado. Vou ser estuprado.* Mas é claro que ninguém me estuprou, porque eu não estava no presídio. Estava na cadeia, o que era muito diferente, algo que eu entenderia só mais tarde.

Acordei na manhã seguinte com aquela sensação passageira de que tudo que eu tinha vivido fora um sonho. Então olhei ao redor e lembrei que não. Veio o café da manhã, e me preparei para esperar.

Um dia na cadeia nada mais é que silêncio interrompido por guardas que passam gritando atrocidades durante as rondas. Dentro da cela de detenção provisória, ninguém abre a boca. Ninguém entra numa cela e diz: "E aí, rapaziada! Meu nome é Brian!" Porque todos estão com medo, e ninguém quer parecer vulnerável. Ninguém quer ser vítima de estupro. Ninguém quer ser aquele que é assassinado. Não queria que ninguém soubesse que eu era só um moleque preso por uma infração de trânsito, então busquei na minha mente todos os estereótipos de comportamento que eu imaginava que alguém na prisão teria e tentei agir daquela maneira.

Na África do Sul, todo mundo sabe que os criminosos *coloured* são os mais cruéis, os mais selvagens. É um estereótipo que você absorve por toda a sua vida. As gangues *coloured* mais conhecidas são as gangues dos números: a 26, a 27 e a 28. Elas controlam as prisões. São conhecidas pela brutalidade — mutilação, tortura, estupro, decapitação —, não apenas por dinheiro, mas para provar quanto são cruéis e implacáveis, como os cartéis de drogas mexicanos. Aliás, muitas dessas gangues se inspiram nas gangues mexicanas. A aparência é a mesma: tênis All Star Converse com calça Dickies e camisa aberta, com apenas o primeiro botão fechado.

Na adolescência, quando um policial ou segurança me parava, geralmente não era porque eu era negro, mas porque parecia *coloured*. Fui a uma boate certa vez com meu primo e um amigo. O segurança revistou Mlungisi e o deixou passar. Revistou o nosso amigo e o deixou passar. Então ele me revistou e olhou na minha cara.

— Cadê a faca?
— Não tenho nenhuma faca.
— Eu sei que tem uma faca escondida em algum lugar. Cadê?

Ele me revistou e revistou, até que finalmente desistiu e me deixou entrar, olhando para mim como se eu fosse um marginal.

— Não quero saber de *surpresinhas*, entendeu?!

Concluí que, por estar na cadeia, as pessoas presumiriam que eu era o tipo de *coloured* que vai parar na prisão, um criminoso violento. Então assumi o papel. Entrei no personagem, adotei o estereótipo. Sempre que a polícia me perguntava alguma coisa, eu começava a falar tudo errado em africâner, com um forte sotaque *coloured*. Imagine um americano branco, escuro o suficiente para se passar por latino, dando pinta na cadeia de bandido mexicano, imitando mal e porcamente os diálogos do cinema. "Não se mete comigo não, *hombre*." Era mais ou menos isso que eu estava fazendo — uma versão sul-africana disso. Esse era o meu plano brilhante para sobreviver à cadeia. E funcionou. Os caras que estavam na cela comigo foram presos por dirigir bêbados, violência doméstica ou furto. Não tinham ideia de como um criminoso *coloured* era de verdade. Ninguém se meteu comigo.

Estávamos todos no mesmo jogo, mas ninguém sabia que estava jogando. Quando entrei naquela cela na primeira noite, todos me olharam da mesma forma: "Sou perigoso. Não se mete comigo". Então eu me apavorei: *Ferrou. Estes caras são criminosos calejados. O que eu tô fazendo aqui? Não sou criminoso.* No dia seguinte, a situação se inverteu rapidamente. Um por um, os outros foram para suas audiências, eu fiquei à espera do meu advogado, e novas caras foram chegando. Agora eu era o veterano no pedaço, dando meu showzinho de marginal *coloured*, lançando aquele mesmo olhar aos outros: "Sou perigoso. Não se mete comigo". E eles me olhavam e pensavam: *Ferrou. Ele é um bandido calejado. O que eu tô fazendo aqui? Não sou como ele.* E, assim, o ciclo continuava.

Foi quando me ocorreu que talvez todos ali na cela estivessem fingindo. Éramos todos rapazes decentes de bairros tranquilos e boas famílias, enquadrados por multas não pagas e outras infrações. Podíamos estar nos divertindo, compartilhando uma refeição, jogando cartas e falando de mulheres e futebol. Mas nada disso aconteceu, porque todos estavam dando pinta de perigosos e ninguém abria a boca, pois tinham medo de quem o outro fingia ser. Uma hora aqueles sujeitos sairiam da cadeia, voltariam para casa e para a família contando: "Querida, foi terrível. Aqueles criminosos eram de verdade. Tinha um cara *coloured* lá. Amor, ele tinha jeito de assassino".

Quando entendi qual era o jogo, fiquei tranquilo novamente. Pude relaxar. Mais uma vez, voltei a pensar: *Eu dou conta disso. Nem é tão ruim assim.* A comida era até decente. No café da manhã, era sanduíche de creme de amendoim em fatias grossas de pão. No almoço, frango e arroz. O chá era quente demais; era mais água que chá, mas dava para beber. Havia uns prisioneiros que já estavam lá fazia mais tempo, quase no fim da sentença, e a função deles era limpar as celas e distribuir livros e revistas aos detentos. Era bem relaxante.

Lembro um momento em que estava comendo minha refeição e pensando: *Isso nem é tão ruim assim. Fico de bobeira com um bando de caras. Nenhuma obrigação. Sem contas pra pagar. Ninguém me enchendo o saco e me dizendo o que fazer. Sanduíches de creme de amendoim? Eu como sanduíches de creme de amendoim o tempo todo. Isto aqui é ótimo. Acho que dou conta disso.* Tinha tanto medo da surra que me esperava em casa que genuinamente considerei a possibilidade de ir para o presídio. Por um breve momento, pensei que tinha um plano. *Vou desaparecer por alguns anos, voltar e explicar que fui sequestrado. Minha mãe nunca vai saber de nada e vai ficar superfeliz ao me ver.*

No terceiro dia, os policiais trouxeram o maior homem que eu já tinha visto na vida. Aquele cara era *gigantesco*. Músculos enormes.

Pele escura. Rosto endurecido pela vida. Parecia que ele podia matar todos nós. Eu e os outros detentos fingindo ser durões — na hora em que ele entrou na cela, nossa pose foi para o espaço. Todos ficamos aterrorizados. Não conseguíamos parar de encará-lo. *Ferrou...*

Por algum motivo, o cara estava seminu quando foi preso. Vestia as roupas que a polícia arranjou para ele na delegacia: uma regata rasgada, pequena demais para ele, e uma calça tão curta que ia até abaixo dos joelhos. Ele parecia a versão negra do Incrível Hulk.

Ele entrou e sentou sozinho num canto. Ninguém disse nada. Todos o observavam nervosos, esperando que fizesse alguma coisa. Então, um dos policiais veio buscar o Hulk, pois precisavam de mais informações dele. O policial começou a fazer várias perguntas, mas o sujeito só balançava a cabeça dizendo que não entendia nada. O policial falava zulu. Hulk falava tsonga. De negro para negro, e nenhum dos dois se entendia — essa era a Torre de Babel. Poucos na África do Sul falavam tsonga, mas, como meu padrasto era dessa etnia, eu sabia um pouco. Escutei o policial e o outro sujeito naquele vaivém sem chegar a lugar nenhum, então resolvi me intrometer e traduzir para eles, resolvendo a situação.

Nelson Mandela uma vez disse: "Se falar com um homem numa língua que ele compreende, isso entra na cabeça dele. Se falar com um homem na língua dele, você atinge seu coração". Ele estava certo. Quando você se esforça para falar na língua de outra pessoa, mesmo se forem frases básicas aqui e ali, a mensagem que está passando é: "Eu entendo que você tem uma cultura e identidade que vão além de mim. Eu enxergo você como um ser humano".

Foi exatamente isso que aconteceu com Hulk. No minuto em que falei com ele, aquele rosto que antes parecia tão ameaçador e cruel se iluminou em gratidão. "*Ah, na khensa, na khensa, na khensa. Hi wena mani? Mufana wa mukhaladi u xitiela kwini xiTsonga? U huma kwini?*" "Ah, obrigado, obrigado, obrigado. Quem é você? Como um *coloured* como você fala tsonga? Você é de onde?"

Quando começamos a conversar, percebi que ele não tinha nada de Hulk. Era o gigante mais doce e gentil do mundo, um ursão de pelúcia. Era um homem simples, sem instrução. Presumi que ele fosse um assassino, que tivesse destroçado uma família até a morte com as próprias mãos, mas não era nada disso. Ele tinha sido preso por roubar jogos de PlayStation. Estava sem emprego e precisava de dinheiro para mandar para a família e, ao ver o preço dos jogos, achou que podia roubar alguns e vender a uns garotos brancos para levantar uma grana. Assim que ele me contou aquilo, entendi que não era um bandido perigoso. Eu conheço o mundo da pirataria — videogames roubados não têm valor, pois é mais barato e menos arriscado copiá-los, como os pais de Bolo faziam.

Tentei ajudá-lo um pouco. Contei a ele a minha ideia de não ir à audiência para preparar minha defesa, então ele também resolveu ficar na cela esperando, e nós nos demos bem e ficamos juntos por alguns dias, batendo papo e nos conhecendo melhor. Ninguém na cela sabia o que pensar da gente, o delinquente *coloured* durão e seu amigo ameaçador que parecia o Hulk. Ele me contou sua história, uma história sul-africana que eu conhecia muito bem: cresceu durante o apartheid, trabalhando numa fazenda, o que essencialmente era trabalho escravo. Era um verdadeiro inferno, mas já era alguma coisa. Recebia uma mixaria, mas pelo menos tinha um salário. Diziam a ele onde estar e o que fazer a cada minuto do dia. Então, com o fim do apartheid, nem isso ele tinha mais. Foi aí que decidiu ir para Johannesburgo em busca de emprego, para tentar alimentar os filhos, que ficaram em sua terra natal. Mas estava perdido. Não tinha instrução. Não tinha qualificações. Ele não sabia o que fazer nem onde ficar. O mundo aprendeu a ter medo dele, mas a realidade é que ele estava com medo do mundo, pois não tinha nenhuma das ferramentas necessárias para se virar. Então o que ele resolveu fazer? Roubar. Virou um ladrãozinho pé de chinelo. Entrando e saindo da cadeia. Aí ele teve a sorte de arranjar um emprego na construção civil, mas acabou sendo demitido. Dias depois, entrou numa loja, viu uns jogos de PlayStation, pegou alguns, mas o que ele não sabia era que estava roubando algo que não tinha valor nenhum.

Eu me senti tão mal por ele. Quanto mais tempo eu passava na cadeia, mais entendia que a lei não tinha nada de lógico. É uma loteria. Qual a cor da sua pele? Quanto dinheiro você tem? Quem é seu advogado? Quem é o juiz? Roubar jogos de PlayStation era um delito pequeno quando comparado a dirigir um carro com placa fria. Ele havia cometido um crime, mas não era mais delinquente do que eu. A diferença era que ele não tinha amigos ou família que pudessem ajudá-lo. Não tinha como pagar um advogado, portanto era obrigado a aceitar o procurador do Estado. Ele iria para o banco dos réus sem falar ou entender inglês, e todos no tribunal pensariam o pior dele. Depois seria mandado para o presídio por um tempo, aí seria liberado com o mesmo nada que tinha antes. Se eu tivesse que adivinhar, diria que ele tinha uns trinta e cinco, quarenta anos, com mais trinta e cinco, quarenta anos pela frente da mesma realidade.

O dia da minha audiência chegou. Me despedi do meu novo amigo e desejei tudo de bom para ele. Em seguida, fui algemado e colocado na traseira de uma viatura, levado para o tribunal para encontrar meu destino. Nos tribunais sul-africanos, para minimizar sua exposição e as oportunidades de escapar, a cela de espera é um recinto enorme cercado por grades embaixo do tribunal; ao subir um lance de escadas, você chega direto ao banco dos réus, em vez de ter que ser escoltado pelos corredores. Nessa cela provisória, você é colocado com outros que estavam no presídio aguardando julgamento há semanas ou meses. É uma combinação estranha de pessoas, desde criminosos do colarinho branco até aqueles pegos nas blitze da polícia e bandidos da pesada, cobertos de tatuagens de cadeia. Como na cena da taverna de *Star Wars*, em que uma banda está tocando, Han Solo está num canto e todos os caras maus e caçadores de recompensas de todas as partes do universo estão lá, de bobeira — uma colmeia infame de escória e delinquência, mas sem música nem Han Solo.

Estive na companhia daquelas pessoas por um curto espaço de tempo, mas foi naquele momento que vi a diferença entre presídio e cadeia. Vi a diferença entre criminosos e pessoas que cometeram crimes. Vi o endurecimento no rosto das pessoas. Pensei em como tinha sido ingênuo algumas horas antes, achando que a cadeia nem era assim tão ruim e que eu dava conta dela. Agora eu estava realmente com medo do que poderia acontecer comigo.

Quando entrei naquela jaula, eu era um jovem saudável, de pele aveludada. Na época, tinha um penteado afro gigante, e a única maneira de controlá-lo era prendendo-o em uma espécie de rabo de cavalo que me deixava com uma aparência de menininha. Eu parecia o Maxwell. Os guardas fecharam a porta atrás de mim, e um velhote repugnante gritou em zulu do fundo da cela: *"Ha, ha, ha! Hhe madoda! Angikaze ngibone indoda enhle kangaka! Sizoba nobusuku obuhle!"* "Ei, ei, ei! Fala sério. Nunca vi um cara assim tão bonito. A noite vai ser muito boa!"

Ferroooooooou.

Bem ao meu lado, quando entrei na cela, tinha um jovem totalmente descontrolado, falando sozinho, chorando sem parar. Ele olhou para cima, direto nos meus olhos; acho que pensou ter encontrado um irmão com quem poderia conversar. Veio até mim e começou a contar como foi preso e jogado na cadeia, falou que as gangues roubaram suas roupas e sapatos, que o estupraram e bateram nele todos os dias. Ele não era um delinquente. Era um jovem instruído e articulado. Teve que esperar um ano pelo julgamento. Ele queria se matar. Aquilo me deixou aterrorizado.

Olhei ao redor do recinto. Tinha fácil uns cem detentos espalhados lá dentro, mas claramente reunidos em grupos raciais definidos: num canto, um bando de negros; em outro canto, os *coloured*; alguns indianos sozinhos e um punhado de brancos do outro lado. Aqueles que foram transportados comigo na van da polícia, no minuto em que saímos do veículo, instintivamente, sem hesitar, se juntaram aos grupos a que pertenciam. Eu congelei.

Não sabia para onde ir.

Olhei para o canto dos *coloured*. Ali estava a gangue de presídio mais famosa e violenta da África do Sul. Eu me parecia com eles, mas não era um deles. Não podia chegar perto com meu sotaque falso de bandido sem que eles descobrissem que eu era uma fraude. De jeito nenhum. Fim de jogo, companheiro. A última coisa que eu precisava era de uma gangue *coloured* contra mim.

Mas e se eu ficasse no canto dos negros? Afinal sou negro e me identifico como negro, mas não era considerado negro, então será que os outros negros entenderiam por que estava me aproximando deles? Que tipo de encrenca eu poderia iniciar indo até lá? Me aproximar dos negros parecendo um *coloured* poderia irritar as gangues *coloured* ainda mais que ir até o canto dos *coloured* fingindo ser quem eu não era. Afinal foi isso que aconteceu a minha vida inteira. Os *coloured* me viam com os negros e vinham tirar satisfações, querendo brigar comigo. Eu estava prestes a começar uma guerra racial na cela provisória.

— Ei! Por que você tá andando com os pretos?
— Porque eu sou preto.
— Não é, não. Você é *coloured*.
— Então, amigo, eu sei que parece, mas deixa eu explicar. É uma história engraçada. Meu pai é branco e minha mãe é negra, raça é uma construção social, então...

Aquilo não funcionaria. Não ali.

Esses pensamentos passaram pela minha cabeça em um instante. Eu fazia cálculos malucos, analisando os detentos, esquadrinhando o recinto, avaliando as variáveis. *Se eu for aqui, isso acontece. Se eu for ali, aquilo acontece.* A minha vida inteira passou diante dos meus olhos — o parquinho na escola, o mercadinho em Soweto, as ruas em Eden Park, todas as vezes e todos os lugares em que tive que ser um camaleão, navegando entre grupos e explicando quem eu era. Parecia a versão infernal de um refeitório escolar: se eu escolhesse a mesa errada, seria espancado, esfaqueado ou estuprado. Nunca senti tanto medo na vida. Mas ainda tinha que escolher. Afinal o racismo existe, e você tem que escolher um lado. Você pode até afirmar que não escolhe lados, mas chega uma hora em que a vida te força a fazer uma escolha.

    Naquele dia, eu escolhi branco. Não parecia que eles fossem capazes de me machucar. Era um bando de típicos branquelos de meia-idade. Fui até eles. Passamos um tempo juntos, conversando. A maioria estava ali por crimes do colarinho branco, esquemas financeiros, fraude e extorsão. Eles não serviriam de nada se alguém resolvesse arrumar encrenca; também levariam uma surra. Mas não fariam nada comigo. Eu estava seguro.

    Por sorte, o tempo passou bem rápido. Fiquei por lá apenas uma hora antes de ser chamado ao tribunal, onde o juiz podia me liberar ou me mandar para o presídio para esperar o julgamento. Na saída, um dos brancos se aproximou de mim.

— Faça de tudo pra não voltar aqui — aconselhou ele. — Chore se for preciso, qualquer coisa pra convencer o juiz. Se você subir e for mandado de volta, sua vida nunca mais vai ser a mesma.

    No tribunal, meu advogado estava à minha espera. Meu primo Mlungisi também estava lá, no auditório, pronto para pagar minha fiança se fosse o caso.

    O meirinho leu em voz alta a minha citação, e o juiz olhou para mim.

— Como vai você? — perguntou ele.

Eu perdi a pose. Tinha mantido a fachada de durão por quase uma semana e não aguentava mais.

— N-Nada bem, Meritíssimo. Não tô nada bem.

Ele parecia confuso.

— O quê?!

Repeti:

— Nada bem, senhor. Tô sofrendo muito.

— Por que você está me dizendo isso?

— Porque o senhor perguntou.

— Quem te perguntou?

— Você perguntou. Você acabou de me perguntar.

— Eu não perguntei "*Como* vai você?", perguntei "*Quem* é você?". Por que eu perderia o meu tempo perguntando "Como vai você?"! Isto aqui é a cadeia. Eu sei que tá todo mundo sofrendo. Se eu perguntasse pra todo mundo "Como vai você", nós ficaríamos aqui o dia inteiro. O que eu perguntei foi "*Quem* é você?". Diga o seu nome para os registros.

— Trevor Noah.

— Muito bem. Agora podemos prosseguir.

A sala do tribunal caiu na risada, então também comecei a rir. Mas agora estava ainda mais petrificado, pois não queria que o juiz pensasse que eu não o estava levando a sério.

Acontece que eu não precisava ter me preocupado tanto. O que veio em seguida levou apenas alguns minutos. Meu advogado tinha conversado com o promotor e tudo já estava arranjado de antemão. Ele apresentou o meu caso. Eu não tinha antecedentes. Não era perigoso. Não houve objeções por parte da acusação. O juiz definiu uma data para o meu julgamento e estabeleceu a fiança. Eu estava livre.

Quando saí do tribunal, senti o calor do sol no meu rosto e disse: "*Juro* que nunca mais volto para aquele lugar". Eu tinha passado quase uma semana numa cela que não chegava a ser terrivelmente desconfortável, com comida que não era assim tão ruim, mas uma semana na cadeia era tempo demais. Uma semana sem cadarço era tempo demais. Uma semana sem relógio, sem o sol, parecia uma eternidade. Só de pensar em como poderia ter sido pior, realmente cumprir sentença num presídio de verdade, eu não conseguia nem imaginar.

Fui com Mlungisi até a casa dele, tomei um banho e dormi lá. No dia seguinte, ele me deixou na casa da minha mãe. Entrei pela garagem, bancando o casual. Meu plano era dizer que tinha dormido na casa de Mlungisi nos últimos dias. Entrei na casa como se nada tivesse acontecido.

— Oi, mãe! E aí?

Ela não disse nada nem fez perguntas. Pensei comigo mesmo: *Beleza. Legal. Tá tudo bem com a gente.*

Fiquei por lá quase o dia todo. Mais tarde, estávamos na mesa da cozinha, conversando. Comecei a contar um monte de histórias sobre o que eu e Mlungisi tínhamos feito durante a semana e percebi que minha mãe balançava a cabeça lentamente, com um olhar esquisito. Eu nunca tinha visto aquele olhar antes. Não era do tipo "Um dia eu te pego". Não era um olhar de raiva ou desaprovação. Era decepção. Ela estava magoada.

— Que foi? — indaguei. — Que foi que eu fiz?

Ela disse:

— Moleque, quem você acha que pagou a sua fiança? Hein? Quem você acha que pagou o seu advogado? Você acha que eu sou idiota? Achou realmente que ninguém me contaria?

A verdade tinha vindo à tona. É claro que ela sabia de tudo: o carro. Todo esse tempo, o carro ficou desaparecido. Eu estava tão preocupado em me virar na cadeia e encobrir o meu rastro que esqueci que a prova do crime estava bem ali, no quintal: o Mazda vermelho desaparecido da entrada da garagem. E, é claro, quando liguei para o meu amigo pedindo ajuda com o dinheiro do advogado, ele pediu para o pai, que por sua vez quis saber para que era o dinheiro e, por ser pai, imediatamente ligou para a minha mãe. Ela deu o dinheiro ao meu amigo para pagar o advogado. Ela deu o dinheiro para o meu primo pagar a fiança. Passei a semana toda na cadeia achando que eu era muito safo. Mas minha mãe sabia de tudo o tempo todo.

— Eu sei que você acha que sou algum tipo de megera reclamona — concluiu ela —, mas você esquece que o motivo de eu ser tão dura com você é porque eu te amo. Tudo que sempre fiz foi por amor. Se eu não te castigar, o mundo vai te castigar muito mais. O mundo não te ama. Se a polícia te pegar, a polícia não te ama. Quando te dou uma surra, estou tentando te salvar. Quando eles te dão uma surra, estão tentando te matar.

* * *

A minha sobremesa favorita quando criança, e ainda hoje minha predileta, era gelatina com creme de ovos. Em um sábado, minha mãe estava preparando uma grande festa de família e fez uma travessa enorme de gelatina com creme e a colocou na geladeira. Tinha todos os sabores: vermelho, verde e amarelo. Não consegui resistir. O dia inteiro, sempre que passava pela geladeira, eu abria a porta para roubar uma colherada. Era uma travessa gigantesca, que deveria durar uma semana, para toda a família. Acabei com ela sozinho em um dia.

Naquela noite, enquanto dormia, fui atacado impiedosamente por pernilongos. Os pernilongos adoram me picar, e na infância era ainda pior. Eles costumavam acabar comigo durante a noite. Eu acordava coberto de picadas, enjoado e coçando por toda parte. E foi exatamente isso que aconteceu naquele domingo de manhã. Coberto de picadas, com o estômago inchado de tanta gelatina, mal conseguia levantar da cama. Senti como se fosse vomitar a qualquer momento. Então minha mãe entrou no quarto.

— Vista-se — disse ela. — Vamos para a igreja.

— Não estou me sentindo bem.

— É por isso que nós temos que ir à igreja. É onde Jesus vai te curar.

— Acho que não é assim que as coisas funcionam.

Minha mãe e eu tínhamos ideias diferentes sobre como Jesus agia. Ela acreditava que, se você rezasse para Jesus, ele viria te ajudar com o que você precisasse. A minha visão de Jesus era mais realista.

— Acho melhor tomar um remédio — argumentei — e depois rezar para agradecer a Jesus por nos dar os médicos que inventaram o remédio, pois o remédio é o que nos faz sentir bem, não Jesus.

— Você não precisa de remédio se tiver Jesus. Jesus vai te curar. Reze para Jesus.

— Mas o remédio não é uma bênção de Jesus? E se Jesus nos deu o remédio, mas não o tomarmos, não estaremos negando a graça que ele nos deu?

Como todos os nossos debates sobre Jesus, essa conversa não levou a lugar nenhum.

— Trevor — disse ela —, se você não for à igreja, vai acabar piorando. Sorte sua ter ficado doente no domingo, porque agora nós vamos à igreja e você pode rezar para Jesus pedindo que ele te cure.

— Parece tudo muito bom, mas não seria mais simples eu ficar em casa?

— Não. Vista-se. Vamos para a igreja.

* * *

18
A VIDA DA MINHA MÃE

Depois que trancei meu cabelo para o baile de formatura, comecei a ser notado pelas mulheres pela primeira vez. Agora eu tinha encontros de verdade. Às vezes achava que era porque a minha aparência tinha melhorado. Outras vezes, que era porque as garotas valorizavam eu ter passado pelo mesmo sofrimento que elas passavam para ficar bonitas. Seja como for, quando descobri a fórmula do sucesso, não ia mexer em time que estava ganhando. Comecei a frequentar o salão toda semana, passando horas alisando e trançando o cabelo. Minha mãe olhava para mim, frustrada. "Eu nunca sairia com um homem que passa mais tempo do que eu cuidando do cabelo", ela dizia.

De segunda a sábado, minha mãe trabalhava no escritório e cuidava de sua horta vestida como uma mendiga. No domingo de manhã, para ir à igreja, ela arrumava o cabelo, colocava um vestido bacana e salto, parecia uma dama da alta sociedade. Quando já estava pronta, ela não resistia e me provocava, fazendo piadinhas do jeito que sempre fazíamos um com o outro.

— E agora, quem é a mais bonitona da família, hein? Espero que tenha gostado da sua semana sendo o bonitão do pedaço, porque agora a rainha está de volta. Você perdeu quatro horas no salão pra fazer esse penteado. Eu só tomei um banho.

Ela só estava se divertindo comigo; nenhum filho quer falar de quanto sua mãe é sexy. Afinal, falando sinceramente, ela era linda. Linda por dentro e por fora. Tinha uma autoconfiança que eu nunca tive. Mesmo trabalhando na horta, vestida de macacão e coberta de terra, dava para ver quanto ela era atraente.

Imagino que minha mãe tenha partido alguns corações na sua época, mas, do momento em que eu nasci em diante, apenas dois homens existiram na vida dela: meu pai e meu padrasto. Logo na esquina depois da casa do meu pai em Yeoville, havia uma oficina chamada Mighty Mechanics. O nosso Fusca estava sempre quebrando, e minha mãe o levava lá para consertar. Foi onde conhecemos esse sujeito superlegal chamado Abel, um dos mecânicos do local. Eu costumava encontrá-lo quando íamos buscar o carro. O Fusca quebrava direto, então estávamos sempre lá. Depois de um tempo, parecia que estávamos lá o tempo todo, mesmo quando não havia nada de errado com o carro. Eu tinha seis, talvez sete anos. Não entendia nada do que estava acontecendo. Só sabia que, de repente, esse cara estava sempre por perto. Ele era alto, magro e esbelto, mas forte. Tinha braços longos e mãos grandes. Conseguia erguer motores de carro e caixas de câmbio. Ele tinha boa aparência, mas não era do tipo bonitão. Minha mãe gostava disso nele; ela dizia que existe um tipo de feio que as mulheres acham atraente. Ela o chamava de Abie. Ele a chamava de Mbuyi, apelido para Nombuyiselo.

Eu também gostava dele. Abie era charmoso e engraçado, tinha um sorriso fácil, agradável. Ele também adorava ajudar as pessoas, especialmente se estivessem em apuros. Se um carro quebrasse no meio da autoestrada, ele parava para ver se podia ajudar. Se alguém gritasse "Pega ladrão!", ele era o cara que ia atrás do meliante. A senhorinha da casa ao lado precisava de ajuda com umas caixas? Ele era o cara. Ele gostava que todos gostassem dele, o que tornava ainda mais difícil lidar com o comportamento abusivo dele. Afinal, se você acha que alguém é um monstro, mas todo mundo o vê como um santo, você começa a achar que o errado é você. *Só pode ser por minha culpa que isso está acontecendo.* Essa era a única conclusão plausível, afinal que outra explicação teria para você ser o único a lidar com a fúria dele?

Abel sempre foi bacana comigo. Ele não tentava ser meu pai, e meu pai ainda fazia parte da minha vida, então eu não estava procurando alguém para substituí-lo. *É o amigo legal da mamãe*, era assim que eu o enxergava. Ele começou a frequentar nossa casa em Eden Park. Certas noites, queria que ficássemos com ele na garagem convertida em casa em Orange Grove, e assim acontecia. Depois eu incendiei a casa dos brancos, e foi o fim desse período. A partir de então, passamos a morar juntos em Eden Park.

Uma vez, minha mãe e eu estávamos em uma reunião de oração quando ela me puxou de lado.

— Ei — exclamou. — Quero te contar uma novidade. O Abel e eu vamos nos casar.

Instintivamente, sem pensar, soltei:

— Acho que não é uma boa ideia.

Eu não estava chateado. Era uma impressão que tinha sobre o sujeito, uma intuição. Já sentia alguma coisa estranha mesmo antes do incidente na amoreira. Aquela noite não mudou a opinião que eu já tinha sobre Abel, apenas comprovou de fato do que ele era capaz.

— Entendo que deve ser difícil para você — ela me consolou. — Eu entendo que você não queira um novo pai.

— Não é isso — respondi. — Eu gosto do Abel. Gosto muito dele. Mas não acho que você devia se casar com ele. — Eu ainda não conhecia a palavra "sinistro", mas, se conhecesse, provavelmente a usaria. — Tem alguma coisa errada com ele. Eu não confio nele. Não acho que ele seja uma boa pessoa.

Nunca achei ruim que minha mãe saísse com esse cara, mas nunca considerei a possibilidade de ele se tornar parte permanente da nossa família. Eu gostava de ficar com Abel da mesma forma que gostei de brincar com filhotes de tigre a primeira vez que fui a um santuário: foi legal, eu me diverti, mas nunca pensei em trazê-los para casa.

Para não sobrar mais nenhuma dúvida sobre Abel, havia mais um detalhe que estava o tempo todo bem na nossa cara: o nome dele. Ele era Abel, o bom irmão, o bom filho, um nome tirado diretamente da Bíblia. E fazia jus ao nome. Era o primogênito, dedicado, cuidou da mãe e dos irmãos. Era o orgulho da família.

Mas Abel era seu nome ocidental. Seu nome em tsonga era Ngisaveni, que significa "Tenha medo".

Minha mãe e Abel se casaram. Não houve cerimônia nem troca de alianças. Eles assinaram a papelada e pronto. Um ano depois, mais ou menos, nasceu meu irmãozinho, Andrew. Só me lembro vagamente de a minha mãe desaparecer por alguns dias e voltar com essa novidade que chorava, cagava e comia, mas, quando se tem nove anos, a chegada de um irmão não muda muito a sua realidade. Não era eu que trocava as fraldas; eu estava sempre fora, jogando fliperama na loja, correndo pelo bairro.

O fato mais marcante para mim sobre o nascimento de Andrew foi nossa primeira viagem para conhecer a família de Abel durante o Natal. Eles moravam em Tzaneen, uma cidade em Gazankulu, que foi a terra nativa do povo tsonga durante o apartheid. Tzaneen tinha um clima tropical, quente e úmido. Os fazendeiros brancos da região cultivavam as frutas mais deliciosas — manga, lichia, as bananas mais incríveis que já experimentei na vida. É de onde saem todas as frutas que exportamos para a Europa. Mas nas terras dos negros, vinte minutos estrada abaixo, o solo foi esgotado por anos de cultivo e pastagem excessivos. A mãe dele e suas irmãs eram bem tradicionais, donas de casa, e Abel e seu irmão mais novo, que era policial, sustentavam a família. Eram todos muito gentis e generosos e nos aceitaram como parte da família imediatamente.

Aprendi que a cultura tsonga é extremamente patriarcal. Estamos falando de um mundo em que as mulheres devem se curvar para saudar um homem. Homens e mulheres tinham interações sociais limitadas. Os homens matavam os animais, e as mulheres faziam a comida. Os homens não tinham permissão para entrar na cozinha. Por ser um menino de nove anos, eu achava aquilo fantástico. Não me deixavam fazer nada. Em casa, minha mãe sempre me obrigava a fazer tarefas — lavar a louça, varrer a casa —, mas, quando tentou fazer o mesmo em Tzaneen, as mulheres não permitiram.

— Trevor, arrume sua cama — minha mãe ordenava.

— Não, não, não, não — protestava a mãe de Abel. — O Trevor pode ir brincar lá fora.

Elas me faziam sair para me divertir enquanto minhas novas primas tinham que limpar a casa e ajudar as mulheres a cozinhar. Eu estava no paraíso.

Minha mãe odiou cada minuto que passamos lá. Para Abel, por ser o primogênito trazendo para casa seu primeiro filho, aquela viagem era muito importante. Nas terras nativas, o primogênito quase se torna o pai/marido da casa na ausência do pai que está trabalhando na cidade. O primogênito é o homem da casa. Ele cuida dos irmãos. A mãe o trata com certo nível de respeito, como se fosse o representante do pai. Como aquele era o grande retorno de Abel ao lar com Andrew, ele esperava que minha mãe adotasse uma postura mais tradicional também. Mas ela se recusou.

As mulheres em Tzaneen tinham uma quantidade enorme de tarefas a serem realizadas durante o dia. Elas preparavam o café da manhã, o chá e o almoço, cuidavam da louça, da roupa suja e da limpeza. Os homens trabalhavam o ano inteiro na cidade para sustentar a família, então, quando estavam em casa, era como se estivessem em férias. Estavam ali a lazer, tendo todas as suas necessidades atendidas pelas mulheres. Talvez matassem uma cabra ou algo assim, qualquer tarefa de homem que precisasse ser feita, mas depois iam para uma área só para os homens, onde passavam o tempo bebendo, enquanto as mulheres cozinhavam e limpavam. Mas minha mãe também estivera trabalhando na cidade o ano inteiro, e Patricia Noah não ficava na cozinha de ninguém. Era um espírito livre. Ela insistia em andar pelo vilarejo, indo aonde os homens estavam, falando com eles de igual para igual.

Toda aquela tradição de as mulheres se curvarem perante os homens, minha mãe achava o maior absurdo. Mas não se recusou a fazê-lo. Ela fazia, só que de modo exagerado. Ela fazia piada daquilo tudo. As outras mulheres se curvavam com uma pequena reverência cortês. Minha mãe se curvava até o chão, como se estivesse adorando uma divindade, e ali ficava por um longo tempo, muito tempo *mesmo*, o suficiente para deixar todo mundo desconfortável. Assim era a minha mãe. Nada de lutar contra o sistema. Melhor tirar sarro dele. Para Abel, aquilo era uma prova de que sua esposa não o respeitava. Todos os outros homens tinham uma garota submissa do vilarejo, e lá estava ele com sua mulher moderna, uma xhosa ainda por cima, uma etnia cujas mulheres tinham a reputação de ser particularmente tagarelas e promíscuas. Os dois brigaram e discutiram o tempo todo. Depois daquela primeira viagem, minha mãe nunca mais quis voltar lá.

Até aquele momento, eu tinha vivido toda a minha vida em um mundo dominado por mulheres, mas, depois que minha mãe se casou com Abel, e principalmente depois do nascimento de Andrew, testemunhei as tentativas dele de se reafirmar e impor suas ideias sobre o que acreditava que sua família deveria ser. O que ficou claro desde o começo era que eu não estava incluído nos planos dele. Eu era a lembrança de que minha mãe teve uma vida antes dele. Nem a mesma cor nós tínhamos. Para ele, sua família era minha mãe, o novo bebê e ele. A minha família incluía minha mãe e eu. A bem da verdade, eu gostava que fosse assim. Às vezes ele era meu amigão, outras vezes não, mas nunca fingiu que nossa relação era algo além daquilo. Fazíamos piada e ríamos juntos. Assistíamos TV juntos. Ele me dava dinheiro de vez em quando, caso minha mãe se negasse a me dar mais. Mas nunca me deu um presente de aniversário ou de Natal. Ele nunca foi carinhoso comigo como um pai. Eu nunca fui seu filho.

A presença de Abel na casa resultou em novas regras. Uma das primeiras medidas tomadas foi colocar Fufi e Pantera no quintal.

— Nada de cachorro dentro de casa.

— Mas os cachorros sempre ficaram dentro de casa.

— Não mais. Este é um lar africano, os cachorros dormem lá fora. As pessoas dormem dentro.

Colocar os cachorros do lado de fora era a forma de Abel dizer: "A partir de agora, as coisas vão ser do jeito que devem ser". Quando estavam apenas namorando, minha mãe ainda era aquela mulher de espírito livre, que ia aonde queria, fazia o que lhe dava vontade. Lentamente, ela foi sendo dominada. Dava para sentir que ele tentava controlar nossa independência. Até a igreja era um problema para ele. "Você não pode ficar na igreja o dia inteiro", costumava dizer. "Minha mulher fora o dia inteiro? O que as pessoas vão dizer? 'Por que a esposa dele não está em casa? Onde ela está? Quem fica na igreja o dia inteiro?' De jeito nenhum. Isso é falta de respeito comigo."

Ele tentou impedi-la de passar tanto tempo na igreja, e uma das ferramentas mais eficazes que usava era parar de consertar o carro da minha mãe. Quando o veículo pifava, Abel propositadamente o deixava de canto. Minha mãe não tinha como comprar outro carro e não podia mandá-lo para consertar em outra oficina. Você é casada com um mecânico e veio consertar seu carro em outra oficina? Isso é pior que traição. Então Abel passava a ser nosso único meio de transporte, e ele se recusava a nos levar a qualquer lugar. Sempre rebelde, minha mãe pegava a van para ir à igreja.

Ficar sem o carro também significava perder contato com o meu pai. Tínhamos que pedir carona a Abel até a cidade, e ele não gostava do motivo da carona. Era um insulto à sua masculinidade.

— Precisamos ir para Yeoville.

— Por que vocês precisam ir para Yeoville?

— Para ver o pai do Trevor.

— O quê? Nada disso. Você acha certo eu levar minha mulher e o filho dela e deixar vocês lá? Isso é um insulto. O que vou dizer aos meus amigos? O que vou dizer à minha família? Minha mulher na casa de outro homem? O homem com quem ela tem um filho? De jeito nenhum.

Passei a ver meu pai cada vez menos. Pouco tempo depois, ele se mudou para a Cidade do Cabo.

Abel queria um casamento tradicional, com uma esposa tradicional. Por muito tempo, fiquei me questionando por que ele se casou com uma mulher como a minha mãe, já que ela era o oposto do que ele queria em todos os aspectos. Se ele queria uma mulher que se curvasse para ele, havia garotas aos montes assim em Tzaneen, sendo criadas para esse único propósito. Minha mãe costumava explicar que um homem tradicional queria que sua mulher fosse submissa, mas nunca se apaixonava pelas mulheres submissas. Ele sentia atração pelas mulheres independentes. "Ele é como um colecionador de pássaros exóticos", dizia ela. "Só quer uma mulher livre, porque seu sonho é colocá-la numa gaiola."

Quando conhecemos Abel, ele fumava muita maconha. Também bebia, mas gostava mais de maconha. Quando penso nisso, quase sinto falta do tempo em que ele só ficava doidão, pois a maconha o deixava mais calmo. Ele costumava fumar, assistir TV e cair no sono. Acho que, inconscientemente, ele sabia que aquilo era algo que precisava fazer para controlar sua raiva. Ele parou de fumar depois que os dois se casaram. Ela o fez parar por motivos religiosos — o corpo é um templo e tudo o mais. Porém o que nenhum de nós tinha previsto era que, quando parou de fumar maconha, ele simplesmente a substituiu por álcool. Abel passou a beber cada vez mais. Nunca voltava sóbrio do trabalho. Em um dia normal, eram seis latinhas de cerveja depois do expediente. Durante a semana, à noite, só ficava levemente alterado. Nas sextas e sábados, às vezes nem voltava para casa.

Quando Abel bebia, seus olhos ficavam vermelhos e injetados. Esse era o sinal que aprendi a detectar. Eu imaginava Abel como uma cobra: calmo, completamente parado, até explodir. Nada de gritos, acessos de cólera ou punhos cerrados. Ele costumava ficar bem calmo e de repente, do nada, a violência vinha à tona. Os olhos eram o único sinal de que eu deveria me afastar. Os olhos diziam tudo. Eram os olhos do diabo.

Certa madrugada, acordamos com a casa cheia de fumaça. Abel ainda não tinha chegado quando fomos dormir, e eu adormeci no quarto da minha mãe com ela e Andrew, quando ele ainda era bebê. Acordei com ela me sacudindo e gritando.

— Trevor! Trevor!

Havia fumaça por toda parte. Achávamos que a casa estava em chamas.

Minha mãe se apressou pelo corredor e descobriu que a cozinha tinha pegado fogo. Abel havia dirigido até em casa bêbado, completamente chumbado, nunca o tínhamos visto tão bêbado assim. Ele estava com fome, tentou esquentar comida no fogão e desmaiou no sofá enquanto isso. A panela pegou fogo e queimou a parede atrás do fogão, e agora a fumaça se espalhava por toda parte. Minha mãe desligou o fogo e abriu as portas e janelas para deixar o ar entrar. Depois, foi até o sofá para acordá-lo e começou a brigar com ele por quase incendiar a casa. Ele estava bêbado demais para se importar.

Minha mãe voltou para o quarto, pegou o telefone e ligou para a minha avó. Começou a tagarelar sobre Abel e a bebedeira dele:

— Esse sujeito um dia vai nos matar. Ele quase pôs fogo na casa...

Abel entrou no quarto, muito calmo, em silêncio. Os olhos vermelhos como sangue, as pálpebras pesadas. Ele apertou o gancho do telefone e cortou a ligação. Minha mãe perdeu a cabeça.

— Como você se atreve? Quem é você pra cortar a minha ligação assim? O que você acha que está fazendo?!

— Você não vai contar a ninguém o que acontece nesta casa — ele ordenou.

— Fala sério! Você está preocupado com o que o mundo vai pensar? Preocupe-se com este mundo! Preocupe-se com o que a sua família está pensando!

Abel se esticou todo, impondo-se perante minha mãe. Ele não levantou a voz nem demonstrou raiva.

— Mbuyi — disse baixinho —, você não me respeita.

— Respeito?! Você quase incendiou a nossa casa. Respeito? Por favor! Você precisa merecer respeito! Quer que eu te respeite como homem? Então aja como homem! Gastando seu dinheiro com bebida nas ruas... E as fraldas pro seu filho?! Respeito?! Você precisa merecer respeito...

— Mbuyi...

— Você não é um homem, é um moleque...

— Mbuyi...

— Como é possível eu ter um moleque como marido...

— Mbuyi...

— Eu tenho meus filhos pra criar...

— Mbuyi, cala a boca...

— Um homem que volta pra casa bêbado...

— Mbuyi, cala a boca...

— E põe fogo na casa com as crianças dentro...

— Mbuyi, cala a boca...

— E você se considera um pai...

Então, do nada, como um trovão quando não há nuvens no céu, *plaft!*, uma bofetada bem na cara da minha mãe. Ela se chocou contra a parede e caiu como um saco de batatas. Eu nunca tinha visto nada parecido. Ela ficou ali, no chão, por uns bons trinta segundos. Andrew começou a espernear. Eu não me lembro de ter ido pegá-lo, mas me lembro muito bem de estar com ele no colo. Minha mãe conseguiu se levantar, com dificuldade, e voltou a atacá-lo. Ela tinha sido claramente pega de surpresa, mas tentava agir como se tivesse mais controle da situação do que realmente tinha. Dava para ver a incredulidade na cara dela. Ela nunca tinha passado por aquilo na vida. E não deu trégua, continuou a gritar com ele:

— Você me bateu?!

Todo o tempo, na minha cabeça, eu repetia o mesmo que Abel estava dizendo: *Cala a boca, mãe. Cala a boca. Você só vai piorar as coisas.* Afinal, como alvo de muitas surras, eu sabia muito bem que de nada adiantava ser impertinente. Mas ela não se calava.

— Você me bateu?!

— Mbuyi, eu já disse para...

— Nenhum homem jamais se atreveu! Não pense que pode me controlar se não consegue sequer se controlar...

Plaft! Mais uma bofetada. Ela titubeou para trás, mas desta vez não caiu. Ela correu. Agarrou Andrew e a mim no caminho.

— Vamos embora. Estamos de saída.

Saímos da casa e subimos a rua. Era de madrugada, estava frio e silencioso. Eu estava vestindo só uma camiseta e calça de moletom. Fomos caminhando até a delegacia de Eden Park, a quase um quilômetro de distância. Minha mãe entrou com nós dois a tiracolo. Lá dentro, havia dois policiais de plantão na recepção.

— Quero registrar uma queixa — ela anunciou.

— Que tipo de queixa?

— Quero registrar queixa contra o homem que me bateu.

Nunca vou me esquecer da forma arrogante e condescendente como eles falaram com ela.

— Fica calma, senhora. Fica calma. Quem te bateu?

— Meu marido.

— Seu marido? O que você fez? Você o deixou com raiva?

— Se eu... Como assim? Não. Ele me bateu. Quero registrar queixa contra...

— Não, não. Olha só, dona. Não vamos nos precipitar, tudo bem? Tem certeza que quer fazer isso? Vai pra casa e fala com o seu marido. Fique sabendo que, se você prestar queixa, não vai poder voltar atrás. Ele vai ficar fichado na polícia. A vida dele nunca mais vai ser a mesma. Tem certeza que quer o seu marido na cadeia?

Minha mãe continuou insistindo em fazer um boletim de ocorrência, e eles simplesmente se recusavam. Se recusavam a registrar a queixa.

— Isso é coisa de família — disseram. — Você não vai querer meter a polícia no meio. Talvez seja melhor pensar um pouco e voltar amanhã de manhã.

Minha mãe começou a gritar com eles, exigindo falar com o delegado, e foi nesse momento que Abel entrou na delegacia. Ele tinha dirigido até ali. Já estava um pouco mais sóbrio, mas ainda bêbado, dirigindo até a delegacia. Nada disso importava. Ele foi até os policiais, e a delegacia virou o Clube do Bolinha. Como se fossem velhos amigos.

— E aí, rapazes? — cumprimentou. — Sabem como é. Sabem como as mulheres são. Só me irritei um pouco, nada de mais.

— Sem problema, irmão. A gente entende. Acontece. Não se preocupe.

Eu nunca tinha visto nada parecido. Eu tinha nove anos e ainda achava que os policiais eram bonzinhos. Se tivesse algum problema, era só chamar a polícia que eles apareciam com suas luzes piscantes azuis e vermelhas para resgatar você. Mas me lembro de observar minha mãe, pasma, revoltada diante do fato de que aqueles policiais não iriam ajudá-la. Foi quando percebi que a polícia não era o que eu pensava. Eles eram homens primeiro, depois policiais.

Saímos da delegacia. Minha mãe pegou Andrew e eu, e fomos ficar com minha avó em Soweto por um tempo. Algumas semanas mais tarde, Abel dirigiu até a casa dela para se desculpar. Ele sempre parecia sincero e cheio de remorso ao pedir desculpa. Ele não teve a intenção de machucá-la. Sabia que estava errado. Nunca mais faria aquilo. Minha avó convenceu minha mãe a lhe dar uma segunda chance. O argumento dela basicamente era "Todos os homens batem". Meu avô, Temperance, já tinha batido nela. Deixar Abel não era garantia de que aquilo não aconteceria novamente; pelo menos ele estava disposto a se desculpar. Então minha mãe decidiu dar a ele uma segunda chance. Voltamos de carro para Eden Park, e por anos nada aconteceu — por *anos* Abel não encostou um dedo nela. Nem em mim. Tudo voltou a ser como antes.

Abel era um mecânico incrível, provavelmente um dos melhores da região. Ele tinha feito curso técnico e se formou como o primeiro da classe. Recebeu ofertas da BMW e da Mercedes. Os negócios cresceram graças às indicações que recebia. As pessoas traziam seus carros de todas as partes da cidade para ele consertar, porque ele fazia milagres. Minha mãe acreditava nele de verdade. Ela acreditava que podia ajudá-lo a crescer, aproveitar melhor seu potencial, não apenas como mecânico, mas como dono da própria oficina.

Por mais teimosa e independente que seja minha mãe, ela ainda é o tipo de mulher que se doa. Dar, dar e dar, essa é a natureza dela. Ela se recusava a ser submissa a Abel em casa, mas queria que ele fosse bem-sucedido como homem. Se pudesse transformar seu casamento em uma relação de iguais, ela estaria disposta a se doar por completo, da mesma forma que se doava aos filhos. A certa altura, o chefe de Abel decidiu vender a oficina Mighty Mechanics e se aposentar. Minha mãe tinha umas economias e ajudou Abel a comprar a empresa. Eles mudaram a oficina de Yeoville para a zona industrial de Wynberg, a oeste de Alex, e a Mighty Mechanics passou a ser o novo negócio da família.

Quando você abre um negócio, há vários pormenores envolvidos que ninguém te explica. Isso vale especialmente quando se trata de dois jovens negros, uma secretária e um mecânico, saindo de um período em que os negros não tinham permissão para ter o próprio negócio. O que ninguém te diz é que, quando você compra um negócio, também compra suas dívidas. Ao verificar as contas da oficina, minha mãe e Abel entenderam de fato o que haviam comprado e perceberam o tamanho do problema que tinham nas mãos.

A oficina, aos poucos, foi tomando conta da nossa vida. Eu saía da escola e andava cinco quilômetros de Maryvale até lá. Ficava ali sentado por horas, tentando fazer a lição de casa, com o barulho dos carros e dos consertos ao meu redor. Inevitavelmente, Abel se demorava no conserto de um carro, e, como ele nos levava para casa, tínhamos que esperá-lo terminar. No começo era: "Ainda vai demorar um pouco. Vai dormir em um dos carros; nós te chamamos quando estivermos prontos para ir". Eu me acomodava no banco de trás de algum sedã, eles me acordavam à meia-noite, voltávamos para casa em Eden Park e desmaiávamos na cama. Em pouco tempo, passou a ser: "Ainda vai demorar um pouco. Vai dormir em um dos carros; a gente te acorda para ir à escola de manhã". Passamos a dormir na oficina. No começo, era uma ou duas noites por semana, depois três ou quatro. Então minha mãe vendeu a casa para investir no negócio. Ela foi com tudo. Desistiu de tudo por ele.

Daquele momento em diante, passamos a morar na oficina. Era basicamente um galpão, mas não do tipo moderno e romântico que os hipsters gostam de transformar em loft. Nada disso. Era um espaço frio e vazio. Chão de concreto cinza manchado de óleo e graxa, carros velhos e peças sobressalentes por todos os lados. Na frente da oficina, ao lado do portão rolante que abria para a rua, havia um escritório minúsculo construído com placas de gesso que servia para cuidar da parte administrativa. Nos fundos, tinha uma pequena cozinha: apenas uma pia, um fogão elétrico portátil e alguns armários. Para tomar banho, havia uma espécie de tanque no chão com um chuveiro instalado logo em cima.

Minha mãe e Abel dormiam com Andrew no escritório, em um colchão fino que estendiam no chão. Eu dormia nos carros. Virei especialista nisso. Conheço os melhores carros para dormir. Os piores são os baratos: os Fuscas, os sedãs japoneses populares. Os bancos não reclinam muito, não há descanso para a cabeça, estofamento barato de couro falso. Eu passava metade da noite tentando não escorregar do banco. Acordava com os joelhos doendo, porque não conseguia me esticar e estender as pernas. Os carros alemães eram excelentes, especialmente as Mercedes. Bancos amplos de couro macio, como um sofá. Eram frios quando você entrava, mas depois de um tempo, graças ao bom isolamento térmico, ficava quentinho e gostoso lá dentro. Eu só precisava do meu blazer da escola para cobrir o banco e ficava bem confortável dentro da Mercedes. Mas os melhores, definitivamente, eram os carros americanos. Eu rezava para que um cliente viesse com um grande

Buick e seus bancos estendidos. Quando via um desses, pensava: *Oba!* Raramente um carro americano aparecia na oficina, mas quando acontecia era uma festa.

Como a Mighty Mechanics agora era um negócio de família, e eu era família, também tinha que trabalhar. O tempo das brincadeiras tinha acabado. Nem a lição de casa eu conseguia fazer. Voltava da escola a pé, tirava o uniforme, vestia o macacão e enfiava a cara no capô de algum sedã. Fiquei tão bom naquilo que já podia fazer serviços básicos sozinho, e fazia com frequência. Abel dizia: "Aquele Honda. Revisão". Eu abria o capô e começava a trabalhar. Dia após dia. Disjuntores, velas de ignição, filtros de óleo, filtros de ar. Instalar novos bancos, trocar pneus, trocar a luz do farol dianteiro, arrumar o farol traseiro. Ir à loja de peças, comprar o necessário, voltar para a oficina. Eu tinha onze anos e essa era minha vida. Não estava dando conta da escola. Não conseguia estudar. Os professores pegavam no meu pé:

— Por que você não está fazendo a lição de casa?

— Porque não consigo. Tenho que trabalhar quando chego em casa.

Trabalhávamos sem parar, mas, não importava quanto nos dedicássemos, o negócio continuava perdendo dinheiro. Perdemos tudo. Não tínhamos nem como comprar comida de verdade. Houve um determinado mês, nunca vou esquecer, foi o pior mês da minha vida. Estávamos tão duros que, por semanas, a única coisa que tínhamos para comer era *marogo*, um tipo de espinafre silvestre, com lagartas. Lagartas *mopane*, assim eram conhecidas. Essas lagartas eram, literalmente, o que havia de mais barato; só o mais pobre dos pobres comia aquilo. Cresci na pobreza, mas uma coisa é ser pobre, outra é: "Olha só, estou comendo minhocas". Lagartas *mopane* são o tipo de alimento que até mesmo aqueles que moram em Soweto diriam: "Hummm... não". São umas lesmas espinhentas de cor forte do tamanho de um dedo. Nada parecido com escargot, que é uma lesma com nome pomposo. São vermes nojentos. Com espinhos pretos que picam o céu da boca ao mastigar. Ao morder uma lagarta *mopane*, um esguicho de líquido amarelo-esverdeado costuma ser expelido na sua boca.

Por um tempo, eu até gostava das lagartas. Era como uma aventura alimentar, mas então, depois de semanas comendo a mesma coisa dia após dia, não aguentava mais aquilo. Nunca vou esquecer o dia em que mordi uma *mopane* no meio e aquela gosma amarelo-esverdeada escorreu, o que me fez pensar: *Estou comendo cocô de lesma.* Quis vomitar imediatamente. Perdi o controle e corri chorando para a minha mãe. "Não quero mais comer lagarta!" Naquela noite, ela juntou um pouco de dinheiro e comprou um frango. Por mais pobres que fôssemos no passado, nunca tinha faltado comida na mesa.

Esse foi o período da minha vida que eu mais odiei — trabalhando a noite inteira, dormindo em carros, acordando, tomando banho no tanque, escovando os dentes em uma bacia de metal, penteando o cabelo no retrovisor de um Toyota, depois tentando me arrumar sem manchar o uniforme de óleo e graxa, para que as crianças na escola não soubessem que eu morava numa oficina. Eu odiava aquilo com todas as minhas forças. Eu odiava carros. Odiava dormir em carros. Odiava consertar carros. Odiava ficar com as mãos sujas. Odiava comer lesma. Odiava tudo.

O engraçado era que eu não odiava minha mãe nem Abel. Isso porque eu testemunhava quanto todos estavam dando duro. No começo, não tinha conhecimento dos erros cometidos em termos comerciais, então para mim era só um período difícil. Mas com o tempo comecei a entender por que a empresa estava perdendo dinheiro. Eu costumava ser mandado para comprar peças sobressalentes para Abel e descobri que ele pagava a crédito. Os fornecedores cobravam dele uma margem de lucro absurda. As dívidas estavam paralisando a empresa, e, em vez de liquidá-las, ele bebia o pouco que tinha. Mecânico brilhante, empresário desastroso.

Em determinado momento, para tentar salvar a oficina, minha mãe saiu do emprego na ICI para trabalhar com Abel. Ela pôs em prática seus conhecimentos administrativos e tentou organizar os livros contábeis, criando cronogramas e fazendo o balancete. E parecia que a situação estava sob controle, mas Abel sentia como se ela estivesse no comando da oficina. As pessoas também começaram a comentar. Os clientes recebiam seus carros dentro do previsto, os fornecedores eram pagos sem atraso, e todos diziam: "Ei, Abel, a oficina funciona muito melhor agora que a sua mulher está no comando". Isso não ajudava em nada.

Moramos na oficina por quase um ano, até minha mãe não aguentar mais. Ela estava disposta a ajudá-lo, desde que ele não gastasse tudo com bebida. Ela sempre foi independente, autossuficiente, mas acabou perdendo esse lado ao se dedicar ao sonho fracassado de outra pessoa. Chegou um ponto em que declarou: "Não posso continuar assim. Basta deste trabalho. Cheguei ao meu limite". Ela largou a oficina e arranjou um emprego como secretária em uma construtora. De algum jeito, conseguiu um empréstimo usando o que restava da oficina de Abel como garantia e comprou a casa em Highlands North. Nós nos mudamos, a oficina foi confiscada pelos credores de Abel, e esse foi o fim daquela fase.

Durante minha infância, minha mãe nunca me poupou de sua disciplina à moda antiga, baseada no Velho Testamento. Ela levava a sério o dito "É de pequenino que se torce o pepino". Com Andrew, ela era diferente. Ele levou umas palmadas no início, mas com o tempo isso foi diminuindo até pararem por completo. Quando a questionei por que eu levei tanta surra, mas Andrew não, ela fez piada, como sempre fazia com tudo: "Eu te batia porque você aguentava. Não posso bater no seu irmãozinho da mesma forma, porque ele é magricelo como uma vara. Vai acabar quebrando. Mas você, Deus te deu uma bunda pronta para umas boas palmadas". Embora ela estivesse brincando, eu sabia que o real motivo de ela não bater em Andrew era porque houve uma mudança genuína na mentalidade dela sobre o assunto. Foi uma lição que ela aprendeu, por mais estranho que pareça, comigo.

Cresci em um mundo de violência, mas eu mesmo nunca fui violento. Sim, eu aprontava, causava incêndios e quebrava janelas, mas nunca ataquei ninguém. Nunca bati em ninguém. Nunca ficava furioso. Eu simplesmente não me via dessa maneira. Minha mãe apresentou para mim um universo diferente daquele em que ela cresceu. Ela me comprou livros que nunca teve a chance de ler. Me colocou em escolas que nunca teve a chance de frequentar. Eu mergulhei nesse universo e emergi olhando para o mundo de uma forma diferente. Pude testemunhar que nem todas as famílias são violentas. Pude testemunhar a futilidade da violência, o ciclo que se repete, o mal causado às pessoas, que, por sua vez, acabam causando o mesmo mal aos outros.

Acima de tudo, pude testemunhar que relacionamentos sobrevivem graças ao amor, não à violência. O amor é um ato de criação. Quando ama alguém, você cria um novo mundo para essa pessoa. Minha mãe fez isso por mim, e, com o progresso que tive e as lições que aprendi, criei um novo mundo para ela, lhe proporcionei uma nova visão da realidade. Depois disso, ela nunca mais encostou um dedo nos filhos. Infelizmente, quando ela parou com as surras, Abel começou com as dele.

Em todas as ocasiões em que minha mãe me dava uma surra, eu nunca tive medo dela. É claro que eu não gostava. Quando ela dizia "Se eu te bato é porque te amo", eu não concordava necessariamente com o raciocínio dela. Mas entendia que era uma forma de disciplina, e aquele ato tinha um propósito. A primeira vez que Abel me bateu, senti algo que nunca tinha sentido antes. Senti pavor.

Eu estava no sexto ano, meu último em Maryvale. Tínhamos nos mudado para Highlands North, e eu havia me encrencado na escola por falsificar a assinatura da minha mãe em um documento — haveria uma atividade da qual eu não queria participar, então assinei minha liberação em nome dela. A escola ligou para minha mãe, e ela veio falar comigo quando voltei para casa à tarde. Eu tinha certeza de que ela ia me castigar, mas acabou sendo um daqueles casos em que ela não se importava. Disse que eu devia ter pedido e ela assinaria a liberação de qualquer jeito. Então Abel, que estava sentado na cozinha conosco o tempo todo, observando a nossa interação, disse:

— Posso falar com você um minutinho?

Aí ele me levou para o quartinho, uma despensa que ficava ao lado da cozinha, e fechou a porta.

Ele estava entre mim e a porta, mas não dei importância àquilo. Não achei que tinha motivo para ter medo. Abel nunca tinha tentado me disciplinar antes. Ele nunca sequer me deu uma bronca. Era sempre "Mbuyi, seu filho fez isso", e minha mãe cuidava do assunto. E estávamos bem no meio da tarde. Ele estava totalmente sóbrio, o que tornou aquilo ainda mais aterrorizante.

— Por que você falsificou a assinatura da sua mãe? — perguntou.

Comecei a inventar uma desculpa:

— Ah, eu... esqueci de trazer o papel pra casa...

— Não mente, moleque. Por que você falsificou a assinatura da sua mãe?

Comecei a gaguejar mais mentiras, sem me dar conta do que estava por vir. De repente, do nada, recebi o primeiro golpe.

Ele me acertou bem nas costelas. Sinal de alerta: *É uma armadilha!* Nunca havia estado numa briga antes, nunca aprendi a lutar, mas tinha o instinto que me dizia para me aproximar dele. Já tinha testemunhado o que aqueles braços longos eram capazes de fazer. Eu o vi derrubar minha mãe e, o mais importante, eu o vi derrubar homens adultos. Abel nunca batia com socos; nunca o vi lutando com outra pessoa de punhos cerrados. Mas ele tinha o poder de bater no rosto de um homem com a mão aberta que o fazia desabar. Ele era forte. Olhei para o braço dele e sabia: *É melhor não estar do outro lado daquela coisa.* Cheguei mais perto dele, abaixado, e ele continuou batendo e batendo, mas eu estava perto demais para que ele conseguisse acertar um tapa bem dado. Então ele percebeu que aquilo não estava dando certo, parou de me bater e tentou me agarrar e lutar comigo. Ele tinha um jeito de agarrar a pele do meu braço, beliscar e torcer com força que doía demais.

Foi o momento mais aterrorizante da minha vida. Nunca tive tanto medo antes. Porque não havia um propósito — foi isso que me deixou apavorado. Não era disciplina. Nada daquilo era por amor. Não senti que aquilo, de alguma forma, fosse me ensinar uma lição sobre não falsificar a assinatura da minha mãe. Senti que era algo que terminaria apenas quando ele quisesse que terminasse, quando a raiva tivesse passado. Era como se ele tivesse algo dentro dele que quisesse me destruir.

Abel era muito maior e mais forte que eu, mas estar em um espaço confinado foi uma vantagem para mim, pois ele não tinha margem para manobra. Enquanto ele me agarrava e me socava, de alguma maneira consegui desviar e me contorcer, escapando dele e saindo pela porta. Eu era rápido, mas Abel também era. Ele me perseguiu. Saí da casa e pulei o portão, e corri e corri e corri. A última vez que me virei, ele estava dando a volta no portão, saindo do quintal atrás de mim. Até uns vinte e cinco anos, tive pesadelos recorrentes com o olhar no rosto dele enquanto me perseguia.

No momento em que o vi, baixei a cabeça e saí correndo. Corri como se o diabo estivesse atrás de mim. Abel era maior e mais rápido, mas aquele era o meu bairro. Não tinha como alguém me pegar no meu bairro. Eu conhecia cada beco, cada rua, cada muro que podia escalar, cada cerca por onde me esgueirar. Estava desviando dos carros e cruzando quintais. Não tenho ideia de quando ele desistiu, porque nunca olhei para trás. Corri sem parar, o mais longe que minhas pernas podiam me levar. Quando finalmente parei, já estava em Bramley, três bairros depois. Encontrei um lugar para me esconder nos arbustos, engatinhei para dentro e fiquei ali, encolhido, pelo que pareceu serem horas.

Não é preciso me ensinar uma lição duas vezes. Daquele dia até eu sair de casa, vivi como um rato ali. Se Abel estivesse em um cômodo, eu estava em outro. Se ele estivesse em uma esquina, eu estava na outra. Se ele entrasse numa sala, eu me levantava e agia como se estivesse indo até a cozinha, depois, ao retornar, fazia questão de ficar perto da saída. Mesmo se ele estivesse de ótimo humor, todo simpático. Nada disso importava. Eu nunca mais deixaria que ele ficasse entre mim e a porta. Talvez, em algumas ocasiões depois daquela, eu tenha me descuidado, e ele conseguiu me dar um soco ou um chute antes de eu escapar, mas nunca mais confiei nele, nem por um segundo.

Com Andrew era diferente. Andrew era o filho de Abel, carne da sua carne, sangue do seu sangue. Mesmo sendo nove anos mais novo, Andrew era o verdadeiro primogênito da casa, o primeiro filho de Abel, e isso lhe concedia um respeito que nem eu, nem mesmo minha mãe, tínhamos. E Andrew amava aquele homem com todas as suas forças, mesmo com seus defeitos. Por causa daquele amor, creio eu, entre todos nós, Andrew era o único que não tinha medo dele. Ele era o domador, apenas ele havia sido criado pelo leão — ele não tinha como não amar a besta, mesmo sabendo do que o pai era capaz. Ao primeiro sinal de fúria ou raiva de Abel, eu desaparecia. Andrew costumava ficar e tentar acalmá-lo. Ele até se metia entre Abel e minha mãe. Lembro uma noite em que Abel arremessou uma garrafa de Jack Daniel's na cabeça de Andrew. Ele errou e a garrafa explodiu na parede. Ou seja, Andrew ficou tempo suficiente para ter uma garrafa arremessada contra ele. Eu não daria a Abel a chance de me acertar com uma garrafa. Teria ido embora antes de chegar a esse ponto.

Quando a Mighty Mechanics afundou, Abel teve que tirar seus carros de lá. Iam tomar a propriedade, seus bens estavam penhorados. Foi uma confusão. Foi quando ele transferiu a oficina para o nosso quintal. Também foi quando minha mãe se divorciou dele.

Na cultura africana, há o casamento tradicional e o casamento legal. Só porque você se divorcia legalmente de alguém, isso não quer dizer que essa pessoa não seja mais seu cônjuge. Quando as dívidas de Abel e suas terríveis decisões de negócios começaram a afetar o crédito da minha mãe e a capacidade dela de cuidar de seus filhos, ela quis se separar. "Eu não tenho dívidas", explicou ela.

"Tenho meu nome limpo. Não sou eu que estou te dando problemas." Ainda éramos uma família, e eles ainda estavam casados pelos moldes tradicionais, mas ela se divorciou dele para separar seus assuntos financeiros. Ela também passou a usar seu nome de solteira.

Como Abel começou a operar uma empresa não licenciada em uma zona residencial, um dos vizinhos entrou com uma petição para se livrar de nós. Minha mãe requisitou uma licença para permanecer com o negócio na propriedade. A oficina continuou a funcionar, mas Abel manteve os velhos hábitos, bebendo todo o seu dinheiro. Ao mesmo tempo, minha mãe começou a progredir na construtora em que trabalhava, assumindo mais responsabilidades e ganhando um salário melhor. A oficina dele passou a ser mais como um hobby. Era responsabilidade dele pagar a escola de Andrew e comprar comida, mas nem disso conseguia dar conta, e logo minha mãe passou a pagar tudo. Ela pagava a conta de luz. Ela pagava o financiamento da casa. Ele não contribuía com literalmente nada.

Foi aí que tudo mudou. Quando minha mãe começou a ganhar mais dinheiro e a reconquistar sua independência, vimos o dragão surgir. A bebedeira piorou. Ele ficou cada vez mais violento. Logo depois de me encurralar na despensa, Abel bateu na minha mãe pela segunda vez. Não consigo lembrar os detalhes, pois agora tudo se mistura com os episódios que vieram depois. Mas lembro que chamaram a polícia. Dessa vez eles vieram até a casa, mas novamente agiram como se fosse o Clube do Bolinha. "E aí, camaradas. Essas mulheres, sabe como é." Não houve boletim de ocorrência. Não houve registro de queixa.

Sempre que ele batia nela ou vinha atrás de mim, minha mãe me encontrava chorando mais tarde e me puxava de lado. E tínhamos a mesma conversa.

— Reze pelo Abel — ela dizia. — Porque ele não nos odeia. Ele odeia a si mesmo.

Para uma criança, aquilo não fazia o menor sentido.

— Se ele se odeia tanto — eu costumava contestar —, por que não dá um chute nele mesmo?

Abel era um daqueles bêbados que, quando estão alterados demais, você olha dentro dos seus olhos e não vê a mesma pessoa. Lembro uma noite em que ele voltou completamente embriagado, tropeçando por toda a casa. Entrou no meu quarto, murmurando para si mesmo, e acordei com ele colocando o pinto para fora e mijando no chão. Ele achava que estava no banheiro. Era esse o nível de bebedeira dele — não sabia nem em que cômodo da casa estava. Eram tantas as noites em que ele invadia o meu quarto achando que era o dele, me chutava para fora da cama e desmaiava. Eu gritava com ele, mas era o mesmo que falar com um zumbi. Eu ia dormir no sofá.

Ele bebia com seus funcionários no quintal dos fundos todas as noites depois do trabalho, e em várias ocasiões acabava brigando com um deles. Alguém dizia alguma coisa que Abel não gostava, e ele baixava o cacete. O sujeito não aparecia para trabalhar na terça ou quarta-feira, mas na quinta lá estava ele de volta, pois precisava do emprego. De tempos em tempos a história se repetia, como um reloginho.

Abel também chutava os cachorros. Fufi, principalmente. Pantera era esperta o suficiente para sair do caminho dele, mas a adorável e bobona Fufi sempre tentava fazer amizade com Abel. Ela passava na frente dele ou ficava bem no meio do caminho depois de ele tomar todas, e ele dava um belo chute nela. Após a agressão, ela se escondia em algum lugar por um tempo. Quando Fufi levava um chute, aquilo era sinal de perigo, de que a paz estava prestes a ir pelo ralo. Os cachorros e os funcionários no quintal costumavam ser os primeiros a sentir o gostinho da raiva dele, e aquele era o sinal para ficarmos na moita. Eu costumava ir atrás da Fufi e me esconder onde quer que ela estivesse.

O estranho era que, quando Fufi levava um chute, nunca reclamava ou chorava. Quando ela foi diagnosticada com surdez, o veterinário também descobriu que ela tinha uma condição em que não havia desenvolvido completamente o sistema sensorial. Ela não sentia dor. Era essa a razão pela qual ela sempre tentava a sorte com

Abel, como se fosse um novo dia. Ele a chutava, ela se escondia e voltava na manhã seguinte, balançando o rabinho. "Oi. Estou aqui. Vou te dar outra chance."

E ele sempre conseguia uma segunda chance. O Abel amável e charmoso nunca desapareceu. Ele tinha um problema com a bebida, mas ainda era um cara gentil. Tínhamos uma família. Quando se cresce em um lar abusivo, você vive em conflito entre amar aquele que você odeia e odiar aquele que você ama. É um sentimento estranho. Você quer viver em um mundo onde as pessoas são boas ou más, onde você ama ou odeia, mas não é assim que as pessoas são.

Havia um sentimento oculto de terror que dominava a casa, mas as surras exatamente não eram assim tão frequentes. Se fossem mais constantes, talvez aquela situação tivesse terminado mais cedo. Ironicamente, os bons momentos entre uma surra e outra foram o que permitiu que tal comportamento se estendesse e chegasse ao ponto em que chegou. Ele bateu na minha mãe uma vez; a vez seguinte aconteceu três anos depois, um pouquinho pior. Aí aconteceu de novo, dois anos mais tarde, e foi um pouco pior. Um ano depois, mais uma vez, ainda pior. Era esporádico o suficiente a ponto de não acreditarmos que aconteceria de novo, mas frequente o suficiente para nunca esquecermos que era possível. Havia uma espécie de ritmo. Lembro uma vez, depois de um incidente terrível, em que ninguém falou com ele por um mês. Nem uma palavra, nada de contato visual, nenhuma conversa, nada. Transitávamos pela casa como estranhos, em horários diferentes. Gelo completo. Então, certa manhã, estávamos na cozinha e alguém acenou com a cabeça.

— Oi.
— Oi.

Uma semana depois:

— Você viu o que aconteceu no noticiário?
— Vi.

Na semana seguinte, uma piada e uma risada. Lentamente, a vida voltou a ser o que era. Seis meses, um ano depois, aconteceu mais uma vez.

Uma tarde, voltei para casa de Sandringham e minha mãe estava irritada e inquieta.

— Não dá pra acreditar nesse cara — exclamou ela.
— O que aconteceu?
— Ele comprou uma arma.
— O quê? Uma *arma*? Como assim, "ele comprou uma arma"?

Uma arma era algo completamente ridículo para a minha realidade. Na minha cabeça, apenas policiais e criminosos tinham armas. Abel havia comprado uma nove milímetros Parabellum Smith & Wesson. Preta, reluzente e ameaçadora. Não parecia tão descolada quanto as armas dos filmes. Parecia mais com algo que matava.

— Por que ele comprou uma arma? — perguntei.
— Não sei.

Ela disse que o confrontou quanto a isso, e ele começou a falar um monte de besteira sobre o mundo precisar aprender a respeitá-lo.

— Ele acha que é o policial do mundo — disse ela. — E esse é o problema com o mundo. Há pessoas que não conseguem se policiar, então querem policiar todos ao redor.

Logo depois disso, saí de casa. O clima passou a ser tóxico demais para mim. Eu já estava do tamanho de Abel. Grande o suficiente para revidar. Um pai não teme retaliação de seu filho, mas eu não era filho dele. Ele sabia disso. A analogia que minha mãe usou foi que agora havia dois leões machos na casa. "Toda vez que ele olha para você, vê o seu pai", ela explicava. "Você é a lembrança constante de outro homem. Ele te odeia, e você precisa ir embora. Você precisa sair antes que se torne como ele."

Também já tinha chegado a hora de eu sair. Independentemente de Abel, nosso plano sempre foi que eu me mudaria depois da escola. Minha mãe nunca quis que eu fosse como meu tio, aquele tipo de homem desempregado que ainda mora na casa da mãe. Ela me ajudou a conseguir um apartamento, e eu me mudei. O apartamento ficava a dez minutos de casa, então eu estava sempre por perto para ajudar com algum serviço ou jantar com a família de vez em quando. O mais importante: seja lá o que estivesse acontecendo com Abel, eu não precisava me envolver.

Em determinado momento, minha mãe passou a dormir no outro quarto da casa, e a partir daí o casamento deles era apenas no papel. Nem coabitavam mais, apenas coexistiam. Aquela situação durou um ano, talvez dois. Andrew já tinha nove anos, e, na minha cabeça, eu contava os anos até ele completar dezoito, achando que aí minha mãe finalmente se veria livre daquele homem abusivo. Então, certa tarde, minha mãe me ligou e pediu que eu fosse até a casa dela. Algumas horas depois, passei por lá.

— Trevor — ela começou —, estou grávida.
— Desculpa, o que foi que você disse?
— Estou grávida.
— *Como assim?!*

Meu Deus, eu estava furioso. Tinha tanta raiva. Já ela parecia decidida, mais determinada do que nunca, mas com uma certa tristeza na voz que eu nunca tinha escutado antes, como se a notícia a tivesse devastado de início, mas agora ela já tivesse aceitado a realidade da situação.

— Como você pôde deixar isso acontecer?
— O Abel e eu, nós fizemos as pazes. Voltei a dormir no quarto. Foi só uma noite... Acabei grávida. Não sei como.

Ela não sabia. Tinha quarenta e quatro anos. Havia ligado as trompas depois de Andrew. Até o médico disse: "Isso não deveria ser possível. Não sabemos como foi acontecer".

Eu estava furioso. Tudo o que precisávamos fazer era esperar Andrew crescer e seria o fim, mas agora era como se ela tivesse renovado o contrato.

— Quer dizer que você vai ter essa criança com esse homem? Vai ficar com ele por mais dezoito anos? Tá maluca?
— Deus falou comigo, Trevor. Ele me disse: "Patricia, nada do que eu faço é um equívoco. Não lhe dou nada além do que você consegue dar conta". Estou grávida por algum motivo. Eu sei o tipo de criança que consigo gerar. Sei o tipo de filho que consigo criar. Eu consigo criar esta criança. Eu vou criar esta criança.

Nove meses depois, Isaac nasceu. Ela lhe deu o nome de Isaac porque, na Bíblia, Sara engravida quando já tem uns cem anos e não deveria mais engravidar, e esse foi o nome que ela deu ao filho.

O nascimento de Isaac me distanciou ainda mais da família. Passei a visitá-los cada vez menos. Um dia, passei por lá à tarde e a casa estava um caos: viaturas na entrada, resultado de mais uma briga.

Ele tinha batido nela com uma bicicleta. Abel havia brigado com um de seus funcionários no quintal, e minha mãe se meteu. Ele ficou furioso por ela tê-lo contrariado na frente de um funcionário, então pegou a bicicleta de Andrew e a usou para bater na minha mãe. Novamente ela chamou a polícia, e os policiais que atenderam ao chamado dessa vez conheciam Abel. Ele tinha consertado os carros deles. Eram amigos. Não houve queixa registrada. Nada aconteceu.

Daquela vez, eu o confrontei. Já era grande o bastante.

— Você tem que parar com isso — disse. — Isso não tá certo.

Ele estava arrependido. Como sempre. Não estufou o peito ou ficou na defensiva, nada disso.

— Eu sei — concordou. — Desculpa. Não gosto de agir assim, mas você conhece a sua mãe. Quando começa a tagarelar, não escuta mais nada. Às vezes a sensação que tenho é que ela não me respeita. Ela veio e me desrespeitou na frente dos meus funcionários. Não posso permitir que os outros homens pensem que não consigo controlar a minha esposa.

Depois da bicicleta, minha mãe contratou um empreiteiro que conhecia por intermédio da construtora para fazer uma casa separada no quintal dos fundos, como uma casa de empregada, e se mudou para lá com Isaac.

— Essa é a ideia mais absurda que já ouvi na vida — exclamei.

— É minha única opção — rebateu. — A polícia não vai me ajudar. O governo não vai me proteger. Só Deus pode me proteger. Mas o que posso fazer é usar contra ele aquilo que ele mais valoriza: o orgulho dele. Se eu morar fora da casa, em um barraco, todos vão perguntar: "Por que a sua esposa mora em um barraco fora da casa?" Ele vai ter que responder essa pergunta, e, não importa o que ele diga, todos vão saber que tem algo errado com ele. O que ele quer é manter a imagem perante o mundo. E se o mundo souber quem ele realmente é? Ele é um santo nas ruas, mas o diabo em casa. Que as pessoas o enxerguem pelo que ele é.

Quando minha mãe decidiu ter Isaac, eu estava prestes a excluí-la da minha vida. Não suportava mais aquela dor. Mas vê-la ser agredida com uma bicicleta, vivendo como uma prisioneira no quintal da própria casa, foi a gota-d'água para mim. Aquilo me destruiu por dentro. Não dava mais.

— Sabe isso aí que você tá vivendo? — anunciei. — Essa relação disfuncional? Não vou mais fazer parte disso. Não posso viver esse tipo de vida com você. Eu me recuso. Você tomou sua decisão. Boa sorte com a sua vida. Vou viver a minha.

Ela entendeu. Não se sentiu traída ou abandonada, de forma alguma.

— Meu amor, eu sei o que você está passando — ela respondeu. — Em um determinado momento, também tive que rejeitar minha família e ir embora, viver minha própria vida. Eu entendo por que você precisa fazer o mesmo.

E assim foi. Fui embora. Não liguei mais. Não a visitei. Isaac chegou e eu fui embora. Mas aquilo não fazia o menor sentido para mim. Eu não conseguia entender por que ela não fazia o mesmo: partir. Simplesmente partir. De uma vez por todas.

Eu não entendia o que ela estava passando. Não entendia nada de violência doméstica. Não entendia como os relacionamentos adultos funcionam; nunca tinha tido uma namorada. Não entendia como ela podia transar com um homem que odiava e temia. Não entendia como sexo, ódio e medo se misturam tão facilmente.

Eu estava furioso com a minha mãe. Eu o odiava, mas achava que a culpa era dela. Enxergava Abel como uma escolha que ela tinha feito, uma escolha que ela continuava fazendo. Toda a minha vida, quando minha mãe contava histórias sobre a infância dela nas terras nativas, sobre ser abandonada pelos pais, ela sempre dizia:

"Você não pode culpar ninguém pelo que você faz. Não pode culpar seu passado por quem você é. Você é o responsável pela sua vida. Você faz suas próprias escolhas".

Ela nunca permitiu que eu nos enxergasse como vítimas. Embora *fôssemos* vítimas: minha mãe, Andrew, Isaac e eu. Vítimas do apartheid. Vítimas do abuso. Mas ela nunca me deixou pensar dessa forma, e eu não enxergava a vida dela dessa forma. Cortar meu pai da nossa vida para acalmar Abel foi escolha dela. Patrocinar a oficina de Abel foi escolha dela. Isaac foi escolha dela. Ela tinha dinheiro, ele não. Ela não era dependente. Então, na minha cabeça, foi ela quem tomou a decisão.

É tão fácil, quando se está de fora, culpar a mulher e dizer: "Você só tem que ir embora". Claro que a minha casa não era a única sofrendo com violência doméstica. Onde eu cresci, o abuso estava em toda parte. Testemunhei isso nas ruas de Soweto, na TV, no cinema. O que uma mulher pode fazer vivendo numa sociedade em que essa é a norma? Uma sociedade em que a polícia não está lá para ajudá-la? Em que a própria família não é capaz de ajudar? Que alternativa ela tem? Mesmo que ela deixe o homem que a agride, são grandes as chances de acabar encontrando outro que também vai agredi-la, talvez até pior que o primeiro. Que opções ela tem quando é solteira com três filhos, vivendo em uma sociedade que a vê como pária por não ter um homem? Que a vê como vagabunda por ser desse jeito? Para onde ir? O que fazer?

Na época, eu não entendia nada disso. Eu era um menino, e compreendia as coisas como um menino. Lembro claramente a última vez que discutimos por esse motivo. Foi pouco depois do incidente com a bicicleta, ou quando ela se mudou para o barraco no quintal. Eu estava descontrolado, implorando pela milésima vez.

— Por quê? Por que você não vai embora?

Ela fez que não com a cabeça.

— Meu amor, não posso. De jeito nenhum. Não posso ir embora.

— Por que não?

— Porque, se eu for embora, ele nos mata.

Ela não estava sendo dramática. Ela não levantou a voz. Fez essa declaração totalmente calma, como se fosse a coisa mais natural do mundo. Nunca mais fiz aquela pergunta.

Depois de um tempo, ela partiu. O que a fez tomar essa decisão, o que finalmente foi a gota-d'água para ela, nunca fiquei sabendo. Eu já tinha ido embora. Tinha me tornado um comediante, viajava por todo o país, fazia shows na Inglaterra, apresentava programas no rádio e na televisão. Tinha ido morar com meu primo Mlungisi, estava cuidando da minha vida, longe da dela. Não podia mais estar envolvido naquela situação, senão aquilo acabaria comigo por completo. Mas, certo dia, ela comprou outra casa em Highlands North, arranjou um novo companheiro e seguiu em frente com a vida. Andrew e Isaac ainda visitavam o pai, que àquela altura apenas existia no mundo, no mesmo ciclo vicioso de bebidas e brigas, morando numa casa paga pela ex-mulher.

Anos se passaram. A vida seguiu em frente.

Então, um dia, eu ainda estava na cama às dez da manhã quando o telefone tocou. Era um domingo. Sei que era domingo porque todos da família tinham ido à igreja, e eu, alegremente, não. Meus dias de me arrastar de um lado a outro para ir à igreja tinham acabado, e eu dormia todo preguiçoso na minha cama. Ironicamente, sempre que algo dava errado na minha vida, a igreja estava no meio, como quando fomos sequestrados por violentos motoristas de van. Sempre gostei de provocar minha mãe quanto a isso: "Esse negócio de igreja, Jesus e tudo o mais, que bem isso nos fez?".

Olhei para o meu celular. O número da minha mãe estava piscando. Quando atendi, era Andrew. Ele parecia completamente calmo.

— Oi, Trevor. Sou eu, o Andrew.
— Oi.
— Tudo bem?
— Tudo. E aí?

— Você tá ocupado?

— Tô meio que dormindo. Por quê?

— A mamãe levou um tiro.

Muito bem, havia dois problemas com aquela ligação. Primeiro, por que ele perguntaria se eu estava ocupado? Vamos começar por aí. Quando a sua mãe leva um tiro, a primeira frase que deveria sair da sua boca é "A mamãe levou um tiro". Não "Tudo bem?". Não "Você tá ocupado?". Aquilo me deixou confuso. O segundo problema foi que, quando ele disse "A mamãe levou um tiro", eu não perguntei "Quem atirou nela?". Não precisava. Ele disse "A mamãe levou um tiro" e na minha cabeça, automaticamente, preenchi a lacuna: "Abel atirou na minha mãe".

— Onde vocês estão? — indaguei.

— Estamos no Hospital Linksfield.

— Tá certo, tô a caminho.

Pulei da cama, atravessei o corredor e bati na porta de Mlungisi.

— Cara, a minha mãe levou um tiro! Ela tá no hospital.

Ele também pulou da cama, fomos para o carro e disparamos para o hospital, que, por sorte, ficava a quinze minutos de casa.

Àquela altura, eu estava preocupado, mas não aterrorizado. Andrew parecia tão calmo no telefone, não estava chorando, nenhum pânico na voz, então pensei: *Ela deve estar bem. Não deve ter sido tão ruim.* Liguei para ele do carro para conseguir mais informações.

— Andrew, o que aconteceu?

— A gente estava voltando pra casa da igreja — disse ele, ainda totalmente calmo —, e o meu pai estava esperando pela gente em casa. Ele saiu do carro e começou a atirar.

— E o tiro? Onde o tiro acertou?

— O tiro pegou na perna.

— Ah, tá — suspirei aliviado.

— E depois ele atirou na cabeça.

Quando ele disse isso, eu desabei. Lembro exatamente o semáforo em que estava parado quando ouvi essa informação. Por um momento, houve um vácuo completo de som, depois comecei a chorar de um jeito que nunca tinha chorado antes. Comecei a soluçar e a gemer descontroladamente. Chorei como se todas as outras vezes que chorei na vida tivessem sido um desperdício de lágrimas. Chorei tanto que, se voltasse no tempo e me encontrasse nos momentos em que tinha chorado no passado, eu me daria um tapa na cara e diria: "Isso não é motivo pra chorar, seu bebezão". Meu choro não era de tristeza. Não era catártico. Não era eu sentindo pena de mim mesmo. Era a expressão de pura dor que veio à tona pela incapacidade do meu corpo de expressar dor de qualquer outra forma. Ela era minha mãe. Minha companheira. Tinha sido sempre nós dois, juntos, contra o mundo. Quando Andrew disse "ele atirou na cabeça", eu me despedacei.

O semáforo abriu. Eu não conseguia enxergar a rua, mas dirigi mesmo assim, cego pelas lágrimas, pensando: *Você tem que chegar lá, você tem que chegar lá, você tem que chegar lá.* Chegamos ao hospital, e eu pulei do carro. Havia uma área de espera do lado de fora, na entrada da sala de emergência. Andrew estava ali, me esperando, sozinho, com as roupas sujas de sangue. Ele ainda parecia totalmente calmo, impassível. Mas, na hora em que me viu, perdeu todo o controle e começou a chorar. Foi como se tivesse aguentado firme por toda a manhã e, finalmente, deixasse a dor sair de uma só vez, baixando a guarda. Corri até ele e o abracei; ele chorava sem parar. O choro dele era diferente do meu. O meu era de dor e raiva. O dele era de desamparo.

Eu me virei e corri para dentro da sala de emergência. Minha mãe estava na triagem, em uma maca. Os médicos a estavam estabilizando. O corpo inteiro encharcado de sangue. Havia um buraco na cara dela, uma ferida aberta acima dos lábios, faltando parte do nariz.

Nunca a vi tão calma e serena. Ainda conseguia abrir um olho. Ela se virou para mim, percebendo o olhar de horror que eu tinha no rosto.

— Tá tudo bem, meu amor — ela sussurrou, sufocada pelo sangue na garganta.

— Não tá nada bem.

— Não, tá tudo bem, tudo bem. Cadê o Andrew? Cadê o seu irmão?

— Ele tá lá fora.

— Fica com o Andrew.

— Mas, mãe...

— *Shh*. Tá tudo bem, querido. Eu tô bem.

— Você não tá bem, tem um buraco...

— *Shhhhhh*. Tô bem, de verdade, tô bem. Vai ficar com o seu irmão. Seu irmão precisa de você.

Os médicos continuaram trabalhando nela, e não havia nada que eu pudesse fazer. Fui ficar com Andrew do lado de fora. Ficamos ali, sentados, e ele me contou o que aconteceu.

Eles estavam voltando para casa depois da igreja, um grupo grande: minha mãe, Andrew e Isaac, o novo marido dela, os filhos dele e vários membros da família dele, tios e tias, sobrinhos e sobrinhas. Eles haviam acabado de estacionar na frente da casa quando Abel encostou e saiu do carro. Ele tinha uma arma. Olhou direto para a minha mãe.

— Você roubou a minha vida — ele disse. — Você tirou tudo que eu tinha. Agora eu vou matar todos vocês.

Andrew se colocou na frente do pai. Bem na frente da arma.

— Não faz isso, pai, por favor. Você está bêbado. Abaixa essa arma.

Abel baixou a cabeça e olhou para o filho.

— Não — respondeu. — Vou matar todo mundo e, se você não sair da frente, vou atirar em você primeiro.

Andrew saiu da frente.

— Os olhos dele... Ele não estava mentindo — meu irmão me contou. — Eu vi o diabo nos olhos dele. Naquele momento, vi que o meu pai não estava mais ali.

Por mais dor que eu tenha sentido naquele dia, em retrospecto, só posso imaginar que a dor de Andrew foi muito maior que a minha. Minha mãe levou dois tiros de um homem que eu menosprezava.

No mínimo eu me senti justificado; eu tinha razão o tempo todo com relação a Abel. Podia direcionar toda a minha raiva e ódio para ele, sem nenhuma vergonha ou culpa. Mas a mãe de Andrew tinha levado um tiro do pai dele, um pai que ele amava. Como conciliar seu amor naquela situação? Como continuar amando ambos os lados? Dois lados dele mesmo?

Isaac tinha apenas quatro anos. Não entendia direito o que estava acontecendo. Quando Andrew saiu da frente, Isaac começou a chorar.

— Papai, o que você tá fazendo? Papai, o que você tá fazendo?
— Isaac, vá ficar com o seu irmão — Abel ordenou.

Isaac correu até Andrew, que o abraçou. Abel, então, levantou a arma e começou a atirar. Minha mãe pulou na frente da arma para proteger os outros, e foi quando levou o primeiro tiro, não na perna, mas na nádega. Ela desabou e, ao cair, gritou:

— Corre!

Abel continuou atirando, e todos correram. Cada um para um lado. Minha mãe não conseguia levantar. Abel se aproximou e parou ao lado dela. Ele apontou a arma para a cabeça dela, à queima-roupa, como se fosse uma execução. Então, apertou o gatilho. Nada. A arma falhou. *Clique!* Ele apertou o gatilho novamente, a mesma coisa. E de novo, e de novo. *Clique! Clique! Clique! Clique!* Quatro vezes ele apertou o gatilho, quatro vezes a arma falhou. As balas caíam pelo cano do revólver, em cima da minha mãe, quicando no chão.

Abel parou para verificar o que havia de errado com a arma. Minha mãe ficou em pé num salto, em pânico. Ela o empurrou e correu para o carro, entrou no lado do motorista.

Andrew correu logo atrás e sentou no banco do passageiro. Quando ela deu partida no carro, ele ouviu um último tiro e o para-brisa ficou coberto de sangue. Abel tinha atirado de trás do veículo. A bala entrou por trás da cabeça da minha mãe e saiu pelo rosto, sangue espirrando para todo lado. O corpo dela despencou em cima do volante. Andrew reagiu sem pensar, puxou minha mãe para o banco do passageiro, virando-a com força, assumiu o volante, engatou a marcha no carro e disparou para o hospital em Linksfield.

Perguntei a Andrew o que havia acontecido com Abel. Ele não sabia. Eu estava furioso, mas não tinha nada que pudesse fazer. A sensação era de total impotência, mas ainda achava que precisava fazer algo. Então peguei o telefone e liguei para ele — liguei para o homem que tinha atirado na minha mãe —, e ele atendeu.

— Trevor.
— Você matou a minha mãe.
— Matei, sim.
— Você *matou* a minha *mãe*!
— Matei. E, se eu te encontrar, mato você também.

E desligou. Aquele foi o momento mais arrepiante. Foi aterrorizante. A coragem que me fez ligar para ele desapareceu imediatamente. Até hoje não sei o que eu tinha na cabeça. Não sei o que esperava que acontecesse. Estava apenas enfurecido.

Continuei fazendo perguntas a Andrew, tentando conseguir mais detalhes. Foi quando uma enfermeira saiu procurando por mim.

— Você é da família? — ela perguntou.
— Sou.
— Senhor, temos um problema. Sua mãe conseguia falar um pouco no começo. Agora ela parou, mas, pelo pouco que disse, deu a entender que não tem seguro-saúde.
— O quê? Não, não. Não pode ser verdade. Eu sei que ela tem seguro-saúde.

Ela não tinha. Acontece que, alguns meses antes, ela havia decidido: "Esse plano de saúde é uma enganação. Eu nunca fico doente. Vou cancelar". Ou seja, nada de plano de saúde.

— Não podemos tratar a sua mãe aqui — a enfermeira explicou. — Se ela não tem plano de saúde, temos que mandá-la para um hospital público.

— *Hospital público?!* Como assim? Não! Não pode. Minha mãe levou um tiro na cabeça. Vai colocar ela de novo numa maca?

Mandá-la para outro hospital de ambulância? Ela vai morrer. Vocês precisam cuidar dela aqui e agora.

— Senhor, não podemos. Precisamos de uma forma de pagamento.

— Eu sou a sua forma de pagamento. Eu vou pagar.

— Sim, as pessoas dizem isso, mas sem uma garantia...

Peguei meu cartão de crédito.

— Aqui — disse. — Pega isso aqui. Eu vou pagar. Vou pagar por tudo.

— Senhor, a conta do hospital pode ficar bem cara.

— Não tem importância.

— Senhor, acho que o senhor não está entendendo. A conta pode ficar *realmente* cara.

— Moça, eu tenho dinheiro. Pago qualquer coisa. Só ajuda a gente.

— Senhor, você não está entendendo. Vamos ter que fazer vários exames. Um exame pode custar de dois a três mil rands.

— Três mil... Quê? Moça, estamos falando da vida da minha mãe. Eu vou pagar.

— Senhor, você não está entendendo. Sua mãe levou um tiro. No cérebro. Ela vai ficar na UTI. Uma noite na UTI pode custar de quinze a vinte mil rands.

— Moça, você não tá me escutando? Estamos falando da *vida* da minha mãe. Da *vida* dela. Pega o dinheiro. Pega tudo o que puder. Eu não me importo.

— *Senhor!* Você não está entendendo. Já vi isso acontecer. É possível que a sua mãe fique na UTI por semanas. Isso tudo pode custar quinhentos mil, seiscentos mil. Até milhões. Você vai ficar endividado para o resto da *sua* vida.

Não vou mentir: eu parei para pensar. E pensei *bem*. Naquele momento, o que eu escutei a enfermeira dizer foi "Você vai perder todo o seu dinheiro", e comecei a ponderar: *Pensando bem... quantos anos ela tem? Uns cinquenta? Tá bom, não tá? Teve uma boa vida.*

Eu realmente não sabia o que fazer. Fiquei olhando fixamente para a enfermeira à medida que a ficha ia caindo. Na minha mente, comecei a considerar diferentes possibilidades. *E se eu gastar todo esse dinheiro e ela morrer no mesmo jeito? Será que eles me dão um reembolso?* Realmente imaginei minha mãe, do jeito que era econômica, acordando no meio do coma e dizendo: "Quanto foi que você gastou? Seu idiota. Você devia ter guardado esse dinheiro para cuidar dos seus irmãos". E os meus irmãos? Eles seriam minha responsabilidade de agora em diante. Eu teria que cuidar da família, o que não seria possível se tivesse uma dívida de milhões, e minha mãe sempre prometeu solenemente que eu jamais precisaria criar meus irmãos. Mesmo quando minha carreira decolou, ela sempre recusava qualquer ajuda que eu oferecia. "Não quero você dando dinheiro para a sua mãe da mesma forma que eu tive que dar para a minha", ela costumava repetir. "Não quero que você tenha que criar seus irmãos da mesma forma que o Abel teve que criar os dele."

O maior medo da minha mãe era que eu tivesse que pagar o imposto negro, que eu ficasse preso no ciclo de pobreza e violência que veio antes de mim. Ela sempre me prometeu que eu seria aquele que quebraria o ciclo. Eu seria aquele que seguiria em frente em vez de retroceder. Enquanto eu olhava para a enfermeira na frente da sala de emergência, fiquei petrificado com o pensamento de que, se eu entregasse meu cartão de crédito, o ciclo simplesmente continuaria e eu seria sugado de volta.

As pessoas sempre dizem que fariam qualquer coisa por aqueles que amam. Mas será que é assim mesmo? Você faria qualquer coisa? Daria tudo que tem? Não sei se um filho conhece de fato esse tipo de amor altruísta. Uma mãe, sim. Uma mãe é capaz de agarrar os filhos e pular de um carro em movimento para mantê-los fora de perigo. Ela faz isso sem pensar. Mas não sei se o filho sabe como fazer isso, não instintivamente. É algo que precisa ser aprendido.

Coloquei meu cartão de crédito na mão da enfermeira.

— Faça o que for preciso para ajudar a minha mãe.

Passamos o restante do dia no limbo, esperando, sem saber o que estava acontecendo, caminhando pelo hospital, gente da família aparecendo para ter notícias. Várias horas mais tarde, o médico finalmente saiu da sala de emergência para nos dar informações.

— O que está acontecendo? — perguntei.

— Sua mãe está estável — ele explicou. — Já saiu da cirurgia.

— Ela vai ficar bem?

Ele parou por um momento para pensar no que ia dizer.

— Não gosto de usar essa palavra — disse ele —, porque sou um homem da ciência e não acredito nisso. Mas o que aconteceu com a sua mãe hoje foi um milagre. Eu nunca digo algo assim, pois odeio quando as pessoas dizem, mas não tenho outra explicação.

Ele contou que a bala que atingiu minha mãe na nádega não ficou alojada no corpo. Entrou e saiu sem causar muito dano. A outra bala entrou pela nuca, por baixo do crânio, na parte de cima do pescoço. Por um triz não atingiu a medula espinhal nem o bulbo raquidiano, e atravessou a cabeça pouco abaixo do cérebro, sem alcançar nenhuma das principais veias, artérias e nervos. Na trajetória em que a bala estava, era para ter atingido a órbita ocular e explodido o olho esquerdo dela, mas no último segundo a bala desacelerou, acertou o osso da maçã do rosto, estraçalhando-o, ricocheteou e saiu pela narina esquerda. Na maca da sala de emergência, o sangue fez a ferida parecer muito pior do que realmente era. A bala tirou apenas um pedacinho da pele lateral da narina e saiu inteirinha, sem deixar nenhum fragmento para trás. Minha mãe nem precisou de cirurgia. Eles pararam o sangramento, deram pontos atrás da cabeça, deram pontos no rosto e a deixaram se recuperar.

— Não pudemos fazer nada, porque não tinha nada para fazer — ele concluiu.

Minha mãe saiu do hospital quatro dias depois. Voltou a trabalhar em sete dias.

Os médicos a deixaram sedada pelo restante do dia e da noite para descansar. Eles nos mandaram ir para casa. "Ela está estável", disseram. "Não há nada que vocês possam fazer aqui. Podem ir para casa dormir." Então, foi o que fizemos.

Voltei no dia seguinte, bem cedo, porque queria estar no quarto com minha mãe no momento em que ela acordasse. Quando entrei, ela ainda estava dormindo. Havia ataduras na parte de trás da cabeça. Tinha pontos no rosto e gaze cobrindo o nariz e o olho esquerdo. Ela parecia frágil e fraca, cansada, uma das poucas vezes na vida em que a vi daquele jeito.

Sentei ao lado dela na cama, segurando sua mão, esperando e a observando respirar, vários pensamentos passando pela minha cabeça. Ainda estava com medo de perdê-la. Estava com raiva de mim mesmo por não estar lá, com raiva da polícia por todas as vezes que eles não prenderam Abel. Fiquei pensando que deveria tê-lo matado anos antes, o que era um pensamento ridículo, porque não tenho a capacidade de matar ninguém, mas pensei nisso mesmo assim. Estava com raiva do mundo, de Deus. Porque tudo que minha mãe faz é rezar. Se existe um fã-clube de Jesus, minha mãe definitivamente está no top 100, e é assim que ela é tratada?

Depois de mais ou menos uma hora de espera, ela abriu o olho sem curativo. Nesse momento eu perdi o controle. Comecei a chorar. Ela pediu um pouco de água e eu a servi num copo, ela se inclinou para a frente para chupar o canudinho. Eu continuei chorando e chorando e chorando. Não conseguia me controlar.

— *Shh* — fez ela. — Não chora, meu amor. *Shhhhh*. Não chora.

— Como assim, "não chora", mãe? Você quase morreu.

— Não, meu amor, eu não ia morrer. Não ia, não. Tá tudo bem. Eu não ia morrer.

— Mas eu achei que você tivesse morrido. — Continuei chorando e chorando. — Pensei que tivesse perdido você.

— Não, querido. Meu amor, não chora. Trevor. Trevor, me escuta. Me escuta. Escuta a sua mãe.

— O quê? — respondi, as lágrimas correndo pelo rosto.

— Meu filho, você precisa ver pelo lado positivo.

— *Como assim?* Do que você está falando? "Lado positivo"? Mãe, você levou um tiro na cara. Não tem lado positivo.

— É claro que tem. Agora você é oficialmente o mais bonitão da família.

Ela abriu um sorriso e começou a gargalhar. Em meio às lágrimas, comecei a rir também. Estava chorando como um louco e rindo histericamente ao mesmo tempo. Ficamos ali, sentados, ela apertando a minha mão, e continuamos tirando sarro um do outro como sempre fazíamos, mãe e filho, rindo juntos para superar a dor, em uma sala de recuperação da UTI, em um lindo dia de sol.

* * *

Quando minha mãe foi baleada, muita coisa aconteceu rapidamente. Só conseguimos juntar as peças de toda a história depois do ocorrido, à medida que ouvíamos diferentes relatos de todos que estavam lá. Enquanto esperávamos no hospital naquele dia, eram tantas as perguntas sem resposta. Por exemplo: O que aconteceu com Isaac? Onde ele estava? Só descobrimos depois que o encontramos, e ele nos contou.

Quando Andrew saiu de carro com minha mãe, deixando uma criança de quatro anos sozinha no gramado, Abel foi até seu filho mais novo, pegou-o no colo, colocou o menino no carro e foi embora. Enquanto Abel dirigia, Isaac perguntou:

— Papai, por que você matou a mamãe? — Partindo do pressuposto, como todos nós, de que ela estivesse morta.

— Porque estou muito infeliz — Abel respondeu. — Porque estou muito triste.

— Tá, mas você não devia matar a mamãe. Aonde nós vamos agora?

— Vou deixar você na casa do seu tio.

— E você vai pra onde?

— Eu vou me matar.

— Não se mata, papai.

— Não, eu vou me matar.

O tio a que Abel se referia não era um tio de verdade, era um amigo. Ele deixou Isaac com esse amigo e foi embora. Passou o restante do dia visitando parentes e amigos para se despedir. Chegou a contar às pessoas o que tinha feito: "Foi isso que eu fiz. Eu a matei e agora vou me matar. Adeus". Passou o dia inteiro nessa estranha peregrinação de despedida, até que, finalmente, um de seus primos o desafiou.

— Você tem que agir como homem — disse o primo. — Você está sendo um covarde. Você tem que se entregar. Se foi homem o bastante para fazer uma coisa dessas, tem que ser homem também para enfrentar as consequências.

Abel, então, sucumbiu àquelas palavras e entregou a arma ao primo, que o levou para a delegacia de polícia, e Abel se entregou.

Ele passou algumas semanas na cadeia, esperando a audiência para fixar a fiança. Entramos com um pedido de rejeição da fiança, já que ele havia demonstrado ser uma ameaça. Como Andrew e Isaac ainda eram menores de idade, o serviço social teve que se envolver. Achávamos que não haveria objeção ao caso, mas um dia, depois de um mês mais ou menos, recebemos uma ligação informando que Abel tinha conseguido a fiança. A grande ironia foi que ele alegou ao juiz que, se não saísse da cadeia, não teria como ganhar dinheiro para sustentar os filhos. Mas ele não sustentava os filhos — era minha mãe que sustentava.

Então, Abel estava livre. O caso foi lentamente se perdendo dentro do sistema judiciário, e tudo estava contra nós. Por causa da recuperação milagrosa da minha mãe, a acusação foi apenas de tentativa de assassinato. E, como nenhuma queixa de violência doméstica foi registrada todas as vezes que ela chamou a polícia para denunciá-lo, Abel não tinha ficha criminal. Ele tinha um bom advogado, que continuou insistindo no tribunal que Abel tinha filhos em casa que precisavam dele. O caso nunca foi a julgamento. Abel alegou ser culpado de tentativa de assassinato. Foi condenado a três anos em liberdade condicional. Não ficou nem um dia na prisão. Manteve a guarda compartilhada dos filhos. Ainda hoje ele anda pelas ruas de Johannesburgo, completamente livre. A última vez que soube dele, ainda morava em algum lugar em Highlands North, não muito longe da minha mãe.

A última peça que faltava para completar a história veio da minha mãe, que só pôde contar sua versão depois de acordar. Ela se lembrava de Abel chegando de carro e apontando a arma para Andrew. Ela se lembrava de cair no chão ao ser atingida na nádega. Em seguida Abel se aproximou e apontou a arma para a cabeça dela. Ela olhou direto para ele, do outro lado da arma. Então começou a rezar, e foi quando o tiro falhou. Depois, falhou mais uma vez. E de novo, e de novo. Ela ficou em pé, empurrou Abel para o lado e correu para o carro. Andrew sentou no banco do passageiro, ela ligou a ignição e, a partir daí, não lembrava mais nada.

Até hoje, ninguém consegue explicar o que aconteceu. Nem a polícia entendeu. Porque não foi como se a arma não tivesse funcionado. Ela funcionou, depois não funcionou mais, aí funcionou de novo para dar o tiro final. Qualquer um que entende alguma coisa de armas diz que um revólver nove milímetros não pode falhar do jeito que aconteceu. Mas, na cena do crime, a polícia fez pequenos círculos com giz no chão da garagem, com as cápsulas das balas usadas quando Abel atirou, e também quatro balas intactas, de quando ele estava apontando para a cabeça da minha mãe — ninguém sabe como.

A conta do hospital da minha mãe foi de cinquenta mil rands. Paguei no dia e fomos embora. Por quatro dias, ficamos no hospital; familiares visitando, conversando, passando um tempo, rindo e chorando. Enquanto arrumávamos as coisas para ir embora, eu falava de como aquela semana tinha sido uma loucura.

— Você tem sorte de estar viva — disse a ela. — Ainda não consigo acreditar que você não tem seguro-saúde.

— Ah, mas eu tenho seguro — explicou ela.

— Você tem?

— Tenho. Jesus.

— Jesus?

— Jesus.

— Jesus é seu seguro-saúde?

— Se Deus é por mim, quem será contra mim?

— Tá bom, mãe.

— Trevor, eu rezei. Eu disse que rezei. Eu não rezo por nada.

— Quer saber? — concluí. — Pela primeira vez não posso discordar de você. A arma, as balas... Não tenho como explicar nada disso. Então, vou aceitar sua explicação.

Porém não consegui resistir e mandei uma última pequena provocação:

— Mas onde estava o seu Jesus para pagar a conta do hospital, hein? Eu sei com certeza que ele não pagou essa conta.

Ela sorriu e disse:

— Você tem razão. Ele não pagou. Mas ele me abençoou com o filho que pagou.

* * *

AGRADECIMENTOS

Por impulsionar minha carreira nos últimos anos e me conduzir pela estrada que resultou neste livro, meus agradecimentos a Norm Aladjem, Derek Van Pelt, Sanaz Yamin, Rachel Rusch, Matt Blake, Jeff Endlich e Jill Fritzo.

Por fazer este livro acontecer e me manter na linha durante um período frenético e de prazos muito curtos, eu gostaria de agradecer a Peter McGuigan e sua equipe da Foundry Literary + Media, entre eles Kirsten Neuhaus, Sara DeNobrega e Claire Harris. Também agradeço a Tanner Colby por me ajudar a passar para o papel a minha história.

Por enxergar o potencial deste livro e torná-lo realidade, sou grato a todos na Random House e na Spiegel & Grau, incluindo meu editor, Chris Jackson, e também Julie Grau e Cindy Spiegel, Tom Perry, Greg Mollica, Susan Turner, Andrea DeWerd, Leigh Marchant, Barbara Fillon, Dhara Parikh, Rebecca Berlant, Kelly Chian, Nicole Counts e Gina Centrello.

Por levar este livro à minha terra natal, a África do Sul, e garantir sua publicação com todo o carinho e cuidado, muito obrigado a todos da Pan Macmillan South Africa, entre eles Sean Fraser, Sandile Khumalo, Andrea Nattrass, Rhulani Netshivhera, Sandile Nkosi, Nkateko Traore, Katlego Tapala, Wesley Thompson e Mia van Heerden.

Por ler o manuscrito nos primeiros estágios e compartilhar comigo ideias e comentários que possibilitaram a publicação do resultado que temos hoje nas mãos, devo minha mais imensa gratidão a Khaya Dlanga, David Kibuuka, Anele Mdoda, Ryan Harduth, Sizwe Dhlomo e Xolisa Dyeshana.

E, finalmente, por me trazer a este mundo e fazer de mim o homem que sou hoje, tenho a maior dívida de todas, uma dívida que jamais serei capaz de quitar, para com a minha mãe.

Este livro foi composto na tipografia
Seb Neue Regular, em corpo 10/14,6, e impresso em
papel off-white no Sistema Digital Instant Duplex
da Divisão Gráfica da Distribuidora Record.